공병인 미라클 경찰학
동형모의고사

Contents / 차례

제 **1** 회 | 동형모의고사 ··· 004

제 **2** 회 | 동형모의고사 ··· 014

제 **3** 회 | 동형모의고사 ··· 025

제 **4** 회 | 동형모의고사 ··· 035

제 **5** 회 | 동형모의고사 ··· 045

제 **6** 회 | 동형모의고사 ··· 055

제 **7** 회 | 동형모의고사 ··· 066

제 **8** 회 | 동형모의고사 ··· 076

제 **9** 회 | 동형모의고사 ··· 086

제 **10** 회 | 동형모의고사 ··· 096

제 **11** 회 | 동형모의고사 ··· 106

제 **12** 회 | 동형모의고사 ··· 117

제 **13** 회 | 동형모의고사 ··· 127

동형모의고사 정답 ··· 138

제1회 동형모의고사

제한시간 /40분 점수 /100점

01
국가의 통치작용과 경찰학에 관한 설명으로 가장 적절하지 않은 것은?

① 경찰작용은 공공의 안녕과 질서유지라는 목적을 하는 행정작용에 해당한다.
② 경찰이 행하는 수사권은 형사소송을 처리함에 필요한 권한으로 본질적으로 사법작용에 해당한다.
③ 경찰학이란 경찰에 관한 조직과 작용을 연구하는 학문으로, 실정법상 경찰의 조직과 활동에 관한 학문적 연구성과의 총체를 의미한다.
④ 각국에서 경찰학은 다른 학문에 부수하여 성립한 것으로 경찰학에 대한 독자적 연구는 미흡하였다.

02
다음 중 형식적 의미의 경찰과 실질적 의미의 경찰에 관한 설명으로 가장 적절한 것은?

① 실질적 의미의 경찰은 현재의 실정법상 경찰기관의 권한에 속하는 모든 작용을 말한다.
② 실질적 의미의 경찰이란, 일반적으로 국가목적적 작용으로 국민에게 명령·강제하는 권력적 작용을 말한다.
③ 형식적 의미의 경찰개념은 독일의 행정법학에서 경찰법상의 이른바 일반조항의 존재를 전제로, 경찰관청에 대한 권한의 포괄적 수권과 법치국가적 요청을 조화시키기 위하여 구성된 도구개념이다.
④ 형식적 의미의 경찰이 명령·강제하는 작용을 하는 경우에는 형식적 의미의 경찰과 실질적 의미의 경찰이 일치하는 경우도 있다.

03
다음 중 경찰의 분류에 관한 설명으로 옳지 않은 것은 모두 몇 개인가?

> ㉠ 행정경찰활동은 사회공공의 안녕과 질서유지를 그 직접목적으로 하고, 범죄예방이 주임무에 해당한다.
> ㉡ 보안경찰은 일반공안의 유지를 사명으로 하는 경찰로 교통·풍속·생활안전경찰 등이 이에 해당한다.
> ㉢ 협의의 행정경찰은 제도상으로는 경찰이라고 불리지 않고 소속기관으로 볼 때 각 주무부장관의 소관사무에 해당한다.
> ㉣ 예방경찰은 범죄의 발생을 사전에 예방하기 위한 비권력적 작용을 말하고 권력적 작용은 해당하지 않는다.
> ㉤ 질서경찰은 사회공공의 안녕과 질서유지를 목적으로 하고, 봉사경찰은 국민에 대한 봉사를 목적으로 한다.

① 1개 ② 2개 ③ 3개 ④ 4개

04
경찰의 임무를 공공의 안녕과 공공의 질서에 대한 위험의 방지라고 정의할 때, 위험에 관한 설명으로 가장 적절하지 않은 것은?

① 추상적 위험은 개별사례에서 실제로 또는 최소한 경찰관의 사전적 시점에서 사실관계를 합리적으로 평가하였을 때, 가까운 장래에 공공의 안녕이나 공공의 질서에 대한 손해가 발생할 충분한 개연성이 있는 상황과 관련이 있다.
② 오상위험에 근거한 경찰의 위험방지조치가 위법한 경우에는 경찰관 개인에게는 민·형사상 책임이 문제되고 국가에게는 손해배상책임이 발생할 수 있다
③ 외관적 위험은 경찰관이 의무에 합당한 사려 깊은 상황판단을 하였음에도 위험을 잘못 긍정하는 경우이다.
④ 경찰의 위험방지는 위험의 존재 여부가 명백해질 때까지는 예비적 조치에만 국한되어야 하고 위험혐의는 경찰조사 차원의 개입을 정당화시키는 상황이 된다.

05
경찰의 관할에 관한 설명으로 가장 적절하지 않은 것은?

① 「국회법」상 경위(警衛)나 경찰공무원은 국회 안에 현행범인이 있을 때에는 체포한 후 국회의장의 지시를 받아야 한다. 다만, 회의장 안에서는 국회의장의 명령 없이 국회의원을 체포할 수 없다.
② 「법원조직법」상 재판장은 법정에서의 질서유지를 위하여 필요하다고 인정할 때에는 개정 전후에 상관없이 관할 경찰서장에게 경찰공무원의 파견을 요구할 수 있으며, 이에 따라 파견된 경찰공무원은 법정 내외의 질서유지에 관하여 재판장의 지휘를 받는다.
③ 「헌법」상 대통령은 내란 또는 외환의 죄를 범한 경우를 제외하고는 재직 중이나 퇴직 후에도 형사상의 소추를 받지 아니한다.
④ '지역관할'이란 경찰권이 발동될 수 있는 지역적 범위를 말하고, 대한민국의 영역 내 모든 범위에 적용되는 것이 원칙이다.

06
경찰의 기본이념에 관한 설명으로 가장 적절한 것은?

① 경찰의 권력적 행위과정에서 가장 요구된다고 볼 수 있는 것은 인권존중주의이다.
② 국민은 경찰권의 적극적 행사로 인한 권리 등의 침해에 대하여는 침해배제청구권을 가지며, 부작위 등 소극적 행사에 대하여는 일정요건하에 경찰개입청구권이 인정된다.
③ 형사소송법이 임의수사를 원칙으로 하고 강제처분 법정주의를 택하는 것은 법치주의 때문이다.
④ 경찰활동은 임의활동이라도 법률의 개별적 수권규정이 필요하다.

07
코헨(Cohen)과 펠드버그(Feldberg)가 제시한 경찰활동의 기준에 따라 분류할 때 가장 성격이 다른 것은?

① 경찰관 甲은 우범지역인 A거리와 B거리의 순찰업무를 맡았으나 A거리에 가족이 산다는 이유로 A거리에서 순찰 근무시간의 대부분을 할애한 경우
② 경찰관 乙은 절도범을 추격하던 중 도주하는 범인의 등 뒤에서 권총을 쏘아 사망하게 한 경우
③ 경찰관 丙은 동료 경찰관의 음주운전사실을 발견하였으나 단속하지 않은 경우
④ 경찰관 丁은 순찰근무 중 달동네에 가려고 하지 않고 부자 동네만 순찰을 하는 경우

08
갑오경장 당시의 경찰제도에 관한 설명으로 가장 적절하지 않은 것은?

① 경무청관제직장에 의해 당시의 좌우포도청을 합하여 경무청을 신설하고 내무아문에 예속되어 한성부 내의 일체의 경찰사무를 관장하게 하였다.
② 행정경찰장정에 의하여 최초로 한성부 내에 경찰지서가 설치되고, 경무관을 서장으로 보하였다.
③ 경무청의 고문관으로 일본인을 초빙하여 조선의 경찰제도를 일본식으로 정비하였다.
④ 갑오경장은 근대국가적 경찰체제를 갖추는 시발점이 되었다.

09
미국경찰에 관한 설명으로 가장 적절하지 않은 것은?

① 위커샴 위원회(Wickersham Commission) 보고서에서는 경찰전문성 향상을 위해 경찰관 채용기준 강화, 임금 및 복지개선, 교육훈련 증대의 필요성이 제기되었다.
② 미국은 경찰업무의 집행에 있어 범죄대응의 효율성보다는 인권보장에 중점을 두어 적법절차(Due Process of Law)를 강조하는데, 이는 연방대법원의 판결을 통해 확립되어 있다.
③ 미국의 연방수사국(FBI)은 2001년 9·11 테러 이후 테러예방과 수사에 많은 역량을 집중시키고 있다.
④ 연방경찰기관의 권한은 국가적 범죄 및 주간(州間)의 범죄단속 및 일반치안유지업무도 담당한다.

10

다음 설명 중 옳지 않은 것은 모두 몇 개인가?

○ 법률에 일정한 행위를 일정한 요건하에 수행하도록 수권하는 근거규정이 없으면 경찰기관은 자기의 판단에 따라 독창적으로 행위를 할 수 없다는 것을 법률유보의 원칙이라 한다.
○ 국민의 권리를 침해하는 경우에만 법률상 근거를 필요로 한다는 것이 법률유보의 원칙이다.
○ 특별권력관계에서는 법치행정의 원리가 적용되지 않는다.
○ 실질적 법치주의에서 형식적 법치주의로 전환이 이루어졌다.
○ 경찰행정상의 조직이나 작용에 관한 기본적 사항은 모두 법률에 의해 정해진다.

① 1개 ② 2개 ③ 3개 ④ 4개

11

법원과 행정규칙에 관한 설명으로 옳지 않은 것은 모두 몇 개인가?

○ 경찰법의 법원에는 행정청의 권력적 법집행도 포함되며, 조례로써 주민의 권리제한에 관한 사항이나 벌칙을 정할 때에는 법률의 구체적 위임이 있어야 한다.
○ 대륙법계 국가에서의 대법원 판례 및 헌법재판소의 위헌결정은 당해사건에 한정되므로 법원성을 갖지 못한다.
○ 위임명령과 집행명령은 모두 법규명령이며, 집행명령은 새로운 입법사항의 규정이 아니므로 법률의 구체적 수권이 없어도 가능하다.
○ 법규명령 간의 재위임(再委任)에 있어서는 법률로써 명시적 규정이 없다 하더라도 하위명령에 위임할 수 있으나 수임권한을 전부 다시 위임하는 것은 실질적으로 수권법의 내용을 바꾸는 것으로서 허용되지 않는다.
○ 훈령은 경찰기관의 구성원이 변경·교체되어도 여전히 유효하며, 훈령은 하급경찰관청의 권한행사에 대한 대집행권을 포함한다.

① 1개 ② 2개 ③ 3개 ④ 4개

12

다음 설명 중 가장 적절하지 않은 것은? (다툼이 있는 경우 판례에 의함)

① 「행정절차법」 제4조 제2항에서 행정청은 법령등의 해석 또는 행정청의 관행이 일반적으로 국민들에게 받아들여졌을 때에는 공익 또는 제3자의 정당한 이익을 현저히 해칠 우려가 있는 경우를 제외하고는 새로운 해석 또는 관행에 따라 소급하여 불리하게 처리하여서는 아니 된다는 것은 행정성례법의 존재를 명문으로 인정한 것이다.
② 지방자치단체장이 사업자에게 주택사업계획승인을 하면서 그 주택사업과는 아무런 관련이 없는 토지를 기부채납하도록 하는 부관을 붙인 경우에는, 기부채납한 토지 가액이 그 주택사업 계획의 100분의 1 상당의 금액에 불과하고 사업자가 이의를 제기하지 아니하다가 지방자치단체장이 업무착오로 기부채납한 토지에 대하여 보상협조요청서를 보내자 그때서야 비로소 부관의 하자를 들고 나왔다면 그 부관이 당연무효가 되는 것은 아니다.
③ 제1종 대형, 제1종 보통 운전면허를 가지고 있는 甲이 배기량 400cc의 오토바이를 절취하였다는 이유로 시·도경찰청장이 甲의 제1종 대형, 제1종 보통 자동차운전면허를 모두 취소한 사안에서 제2종 소형면허 이외의 다른 운전면허를 가지고는 위 오토바이를 운전할 수 없어 취소 사유가 다른 면허와 공통된 것도 아니므로, 甲이 위 오토바이를 훔친 것은 제1종 대형면허나 보통면허와는 아무런 관련이 없어 위 오토바이를 훔쳤다는 사유만으로 제1종 대형면허나 보통면허를 취소할 수 없다.
④ 행정의 자기구속의 원리는 실정법상 인정되는 원리가 아니기에 위반해도 항고소송의 대상이 되지 않는다.

13

「행정권한의 위임 및 위탁에 관한 규정」의 내용으로 옳지 않은 것은 모두 몇 개인가?

> ㉠ "위임"이란 법률에 규정된 행정기관의 장의 권한 중 일부를 다른 행정기관의 장에게 맡겨 그의 권한과 책임 아래 행사하도록 하는 것을 말한다.
> ㉡ 행정기관의 장은 행정권한을 위임 및 위탁할 때에는 위임 및 위탁하기 전에 수임기관의 수임능력 여부를 점검하고, 필요한 인력 및 예산을 이관하여야 한다.
> ㉢ 행정기관의 장은 행정권한을 위임 및 위탁할 때에는 위임 및 위탁하기 전에 단순한 사무인 경우를 제외하고는 수임 및 수탁기관에 대하여 수임 및 수탁사무 처리에 필요한 교육을 하여야 하며, 수임 및 수탁사무의 처리지침을 통보하여야 한다.
> ㉣ 위임 및 위탁기관은 수임 및 수탁기관의 수임 및 수탁사무 처리에 대하여 지휘·감독하고, 그 처리가 위법하거나 부당하다고 인정될 때에는 이를 취소하거나 정지시킬 수 있다.
> ㉤ 수임 및 수탁사무의 처리에 관하여 위임 및 위탁기관은 수임 및 수탁기관에 대하여 사전승인을 받거나 협의를 할 것을 요구할 수 있다.
> ㉥ 위임 및 위탁기관은 위임 및 위탁사무 처리의 적정성을 확보하기 위하여 필요한 경우에는 수임 및 수탁기관의 수임 및 수탁사무 처리 상황을 수시로 감사할 수 있다.

① 1개 ② 2개 ③ 3개 ④ 4개

14

「국가경찰과 자치경찰의 조직 및 운영에 관한 법률」 제4조의 자치경찰사무에 관한 내용으로 가장 적절하지 않은 것은?

① 지역 내 다중범죄에 대한 해산 및 진압·검거활동
② 학교폭력 등 소년범죄, 가정폭력, 아동학대 범죄, 「형법」 제245조에 따른 공연음란 및 「성폭력범죄의 처벌 등에 관한 특례법」 제12조에 따른 성적 목적을 위한 다중이용장소 침입행위에 관한 범죄는 자치경찰사무에 포함된다.
③ 교통법규 위반에 대한 지도·단속, 교통안전시설 및 무인 교통 단속용 장비의 심의·설치·관리 등 지역 내 교통활동에 관한 사무는 자치경찰사무에 포함된다.
④ ②의 자치경찰사무에 관한 구체적인 사항 및 범위 등은 대통령령으로 정한다.

15

「국가경찰과 자치경찰의 조직 및 운영에 관한 법률」상 국가수사본부장에 관한 설명으로 가장 적절하지 않은 것은?

① 국가수사본부장은 「형사소송법」에 따른 경찰의 수사에 관하여 각 시·도경찰청장과 경찰서장 및 수사부서 소속 공무원을 지휘·감독한다.
② 국가수사본부장은 임기가 끝나면 당연히 퇴직한다.
③ 국가수사본부장을 경찰청 외부를 대상으로 모집하여 임용할 필요가 있는 때에는 10년 이상 수사업무에 종사한 사람 중에서 「국가공무원법」 제2조의2에 따른 고위공무원단에 속하는 공무원, 3급 이상 공무원 또는 경무관 이상 경찰공무원으로 재직한 경력이 있는 사람 중에서 임용한다.
④ 국가수사본부장을 경찰청 외부를 대상으로 모집하여 임용하는 경우 판사·검사의 직에서 퇴직한 날로부터 1년이 지나지 아니한 사람은 국가수사본부장이 될 수 없다.

16

「국가경찰과 자치경찰의 조직 및 운영에 관한 법률」상 시·도자치경찰위원회의 심의·의결사항 및 운영과 관련한 설명으로 옳지 않은 것은 모두 몇 개인가?

> ㉠ 시·도자치경찰위원회의 회의는 재적위원 과반수의 출석과 출석위원 과반수의 찬성으로 의결한다.
> ㉡ 시·도지사는 시·도자치경찰위원회의 의결이 적정하지 아니하다고 판단할 때에는 재의를 요구할 수 있다.
> ㉢ 위원회의 의결이 법령에 위반되거나 공익을 현저히 해친다고 판단되면 행정안전부장관은 미리 경찰청장의 의견을 들어 국가경찰위원회를 거쳐 시·도자치경찰위원회에 재의를 요구할 수 있고, 경찰청장은 국가경찰위원회와 행정안전부장관을 거쳐 시·도자치경찰위원회에 재의를 요구할 수 있다.
> ㉣ 시·도자치경찰위원회의 위원장은 재의요구를 받은 날부터 7일 이내에 회의를 소집하여 재의결하여야 한다. 이 경우 재적위원 과반수의 출석과 출석위원 3분의 2 이상의 찬성으로 전과 같은 의결을 하면 그 의결사항은 확정된다.
> ㉤ 시·도자치경찰위원회의 회의는 정기적으로 개최하여야 한다. 다만 위원장이 필요하다고 인정하는 경우, 위원 2명 이상이 요구하는 경우 및 시·도의회가 필요하다고 인정하는 경우에는 임시회의를 개최할 수 있다.

① 1개 ② 2개 ③ 3개 ④ 4개

17

「경찰 인권보호 규칙」상 경찰청 및 시·도경찰청 인권위원회에 관한 설명으로 가장 적절하지 않은 것은?

① 위원회는 위원장 1명을 포함하여 7명 이상 13명 이하의 위원으로 구성한다. 이때, 특정 성별이 전체 위원 수의 10분의 6을 초과하지 아니해야 한다.
② 당연직 위원은 경찰청은 감사관, 시·도경찰청은 청문감사인권담당관으로 한다.
③ 경찰의 직에 있거나 그 직에서 퇴직한 날부터 3년이 지나지 아니한 사람은 경찰청 인권위원회나 시·도경찰청 인권위원회의 위촉 위원이 될 수 없다.
④ 입건 전 조사·수사 중인 사건에 청탁 또는 경찰 인사에 관여하는 행위를 하거나 기타 직무 관련 비위사실이 있는 경우 청장은 위원회의 의결을 거쳐 위원을 해촉할 수 있다.

18

「경찰공무원법」 및 경찰공무원에 관한 설명으로 가장 적절한 것은?

① 「경찰공무원법」은 경찰공무원의 근무관계를 특별권력관계로 설정하고 있다.
② 「경찰공무원법」상 경찰공무원은 순경에서부터 치안총감에 이르는 계급을 가진 공무원과 의무경찰을 말한다.
③ 경찰공무원은 국가공무원법상 공무원의 분류 중 특수경력직으로 분류된다.
④ 경찰공무원의 계급은 직책 난이도와 보수 차이의 근거가 되는 것으로 개인의 특성, 즉 학력·경력·자격을 기준으로 하여 유사한 개인적 특성을 가진 공무원을 여러 범주와 집단으로 구분하여 계층을 구분하는 것을 말한다.

19

경찰공무원의 신규임용에 있어서 채용후보자명부 및 채용후보자 등록에 관한 설명으로 가장 적절하지 않은 것은?

① 경찰청장 또는 해양경찰청장은 신규채용시험에 합격한 자를 대통령령이 정하는 바에 의하여 성적순위에 따라 채용후보자명부에 등재하여야 한다.
② 채용후보자로서 받은 교육훈련성적이 수료점수에 미달되거나 교육훈련 중 교육훈련을 계속할 수 없는 불가피한 사정으로 퇴학처분을 받은 때에는 채용후보자의 자격을 상실한다.
③ 채용후보자 명부의 유효기간은 2년의 범위에서 대통령령으로 정한다. 다만, 경찰청장 또는 해양경찰청장은 필요에 따라 1년의 범위에서 그 기간을 연장할 수 있다.
④ 채용후보자등록을 하지 아니한 자는 경찰공무원으로 임용될 의사가 없는 것으로 본다.

20

다음의 「경찰공무원법」에 대한 설명으로 가장 적절하지 않은 것은?

① 총경 이상 경찰공무원은 경찰청장 또는 해양경찰청장의 추천을 받아 행정안전부장관 또는 해양수산부장관의 제청으로 국무총리를 거쳐 대통령이 임용한다. 다만, 총경의 전보, 휴직, 직위해제, 강등, 정직 및 복직은 경찰청장 또는 해양경찰청장이 한다.
② 경정 이하의 경찰공무원은 경찰청장 또는 해양경찰청장이 임용한다. 다만, 경정으로의 신규채용, 승진임용 및 면직은 경찰청장 또는 해양경찰청장의 추천으로 국무총리를 거쳐 대통령이 한다.
③ 경찰공무원은 바로 아래 하위계급에 있는 경찰공무원 중에서 근무성적평정, 경력평정, 그 밖의 능력을 실증(實證)하여 승진임용한다. 다만, 해양경찰청장을 보하는 경우 치안감을 치안총감으로 승진임용할 수 있다.
④ 경무관 이하 계급으로의 승진은 승진심사에 의하여 한다. 다만, 경정 이하 계급으로의 승진은 대통령령으로 정하는 비율에 따라 승진시험과 승진심사를 병행할 수 있다.

21

경찰공무원의 승진에 관한 설명으로 가장 적절하지 않은 것은?

① 경정 이하 경사 이상 계급으로의 승진은 심사승진(70%)과 시험승진(30%)을 병행할 수 있다.
② 승진소요최저근무연수에는 휴직기간·시보기간 및 직위해제기간·징계처분기간 및 승진임용 제한기간을 포함하지 아니한다.
③ 공무상 질병 또는 부상으로 인한 신체·정신상의 장애로 장기요양이 필요함에 따라 휴직한 경우에 그 휴직기간은 승진소요 최저근무연수에 포함된다.
④ 경찰공무원이 징계처분을 받은 후 해당 계급에서 대통령표창 또는 국무총리표창을 받은 경우 승진임용 제한기간의 2분의 1을 단축할 수 있다.

22

「국가공무원법」상 휴직기간에 관한 설명으로 가장 적절하지 않은 것은?

① 신체·정신상의 장애로 장기 요양이 필요할 때의 휴직기간은 1년 이내로 하되, 부득이한 경우 1년의 범위에서 연장할 수 있다.
② 요양급여 지급 대상 부상 또는 질병에 해당하는 공무상 질병 또는 부상으로 인한 휴직기간은 3년 이내로 하되, 의학적 소견 등을 고려하여 3년의 범위에서 연장할 수 있다.
③ 국제기구, 외국 기관, 국내외의 대학·연구기관, 다른 국가기관 또는 대통령령으로 정하는 민간기업, 그 밖의 기관에 임시로 채용될 때에 휴직 기간은 그 채용기간으로 한다. 다만, 민간기업이나 그 밖의 기관에 채용되면 3년 이내로 한다.
④ 국외 유학을 하게 된 때에 휴직 기간은 3년 이내로 하되, 부득이한 경우에는 2년의 범위에서 연장할 수 있다.

23

「경찰청 공무원 행동강령」에 관한 설명으로 가장 적절하지 않은 것은?

① 공무원은 직무관련자나 직무관련공무원에게 경조사를 알려서는 아니 된다. 다만, 친족(「민법」에 따른 친족을 말한다)에게 알리는 경우 경조사를 알릴 수 있다.
② 공무원은 직무 관련 여부 및 기부·후원·증여 등 그 명목에 관계없이 동일인으로부터 1회에 100만 원 또는 매 회계연도에 300만 원을 초과하는 금품등을 받거나 요구 또는 약속해서는 아니 된다.
③ 공무원은 직무와 관련하여 대가성 여부를 불문하고 1회에 100만 원 또는 매 회계연도에 300만 원 이하의 금품등을 받거나 요구 또는 약속해서는 아니 된다.
④ 공무원은 특별히 장기적·지속적인 친분관계를 맺고 있는 자가 직무관련자 또는 직무관련공무원으로서 금품등을 제공하는 경우에는 미리 소속기관의 장의 허가를 받아야 한다.

24

「부정청탁 및 금품등 수수의 금지에 관한 법률」에 관한 설명으로 가장 적절하지 않은 것은?

① 사적 거래(증여는 제외한다)로 인한 채무의 이행 등 정당한 권원(權原)에 의하여 제공되는 금품등은 수수를 금지하는 금품에 해당하지 않는다.
② 누구든지 직접 또는 제3자를 통하여 직무를 수행하는 공직자등에게 직무 또는 법률관계에 관한 확인·증명 등을 신청·요구하는 행위를 해서는 아니 된다.
③ 소속기관장은 부정청탁이 있었던 사실을 알게 된 경우 또는 부정청탁에 관한 신고·확인 과정에서 해당 직무의 수행에 지장이 있다고 인정하는 경우에는 부정청탁을 받은 공직자등에 대하여 직무 참여 일시중지 등의 조치를 할 수 있다.
④ 공직자등은 금액을 초과하는 외부강의 사례금을 받은 경우에는 대통령령으로 정하는 바에 따라 소속기관장에게 신고하고, 제공자에게 그 초과금액을 지체 없이 반환하여야 한다.

25
「국가공무원법」상 징계에 관한 설명으로 가장 적절하지 않은 것은?

① 감사원에서 조사 중인 사건에 대하여는 조사개시 통보를 받은 날부터 징계 의결의 요구나 그 밖의 징계 절차를 진행하지 못한다.
② 검찰·경찰, 그 밖의 수사기관에서 수사 중인 사건에 대하여는 수사개시 통보를 받은 날부터 징계 의결의 요구나 그 밖의 징계 절차를 진행하지 아니할 수 있다.
③ 감사원과 검찰·경찰, 그 밖의 수사기관은 조사나 수사를 시작한 때와 이를 마친 때에는 10일 내에 소속 기관의 장에게 그 사실을 통보하여야 한다.
④ 징계의결등의 요구는 징계 등 사유(성폭력, 성희롱 등)가 발생한 날부터 5년의 기간이 지나면 하지 못한다.

26
행정심판의 재결에 관한 설명으로 가장 적절하지 않은 것은?

① 재결이란 행정법상 법률관계에 관한 분쟁에 대하여 행정심판위원회가 행하는 판단의 표시를 하는 것으로 확인의 성질을 가지므로 불가변력이 발생하고, 준사법적 행위에 해당한다.
② 재결은 피청구인 또는 위원회가 심판청구서를 받은 날부터 60일 이내에 하여야 한다. 다만, 부득이한 사정이 있는 경우에는 위원장이 직권으로 30일을 연장할 수 있다.
③ 위원회는 심판청구의 대상이 되는 처분보다 청구인에게 불리한 재결을 하지 못한다.
④ 사정재결의 경우 행정심판위원회는 재결의 주문(主文)에서 그 처분 또는 부작위가 위법하거나 부당하다는 것을 구체적으로 밝혀야 하며, 사정재결이 있음으로 해서 처분의 하자가 치유된다.

27
「행정조사기본법」에 관한 설명으로 가장 적절하지 않은 것은?

① 조세·형사·행형 및 보안처분에 관한 사항은 이 법을 적용하지 아니한다.
② 행정기관은 법령등에서 행정조사를 규정하고 있는 경우에 한하여 행정조사를 실시할 수 있다. 다만, 조사대상자의 자발적인 협조를 얻어 실시하는 행정조사의 경우에는 그러하지 아니하다.
③ 출석한 조사대상자가 출석요구서에 기재된 내용을 이행하지 아니하여 행정조사의 목적을 달성할 수 없는 경우를 제외하고는 조사원은 조사대상자의 1회 출석으로 당해 조사를 종결하여야 한다.
④ 행정조사를 실시하고자 하는 행정기관의 장은 출석요구서, 보고요구서·자료제출요구서 및 현장출입조사서를 조사개시 7일 전까지 조사대상자에게 서면 또는 구두로 통지하여야 한다.

28
「경찰관의 정보수집 및 처리 등에 관한 규정」상 경찰관이 정보수집을 위하여 하여서는 아니 되는 행위는?

① 정치에 관여하기 위해 정보를 수집·작성·배포하는 행위
② 집회·시위 등으로 인한 공공갈등과 다중운집에 따른 질서 및 안전 유지에 필요한 정보를 수집하는 행위
③ 법령의 직무 범위를 벗어나 개인의 동향 등을 파악하기 위해 사생활에 관한 정보를 수집·작성·배포하는 행위
④ 직무와 무관한 비공식적 직함을 사용하는 행위

29

「경찰관 직무집행법」 제7조의 위험 방지를 위한 출입에 관한 설명으로 옳지 않은 것은 모두 몇 개인가?

> ㉠ 경찰공무원은 여관에 불이 나서 객실에 쓰러져 있는 사람이 있더라도, 주인이 허락하지 않는 경우에는 들어갈 수 없다.
> ㉡ 새벽 3시에 영업이 끝난 식당에서 주인만 머무르는 경우라도, 경찰공무원은 범죄의 예방을 위해 출입하도록 요구할 수 있다.
> ㉢ 무장공비가 도심에 출현하여 이들을 검거하기 위해 작전을 수행하는 경우에는 건물주의 허락이 없더라도 해당 작전구역 안에 있는 대형 영화관을 검색할 수 있다.
> ㉣ 위험방지를 위해 여관에 출입할 경우에는 불심검문과 달리 신분증을 제시할 필요가 없다.
> ㉤ 위험방지를 위한 출입의 법적 성질은 대가택적 즉시강제이다.

① 1개 ② 2개 ③ 3개 ④ 4개

30

동기부여 이론에 관한 설명으로 가장 적절하지 않은 것은?

① 허즈버그는 만족을 느끼게 하는 요인을 높은 업적향상을 위한 동기부여의 유효차원에서 동기유발요인이라 불렀으며, 불만을 느끼게 하는 요인을 불만의 제거 및 예방차원에서 위생요인이라 하였다.
② 맥클랜드는 권력동기 ⇨ 친화동기 ⇨ 성취동기로 인간 동기가 발전한다고 한다.
③ 맥클랜드는 권력동기가 높을수록 생산성이 높아진다고 하였다.
④ 앨더퍼(C. P. Alderfer)는 욕구이론을 존재욕구, 관계욕구, 성장욕구로 구분하였다.

31

「국가재정법」상 예산의 집행에 관한 설명으로 가장 적절하지 않은 것은?

① 기획재정부장관은 제42조의 규정에 따른 예산배정요구서에 따라 분기별 예산배정계획을 작성하여 국무회의의 심의를 거친 후 대통령의 승인을 얻어야 한다.
② 기획재정부장관은 각 중앙관서의 장에게 예산을 배정한 때에는 감사원에 통지하여야 한다.
③ 예산의 배정은 회계연도 개시 후 시작하고 회계연도 개시 전에 예산을 배정할 수 없다.
④ 기획재정부장관은 예산집행의 효율성을 높이기 위하여 매년 예산집행에 관한 지침을 작성하여 각 중앙관서의 장에게 통보하여야 한다.

32

「경찰장비관리규칙」상 무기·탄약의 회수 및 보관에 관한 설명으로 가장 적절하지 않은 것은?

① 경찰기관의 장은 무기를 휴대한 자 중에서 직무상의 비위 등으로 인하여 중징계 의결 요구된 된 자가 발생한 때에는 즉시 대여한 무기·탄약을 회수해야 한다.
② 경찰기관의 장은 무기를 휴대한 자 중에서 직무상의 비위 등으로 인하여 감찰조사의 대상이 되거나 경징계 의결 요구 또는 경징계 처분 중인 자가 있을 때에는 무기 소지 적격 심의위원회의 심의를 거쳐 대여한 무기·탄약을 회수할 수 있다.
③ 경찰기관의 장은 무기를 휴대한 자 중에서 형사사건의 수사 대상이 된 자가 있을 때에는 무기 소지 적격 심의위원회의 심의를 거쳐 대여한 무기·탄약을 회수할 수 있다.
④ 경찰기관의 장은 무기를 휴대한 자 중에서 술자리 또는 연회장소에 출입할 경우에는 대여한 무기·탄약을 무기고에 보관할 수 있다.

33
다음이 설명하는 범죄원인론으로 연결이 가장 적절한 것은?

> ㉠ 범죄를 부추기는 가치관으로의 사회화과정을 거치면서 범죄가 다음 세대에 전달되어 범죄가 지속적으로 발생한다는 이론
> ㉡ 특정한 개인이 범죄문화에 접촉, 참가, 동조함으로써 범죄행동이 학습되어 범죄가 발생한다는 이론
> ㉢ 청소년들이 영화의 주인공을 모방하고 자신과 동일시하여 범죄를 학습하게 되고 그러한 과정에서 범죄가 발생한다고 보는 이론
> ㉣ 범죄의 원인을 사법당국의 낙인(烙印) 때문이라고 보는 이론

① ㉠ 문화적 전파이론 ㉡ 차별적 동일시이론
  ㉢ 차별적 접촉이론 ㉣ 낙인이론
② ㉠ 문화적 전파이론 ㉡ 차별적 접촉이론
  ㉢ 차별적 동일시이론 ㉣ 낙인이론
③ ㉠ 사회해체론 ㉡ 차별적 동일시이론
  ㉢ 차별적 접촉이론 ㉣ 낙인이론
④ ㉠ 사회해체론 ㉡ 차별적 접촉이론
  ㉢ 차별적 동일시이론 ㉣ 낙인이론

34
「지역경찰의 조직 및 운영에 관한 규칙」상 직주일체형 치안센터에 관한 설명으로 옳지 <u>않은</u> 것은 모두 몇 개인가?

> ㉠ 직주일체형 치안센터에는 배우자와 함께 거주함을 원칙으로 하며, 배우자는 근무자 부재시 방문 민원 접수·처리 등 보조 역할을 수행한다.
> ㉡ 직주일체형 치안센터에 배치된 근무자는 근무 종료 후에도 관할구역 내에 위치하며 지역경찰관서와 연락체계를 유지하여야 한다. 다만, 휴무일은 제외한다.
> ㉢ 시·도경찰청장은 직주일체형 치안센터에 배우자가 함께 거주하지 않는 경우에는 전투경찰순경을 상주 배치하여야 하며, 배치 기준은 별표와 같다.
> ㉣ 시·도경찰청장은 직주일체형 치안센터에서 거주하는 근무자의 배우자에게 조력사례금을 지급하여야 하며, 지급 기준 및 금액은 경찰청장이 정한다.
> ㉤ 직주일체형 치안센터 근무자의 근무기간은 1년 이상으로 하며, 임기를 마친 경찰관은 희망부서로 배치하고, 차기 경비부서의 차출순서에서 1회 면제한다.

① 1개   ② 2개   ③ 3개   ④ 4개

35
「아동·청소년의 성보호에 관한 법률」에 대한 설명으로 가장 적절하지 <u>않은</u> 것은?

① 19세 이상의 사람이 13세 이상 16세 미만인 아동·청소년의 궁박(窮迫)한 상태를 이용하여 해당 아동·청소년을 간음하거나 해당 아동·청소년으로 하여금 다른 사람을 간음하게 하는 경우에는 3년 이상의 유기징역에 처한다.
② 법원은 아동·청소년대상 성범죄를 범한 「소년법」 제2조의 소년에 대하여 형의 선고를 유예하는 경우에는 반드시 보호관찰을 명하여야 한다.
③ 아동·청소년대상 성범죄 피해자의 진술내용과 조사과정은 비디오녹화기 등 영상물 녹화장치로 반드시 촬영·보존하여야 한다.
④ 법원은 아동·청소년대상 성범죄의 피해자를 증인으로 신문하는 경우에 검사, 피해자 또는 법정대리인이 신청하는 경우에는 재판에 지장을 줄 우려가 있는 등 부득이한 경우가 아니면 피해자와 신뢰관계에 있는 사람을 동석하게 하여야 한다.

36
재난관리체계에 관한 설명으로 가장 적절하지 <u>않은</u> 것은?

① 예방단계에서는 기능별 재난대비 활동계획 작성, 재난분야 위기관리 매뉴얼 작성, 재난대비훈련을 한다.
② 대비단계는 재난발생을 예상하여 그 피해를 최소화하고, 원활한 대응을 위한 준비를 수행하는 과정이다.
③ 대응단계는 실제로 재난이 발생하였을 때 수행해야 할 행동으로 응급조치, 긴급구조 등이 있다.
④ 복구단계에서는 재난피해조사, 특별재난지역의 선포 등을 한다.

37
운전면허 행정처분결과에 따른 면허발급 제한기간이 나머지 셋과 <u>다른</u> 것은?

① 음주운전 또는 음주측정 거부를 하여 운전을 하다가 교통사고를 일으킨 경우
② 무면허운전 금지규정을 3회 이상 위반하여 자동차 등을 운전한 경우
③ 음주운전 2회 이상 또는 음주측정 거부를 2회 이상 위반하여 면허취소가 된 경우
④ 운전면허를 받은 사람이 자동차 등을 이용하여 범죄행위를 한 때

38
정보의 순환 과정을 설명한 것으로 옳지 <u>않은</u> 것을 모두 고른 것은?

> ㉠ 정보의 순환과정에서 학문적 성격이 가장 많이 요구되는 단계는 정보의 생산단계이다.
> ㉡ 정보의 요구단계는 첩보수집계획서의 작성 - 첩보의 기본요소 결정 - 명령하달 - 사후검토 순으로 이루어진다.
> ㉢ 정보의 순환은 연속적으로 이루어지며 전(全) 단계가 동시에 진행될 수도 있다.
> ㉣ 정보의 배포 시에는 알아야 할 필요가 있는 대상자에게만 알려야 하고 알 필요가 없는 대상에게는 알려서는 안 되는 '보안성의 원칙'이 요구된다.
> ㉤ 정보생산 단계의 소순환 과정 중 '분석'은 첩보의 출처 및 내용에 관해 신뢰성과 사실성, 즉 타당성을 판정하는 과정이다.

① ㉠, ㉡, ㉣
② ㉡, ㉢, ㉤
③ ㉡, ㉣, ㉤
④ ㉢, ㉣, ㉤

39
다음 중 「북한이탈주민의 보호 및 정착지원에 관한 법률」에 관한 설명으로 옳은 것을 모두 고른 것은?

> ㉠ 보호대상 중 북한의 군인이었던 자가 국군에 편입되기를 희망하더라도 국군으로 특별임용할 수 없다.
> ㉡ 북한이탈주민으로서 「북한이탈주민의 보호 및 정착지원에 관한 법률」에 따른 보호를 받으려는 사람은 재외공관이나 그 밖의 행정기관의 장(각급 군부대의 장을 포함한다)에게 보호를 직접 신청하여야 한다. 다만, 보호를 직접 신청하지 아니할 수 있는 대통령령으로 정하는 사유가 있는 경우에는 그러하지 아니하다.
> ㉢ 북한이탈주민으로서 보호신청을 한 사람 중 국내 입국 후 1년이 지나서 보호신청한 사람은 보호대상자로 결정될 수 없다.
> ㉣ 통일부장관은 북한이탈주민대책협의회의 심의를 거쳐 보호대상자의 보호 및 정착지원에 관한 기본계획을 3년마다 수립·시행하여야 한다.

① ㉠, ㉡
② ㉠, ㉣
③ ㉡, ㉢
④ ㉡, ㉣

40
외국의 범죄인 인도요청에 따른 범죄인인도 절차에 관한 설명으로 틀린 것은?

① 인도청구서의 경우 조약체결 국가는 외교경로를 통하여 청구하고, 조약 미체결국가는 상호보증서를 첨부하여 청구한다.
② 외교부장관은 범죄인인도조약의 존재여부, 상호보증 유무, 인도 대상범죄 여부 등을 확인하고 관계서류를 첨부하여 법무부장관에게 송부한다.
③ 법무부장관은 서울고등검찰청 검사장에게 서류를 송부하고 소속검사에게 서울고등법원에 범죄인 인도허가 여부에 관한 심사를 청구하도록 명령한다.
④ 서울고등법원 판사는 청구에 관계된 범죄가 인도거절 사유 및 임의적 거절사유에 해당되는 경우 상당성 여부를 판단한다.

제2회 동형모의고사

제한시간 / 40분 점수 / 100점

01
근대 법치국가시대 이후 대륙법계 국가에서의 경찰임무의 변화에 관한 설명으로 가장 적절하지 <u>않은</u> 것은?

① 18~19세기에 등장한 법치국가는 절대주의적 경찰국가에 대항하는 의미에서 자유주의적 법치국가의 성격을 띠었고, 이와 같은 법치국가적 경찰개념이 처음으로 법제화된 경우로는 1794년의 '프로이센 일반란트법'을 들 수 있다.
② 1882년의 프로이센 고등행정법원이 베를린의 크로이츠베르크(Kreuzberg) 언덕에 있는 전승기념비의 조망을 확보하기 위해 주변 토지에 대한 건축물의 높이를 제한한 베를린 경찰청장의 명령에 대하여 그러한 명령은 심미적 이유로 내려진 것으로 복지증진을 목적으로 하는 것이므로 무효라고 함으로써 경찰의 임무는 소극적 질서유지, 위험방지에 한정된다고 하는 사상이 법해석상 확립되는 계기가 되었다.
③ 1884년 프랑스 지방자치법전에는 경찰의 임무에 위생사무 등 협의의 행정경찰적 사무가 포함되었다.
④ 1931년 제정된 프로이센 경찰행정법 제14조 제1항은 '공공의 평온·안녕 및 질서를 유지하고, 또한 공중 및 그의 개개 구성원들에 대한 절박한 위험을 방지하기 위하여 필요한 조치를 취하는 것은 경찰의 직무이다'라고 규정하여 크로이츠베르크 판결(1882)에 의해 발전된 실질적 의미의 경찰개념을 성문화시켰다.

02
형식적 의미의 경찰과 실질적 의미의 경찰에 관한 설명으로 옳지 <u>않은</u> 것은 모두 몇 개인가?

⊙ 형식적 의미의 경찰개념은 역사적으로 발전되고 형성된 개념이므로, 근대국가에서의 일반적인 경찰개념을 '공공의 안녕과 질서유지를 위한 권력작용'이라고 할 경우, 이는 각국의 실정법상 경찰개념과 반드시 일치한다고는 할 수 없다.
ⓒ 사무를 기준으로 하였을 때 우리나라 자치경찰은 형식적 의미의 경찰과 실질적 의미의 경찰 모두에 해당한다.
ⓒ 실질적 의미의 경찰을 보안경찰과 협의의 행정경찰로 구분하는 것이 일반적 견해라고 할 때, 보안경찰은 독립적인 경찰기관이 관할하지만, 협의의 행정경찰은 각종의 일반행정기관이 함께 그것을 관장하는 경우가 많다.
ⓔ 경찰기관이 실질적 의미의 경찰작용을 하는 경우가 있듯이 일반행정기관에서도 형식적 의미의 경찰작용을 하는 경우가 있다.
ⓜ 형식적 의미의 경찰은 제도적·역사적으로 발전해온 개념으로, 이른바 경찰권 발동의 한계론도 형식적 의미의 경찰개념의 배경하에서 형성되었다.

① 1개 ② 2개 ③ 3개 ④ 4개

03
경찰의 기본적 임무에 관한 설명으로 가장 적절하지 <u>않은</u> 것은?

① 공공의 안녕이란 국가 등 집단과 관련되어 있음은 물론 개인과도 관련되어 있는 이중적 개념이다.
② 경찰이 개입할 수 있는 위험의 개념은 사실에 기인한 주관적 추정이지만, 정당화될 수 있는 일종의 객관화를 요구한다.
③ 위험은 경찰개입의 전제요건이므로 보호를 받게 되는 법익에 구체적으로 존재해야만 하고 경찰책임자가 누구인지는 불문한다.
④ 위험혐의의 존재는 위험조사차원의 경찰개입을 정당화시킨다.

04

협의의 경찰권에 관한 설명으로 가장 적절한 것은?

① 협의의 경찰권의 발동은 경찰책임자에게만 가능한 것이 원칙이나 예외적으로 법령상 근거가 있거나 또는 긴급한 필요가 있는 경우에는 경찰책임자가 아닌 자에게도 가능하다.
② 법원의 법정경찰권과 같이 부분사회의 내부질서유지를 목적으로 하는 경우에는 원칙적으로 협의의 경찰권이 법정경찰권에 우선한다.
③ 경찰상 장애의 존재 및 수사상 단서의 존재는 협의의 경찰권의 발동 대상이 될 수 있다.
④ 통설은 다른 행정기관이나 행정주체가 일반사인과 마찬가지로 사법(私法)적 활동을 하는 경우에는 경찰권의 발동이 허용된다.

05

경찰의 일탈과 부패에 관한 설명으로 가장 적절한 것은?

① 델라트르는 '미끄러지기 쉬운 경사로이론'에 따라 시민의 작은 호의를 받은 경찰관 중 큰 부패로 이어지는 경찰관은 일부에 불과하므로 시민의 작은 호의를 금지할 필요는 없다고 하였다.
② 작은 호의를 제공받은 경찰관이 도덕적 부채를 느껴 이를 보충하기 위해 결과적으로 선한 후속행위를 하는 상황은 미끄러운 경사로(slippery slope) 가설의 맥락에서 이해할 수 있다.
③ 대의명분 있는 부패(noble cause corruption)와 Dirty Harry 문제는 부패의 개념적 징표를 개인적 이익 추구를 넘어 조직 혹은 사회적 차원의 이익 추구로 확대하고자 하는 시도라고 볼 수 있다.
④ 어떤 일을 하도록 책임지어진 권한의 소유자, 즉 관직을 가진 사람이 법적으로 규정되어 있지 않은 금전적인 또는 다른 형태의 보수에 의하여 그런 보수를 제공하는 사람들에게 이로운 행위를 함으로써 공중의 이익에 손해를 가져올 때 부패가 일어난다는 것은 하이덴하이머의 부정부패의 정의 중 시장중심적 정의에 대한 설명이다.

06

냉소주의와 회의주의에 관한 설명으로 옳지 않은 것은 모두 몇 개인가?

> ㉠ 냉소주의와 회의주의에 모두 불신을 바탕으로 발생한다는 공통점이 있다.
> ㉡ 니더호퍼(Niederhoffer)는 사회체계에 대한 기존의 신념체제가 붕괴된 후 새로운 신념체제에 의해 대체되지 않을 때 냉소주의가 나타날 수 있다고 하였다.
> ㉢ 조직 내 팽배한 냉소주의는 경찰의 전문직업화를 저해하는 기제로 작동할 수 있다.
> ㉣ 회의주의는 특정대상을 합리적으로 의심하는 것으로, 건전한 회의주의는 대상을 개선시키겠다는 의지도 있다.
> ㉤ 냉소주의 극복을 위한 가장 효과적인 조직관리방안은 인간을 본래 게으르고 생리적 욕구 또는 안전의 욕구에 자극을 주는 금전적 보상이나 제재 등 외재적 유인에 반응한다고 상정하여 조직이 권위적으로 관리할 필요가 있다는 맥그리거(McGregor)의 인간모형에 기초한다.

① 1개 ② 2개 ③ 3개 ④ 4개

07

3·1운동 이후 경찰제도에 관한 설명으로 가장 적절하지 않은 것은?

① 헌병경찰제도에서 보통경찰제도로 전환되었으나 경찰의 직무와 권한에는 변화가 없었다.
② 조선총독부 직속의 경무총감부에서 서울과 황궁의 경찰사무를 담당한다.
③ 3·1운동을 기화로 정치범처벌법을 제정하여 단속체제를 갖추었다.
④ 중일전쟁 이후에는 경제경찰과 외사경찰의 영역까지 미치는 등 경찰의 대상영역이 더 광범위해졌다.

08

영국경찰에 관한 설명으로 가장 적절하지 않은 것은?

① 영국의 국립범죄청(NCA)은 2013년 중대조직범죄청(SOCA)과 아동범죄대응센터(CEOPC)를 통합하여 출범하였다.
② 수도경찰청을 창설한 로버트 필 경은 경찰의 기본적인 임무로서 범죄에 대한 신속한 대응을 주장하였다.
③ 영국은 2012년 지역치안위원장, 지역치안평의회, 지방경찰청장, 내무부장관으로 구성된 사원체제로 변경하였다.
④ 지역치안평의회는 지역치안위원장의 견제기구로서 각 지방자치단체에서 파견된 선출직 대표와 독립위원으로 구성된다.

09

법치행정의 원리(행정의 법률적합성의 원칙)에 관한 설명으로 가장 적절하지 않은 것은?

① 근거규범(법률유보의 원칙)은 행정의 일부영역(권력적 영역)에서만 적용된다.
② 법률유보의 원칙에서 말하는 '법률'은 국회가 제정한 성문법률 또는 위임입법에 의한 법규명령과 행정선례법 등의 관습법도 포함된다.
③ 법률우위의 원칙은 행정의 전 영역에서 적용되며 특별권력관계에서도 법률우위의 원칙은 적용된다. 즉 어떠한 형태의 국가작용도 법률에 위반되어서는 아니 된다는 원칙이다.
④ 법률우위의 원칙에서 말하는 '법률'은 형식적 의미의 법률뿐만 아니라 성문법과 불문법 등의 모든 법규범을 의미한다.

10

법규명령에 관한 설명으로 가장 적절하지 않은 것은?

① 법규명령의 정립행위는 형식적으로 행정에 속하지만 실질적으로 입법에 속한다.
② 법규명령 자체는 행정소송의 대상이 아니나, 법규명령에 위반한 행위에 대해서는 행정소송을 제기할 수 있다.
③ 「헌법」에서 명시적으로 법률로 정하도록 한 사항이나 기본권과 관련된 본질적 사항도 법규명령에 위임할 수 있다.
④ 법치행정의 원리에 따라 구체적으로 범위를 정하여 위임받은 사항만을 위임할 수 있고, 법률에 의한 포괄적·일반적 수권은 일반적으로 허용되지 않는다.

11

「경찰청 직무대리 운영규칙」에 관한 설명으로 가장 적절하지 않은 것은?

① "직무대리지정권자"란 사고가 발생한 공무원의 직근 상위 계급자를 말한다.
② 직무를 대리하는 경우 한 사람은 하나의 직위에 대해서만 직무대리를 할 수 있다.
③ 직무대리자는 직무대리하여야 할 업무를 다른 공무원에게 다시 직무대리하게 할 수 있다.
④ 직무대리를 지정할 때에는 별지 서식에 따른 직무대리명령서를 직무대리자에게 발급하여야 한다.

12

「국가경찰과 자치경찰의 조직 및 운영에 관한 법률」에 관한 설명으로 옳지 않은 것은 모두 몇 개인가?

> ㉠ 이 법은 경찰의 민주적인 관리·운영과 효율적인 임무수행을 위하여 경찰의 기본조직 및 직무 범위와 그 밖에 필요한 사항을 규정함을 목적으로 한다.
> ㉡ 국가와 지방자치단체는 국민의 생명·신체 및 재산을 보호하고 공공의 안녕과 질서유지에 필요한 시책을 수립·시행하여야 한다.
> ㉢ 범죄피해자 보호, 공공안녕에 대한 위험의 예방과 대응을 위한 정보의 수집·작성 및 배포, 외국 정부기관 및 국제기구와의 국제협력 등은 제3조의 경찰의 임무에 해당한다.
> ㉣ 경찰은 그 직무를 수행할 때 「헌법」과 법률에 따라 국민의 자유와 권리 및 모든 개인이 가지는 불가침의 기본적 인권을 보호하고, 국민 전체에 대한 봉사자로서 공정·중립을 지켜야 하며, 부여된 권한을 남용하여서는 아니 된다.
> ㉤ 경찰공무원은 상관의 지휘·감독을 받아 직무를 수행하고, 그 직무수행에 관하여 서로 협력하여야 한다.
> ㉥ 경찰공무원의 직무수행에 필요한 사항은 대통령령으로 정한다.

① 1개   ② 2개   ③ 3개   ④ 4개

13

「국가경찰과 자치경찰의 조직 및 운영에 관한 법률」상 국가경찰위원회에 관한 설명으로 옳지 않은 것은 모두 몇 개인가?

> ㉠ 위원 및 위원장은 행정안전부장관의 제청으로 국무총리를 거쳐 대통령이 임명한다.
> ㉡ 위원 중 2명은 법관의 자격이 있는 사람이어야 하며, 위원은 특정 성(性)이 10분의 6을 초과하지 아니하여야 한다.
> ㉢ 위원이 선거에 의하여 취임하는 공직에 있거나 그 공직에서 퇴직한 날부터 3년이 지나지 아니하게 된 경우에는 행정안전부 장관의 건의로 대통령이 해임한다.
> ㉣ 국가경찰사무·자치경찰사무의 협력·조정과 관련하여 경찰청장과 협의는 국가경찰위원회의 심의·의결 사항에 해당한다.
> ㉤ 위원은 중대한 신체상 또는 정신상의 장애로 직무를 수행할 수 없게 된 경우를 제외하고는 그 의사에 반하여 면직되지 아니한다.

① 1개   ② 2개   ③ 3개   ④ 4개

14

「경찰인권보호규칙」에 관한 설명으로 가장 적절하지 않은 것은?

① 조사담당자는 사건 조사 과정에서 진정인·피진정인 또는 참고인 등이 임의로 제출한 물건 중 사건 조사에 필요한 물건은 보관할 수 있다.
② 조사담당자는 제출자가 보관 중인 물건의 반환을 요구하는 경우에는 반환하여야 하며, 진정인이 진정을 취소한 사건에서 진정인이 제출한 물건이 있는 경우에는 제출자가 요구하지 않더라도 반환하여야 한다.
③ 진상조사단은 경찰청 차장 직속으로 두고 진상조사팀, 실무지원팀, 민간조사자문단으로 구성하여 운영한다.
④ 진상조사팀장은 경찰청 소속 총경급 중에서 단장의 의견을 들어 경찰청장이 임명한다.

15

「경찰공무원 임용령」상 임용권의 위임에 관한 설명으로 가장 적절한 것은?

① 경찰청장은 시·도지사에게 해당 시·도의 자치경찰사무를 담당하는 경찰공무원[시·도자치경찰위원회, 시·도경찰청 및 경찰서(지구대 및 파출소는 제외한다)에서 근무하는 경찰공무원을 말한다] 중 경정의 전보·파견·휴직·직위해제 및 복직에 관한 권한과 경감 이하의 임용권(신규채용 및 면직에 관한 권한을 포함한다)을 위임한다.
② 경찰청장은 국가수사본부장에게 국가수사본부 안에서의 경감 이하에 대한 전보권을 위임한다.
③ 경찰청장은 경찰대학·경찰인재개발원·중앙경찰학교·경찰수사연수원·경찰병원 및 시·도경찰청의 장에게 그 소속 경찰공무원 중 경정의 전보·파견·휴직·직위해제 및 복직에 관한 권한과 경감 이하의 임용권을 위임한다.
④ ①에 따라 임용권을 위임받은 시·도지사는 경위 또는 경사로의 승진임용에 관한 권한을 제외한 임용권을 시·도자치경찰위원회에 다시 위임한다.

16
「경찰공무원법」에 규정된 승진에 관한 설명으로 가장 적절하지 않은 것은?

① 경찰청장 또는 해양경찰청장은 해당 계급에서 일정기간 동안 재직한 사람을 경장, 경사, 경위, 경감으로 각각 근속승진임용할 수 있다. 다만, 인사교류 경력이 있거나 주요 업무의 추진실적이 우수한 공무원 등 경찰행정 발전에 기여한 공이 크다고 인정되는 경우에는 대통령령으로 정하는 바에 따라 그 기간을 단축할 수 있다.
② 임용권자는 경감으로의 근속승진임용을 위한 심사를 연 2회까지 실시할 수 있다.
③ 총경 이하 계급으로의 승진은 승진후보자 명부의 등재순위에 따른다.
④ 시험에서 부정행위를 한 경찰공무원에 대해서는 그 시험을 정지하거나 무효로 하며, 5년간 시험 응시자격을 박탈한다.

17
경찰공무원의 권리에 관한 설명으로 옳지 않은 것은 모두 몇 개인가?

> ⊙ 경찰공무원의 신분상 권리 중 연금청구권은 공권으로 지급청구는 당사자소송에 의한다.
> ⓒ 경찰공무원의 보수에 관한 사항은 대통령령인 경찰공무원 공무원보수규정에서 통합하여 규정하고 있다.
> ⓒ 경찰공무원의 신분상 권리 중 제복착용권은 경찰공무원의 권리이자 의무에 해당하는 것으로 경찰관직무집행법에 규정되어 있다.
> ② 「공무원 재해보상법」에 따른 급여를 받을 권리는 그 급여의 사유가 발생한 날부터 요양급여·재활급여·간병급여·부조급여는 3년간, 그 밖의 급여는 5년간 행사하지 아니하면 시효로 인하여 소멸한다.
> ⑩ 「경찰공무원법」 제68조에 의해 공무원은 형의 선고, 징계처분 또는 이 법에서 정하는 사유에 따르지 아니하고는 본인의 의사에 반하여 휴직·강임 또는 면직을 당하지 아니한다.

① 1개 ② 2개 ③ 3개 ④ 4개

18
「부정청탁 및 금품등 수수의 금지에 관한 법률」에 관한 설명으로 가장 적절하지 않은 것은?

① 공직자등은 외부강의등을 할 때에는 대통령령으로 정하는 바에 따라 외부강의등의 요청 명세 등을 소속기관장에게 미리 서면으로 신고하여야 한다. 다만, 외부강의등을 요청한 자가 국가나 지방자치단체인 경우에는 그러하지 아니하다.
② 공직자등은 외부강의등을 미리 신고하는 것이 곤란한 경우에는 그 외부강의등을 마친 날부터 2일 이내에 서면으로 신고하여야 한다.
③ 공직자등은 자신이 수수 금지 금품등을 받거나 그 제공의 약속 또는 의사표시를 받은 경우에는 14일 이내에 소속기관장에게 서면으로 신고하여야 한다.
④ 소속기관장은 공직자등 또는 그 배우자가 수수 금지 금품등을 받거나 그 제공의 약속 또는 의사표시를 받은 사실을 알게 된 경우 수사의 필요성이 있다고 인정하는 때에는 그 내용을 지체 없이 수사기관에 통보하여야 한다.

19
「경찰공무원징계령」에 관한 설명으로 가장 적절하지 않은 것은?

① 징계위원회는 징계등 사건을 의결할 때에는 징계등 심의 대상자의 평소 행실, 근무 성적, 공적(功績), 뉘우치는 정도와 징계등 의결을 요구한 자의 의견을 고려하여야 한다.
② 징계위원회는 징계등 의결을 하였을 때에는 지체 없이 징계대상자에게 의결서 정본(正本)을 보내어 통지하여야 한다.
③ 징계등 의결을 요구한 자는 경징계의 징계등 의결을 통지받았을 때에는 통지받은 날부터 15일 이내에 징계등을 집행하여야 한다.
④ 징계등 의결을 요구한 자는 중징계의 징계등 의결을 통지받았을 때에는 지체 없이 징계등 처분 대상자의 임용권자에게 의결서 정본을 보내어 해당 징계등 처분을 제청하여야 한다. 다만, 경무관 이상의 강등 및 정직, 경정 이상의 파면 및 해임 처분의 제청, 총경 및 경정의 강등 및 정직의 집행은 경찰청장 또는 해양경찰청장이 한다.

20
고충심사에 관한 설명으로 가장 적절하지 않은 것은?

① 중앙인사관장기관의 장, 임용권자 또는 임용제청권자는 기관 내 성폭력 범죄 또는 성희롱 발생 사실의 신고를 받은 경우에는 지체 없이 사실 확인을 위한 조사를 하고 그에 따라 필요한 조치를 하여야 한다.
② 경찰공무원 고충심사위원회의 심사를 거친 재심청구와 경정 이상의 경찰공무원의 인사상담 및 고충심사는 「국가공무원법」에 따라 설치된 중앙고충심사위원회에서 한다.
③ 경찰공무원 고충심사위원회 민간위원의 임기는 2년으로 하며, 한 번만 연임할 수 있다.
④ 고충심사위원회가 청구서를 접수한 때에는 10일 이내에 고충심사에 대한 결정을 하여야 한다. 다만, 부득이하다고 인정되는 경우에는 고충심사위원회의 의결로 10일을 연장할 수 있다.

21
「행정소송법」상 소의 제기에 관한 설명으로 가장 적절하지 않은 것은?

① 「행정소송법」은 원칙적으로 임의적 행정심판 전치주의를 채택하고 있으므로 행정심판을 거친 후 취소소송을 제기할 수도 있고, 행정심판을 거치지 않더라도 취소소송을 제기할 수 있다.
② 필요적 행정심판전치주의로 공무원의 징계에 대한 소청, 도로교통법상의 운전면허 관련처분에 대한 행정심판이 있다.
③ 취소소송은 처분 등이 있음을 안 날부터 90일, 처분 등이 있은 날부터 180일을 경과하면 이를 제기하지 못한다.
④ 무효등 확인소송과 부작위위법확인소송은 원칙적으로 제소기간의 제한을 받지 않는다.

22
「행정기본법」에 관한 설명으로 옳은 것은 모두 몇 개인가?

> ㉠ 「행정기본법」 제30조 제1항 각 호에 따른 행정상 강제도 제재처분에 포함된다.
> ㉡ 법령등 또는 처분에서 국민의 권익을 제한하거나 의무를 부과하는 경우 권익이 제한되거나 의무가 지속되는 기간의 계산은 기간의 말일이 토요일 또는 공휴일인 경우에 기간은 그 다음날로 만료한다.
> ㉢ 행정작용은 행정목적을 달성하는 데 유효하고 적절하고, 행정목적을 달성하는 데 필요한 최소한도에 그쳐야 하며, 그 행정작용이 의도하는 공익이 행정작용으로 인한 국민의 이익 침해보다 크지 않아야 한다.
> ㉣ 당사자의 신청에 따른 처분은 법령등에 특별한 규정이 있거나 처분 당시의 법령등을 적용하기 곤란한 특별한 사정이 있는 경우를 제외하고는 신청 당시의 법령등에 따른다.
> ㉤ 행정청은 부관을 붙일 수 있는 처분이 법률에 근거가 있는 경우, 당사자의 동의가 있는 경우 등에는 그 처분을 한 후에도 부관을 새로 붙이거나 종전의 부관을 변경할 수 있다.

① 1개 ② 2개 ③ 3개 ④ 4개

23
경찰권 발동의 조리상 한계에 관한 설명으로 가장 적절하지 않은 것은?

① 경찰공공의 원칙이란 경찰권은 사회공공의 안녕질서를 유지하기 위해서만 발동될 수 있는 것이며, 사회공공의 안녕질서에 직접 관계되지 아니하는 생활관계는 경찰권 발동의 대상이 되지 아니하는 원칙이다.
② 비례의 원칙은 경찰권 발동의 조건과 정도에 관한 원칙으로 초기에는 권력적 작용에서만 요구되었으나 현재는 모든 경찰작용에 적용된다.
③ 경찰은 대포로 참새를 쏘아서는 안 된다는 표현은 적합성의 원칙을 의미한 것이다.
④ 경찰비례의 원칙을 위반한 경찰권의 발동은 전면적인 사법심사의 대상에 해당한다.

24
행정처분에 관한 설명으로 가장 적절하지 않은 것은? (다툼이 있는 경우 판례에 의함)

① 항고소송의 대상이 되는 행정처분이라 함은 행정청의 공법상의 행위로서 특정사항에 대하여 법규에 의한 권리의 설정 또는 의무의 부담을 명하거나 기타 법률상 효과를 발생하게 하는 등 국민의 구체적인 권리의무에 직접적 변동을 초래하는 행위를 말한다.
② 행정권 내부에서의 행위나 알선, 권유, 사실상의 통지 등과 같이 상대방 또는 기타 관계자들의 법률상 지위에 직접적인 법률적 변동을 일으키지 아니하는 행위 등은 항고소송의 대상이 될 수 없다.
③ 무단 용도변경을 이유로 단전조치된 건물의 소유자로부터 새로이 전기공급신청을 받은 한국전력공사가 관할 구청장에게 전기공급의 적법 여부를 조회한 데 대하여, 관할 구청장이 한국전력공사에 대하여 위 건물에 대한 전기공급이 불가하다는 내용의 회신을 하였다면, 그 회신은 항고소송의 대상이 되는 행정처분이라고 볼 수 있다.
④ 교통안전공단이 그 사업목적에 필요한 재원으로 사용할 기금 조성을 위하여 같은 법 제13조에 정한 분담금 납부의무자에 대하여 한 분담금 납부통지는 그 납부의무자의 구체적인 분담금 납부의무를 확정시키는 효력을 갖는 행정처분이라고 보아야 할 것이다.

25
다음 경찰허가 내용 중 옳은 것은 모두 몇 개인가?

> ㉠ 경찰허가는 상대방의 출원에 의하여 행하여지는 것이 보통이지만 출원에 의하지 않는 경우도 있다.
> ㉡ 경찰허가는 특정행위를 사실상 적법하게 할 수 있도록 하는 적법요건이자 유효요건이다.
> ㉢ 상대적 금지는 허가대상이나, 절대적 금지는 허가대상이 아니다.
> ㉣ 의사면허, 총포류제조·판매의 허가, 자동차운전학원의 허가, 마약취급면허는 대인적 허가이다.
> ㉤ 판례에 의하면 허가여부의 결정기준은 특별한 사정이 없는 한 원칙적으로 신청당시의 법령에 의한다.
> ㉥ 기한부 허가의 경우 그 기한이 도래하기 전에 상대방이 갱신신청할 경우 경찰상 장애 발생의 새로운 사유가 없는 한 반드시 허가해야 한다.

① 2개 ② 3개 ③ 4개 ④ 5개

26
경찰상 즉시강제에 관한 설명으로 가장 적절하지 않은 것은?

① 즉시강제는 의무를 전제로 하지 않고 국민의 신체·재산에 실력을 가하여 행정상 필요한 상태를 실현하는 작용이라는 점에서 현대법치국가에서는 자연법적 논거로는 그 행사가 정당화되지 않고 엄격한 실정법적 근거를 요한다.
② 적법한 즉시강제로 인하여 손해가 발생한 경우에 손실보상을 청구할 수 있다.
③ 위법한 즉시강제에 대하여는 형법상 정당방위가 인정될 수 있으므로 이에 대한 저항행위는 공무집행방해죄가 성립하지 않는다.
④ 행정상 즉시강제는 강제행위가 즉시 발생하고 소멸되기에 원칙적으로 행정쟁송의 대상이 되지 않는다.

27
「경찰관직무집행법」 제7조에 관한 내용으로 가장 적절하지 않은 것은?

① 경찰관은 위험한 사태가 발생하여 사람의 생명·신체 또는 재산에 대한 위해가 임박한 때에 그 위해를 방지하거나 피해자를 구조하기 위하여 부득이하다고 인정하면 합리적으로 판단하여 필요한 한도에서 다른 사람의 토지·건물·배 또는 차에 출입할 수 있다.
② 흥행장(興行場), 여관, 음식점, 역, 그 밖에 많은 사람이 출입하는 장소의 관리자나 그에 준하는 관계인은 경찰관이 범죄나 사람의 생명·신체·재산에 대한 위해를 예방하기 위하여 해당 장소의 영업시간이나 해당 장소가 일반인에게 공개된 시간에 그 장소에 출입하겠다고 요구하면 정당한 이유 없이 그 요구를 거절할 수 없다.
③ 경찰관은 대간첩 작전 수행에 필요할 때에는 작전지역에서 다른 사람의 토지·건물·배 또는 차를 검색할 수 있다.
④ 경찰관은 ①부터 ③까지의 규정에 따라 필요한 장소에 출입할 때에는 그 신분을 표시하는 증표를 제시하여야 하며, 함부로 관계인이 하는 정당한 업무를 방해해서는 아니 된다.

28
다음 중 경찰조직 편성 원리에 관한 설명으로 틀린 것은?

① 전문화 원리는 분업을 통한 조직의 능률성 향상에 기여하지만, 할거주의 심화와 조정·통합의 곤란 등을 야기한다.
② 계층제 원리는 조직의 일체감과 통일성에 기여하지만, 경직화·보수화로 인해 새로운 기술과 지식도입을 곤란하게 할 수 있다.
③ 통솔범위 원리는 시간적·공간적 원리와 직무의 성질 등에 의해 좌우되며, 계층의 수와 비례관계에 있다.
④ 조정의 원리는 구성원의 행동통일을 통한 조직 목표달성도를 향상시키기 위한 것으로, Moony 교수는 조직의 제1의 원리이며 가장 최종의 원리라고 보았다.

29
직업공무원제도에 관한 설명이다. 옳은 것은 모두 몇 개인가?

> ㉠ 실적주의는 직업공무원제도로 발전되어 가는 기반이 되지만 실적주의가 바로 직업공무원제도를 의미하는 것은 아니다. 즉, 실적주의가 직업공무원제보다 더 넓은 개념이다.
> ㉡ 직업공무원제도는 행정의 안정성, 계속성, 독립성을 확보할 수 있다.
> ㉢ 직업공무원제도를 통해 정치적 중립성의 확보가 용이하다.
> ㉣ 폐쇄형 충원방식으로 인한 관료주의화와 특권집단화를 초래할 수 있다.
> ㉤ 신분보장으로 인한 행정통제와 행정책임의 확보가 어려울 수 있다.

① 2개　② 3개　③ 4개　④ 5개

30
경찰예산에 관한 설명으로 가장 적절한 것은?

① 품목별 예산제도는 차기 회계연도의 예산증가 또는 감소를 산출하기 위한 평가기준으로서 전년도의 예산을 활용한다.
② '단위원가'의 계산이 중요한 예산제도는 품목별 예산제도이다.
③ 성과주의 예산제도는 회계책임이 명확해지고, 인사행정에 유용한 정보와 자료를 제공할 수 있다는 장점이 있다.
④ 계획예산(PPBS)제도는 정부가 수행하는 업무에 중점을 두는 관리지향적 예산제도이다.

31
「공공기관의 정보공개에 관한 법률」의 내용으로 가장 적절하지 않은 것은?

① 공공기관은 공개 청구된 공개 대상 정보의 전부 또는 일부가 제3자와 관련이 있다고 인정할 때에는 그 사실을 제3자에게 지체 없이 통지하여야 하며, 필요한 경우에는 그의 의견을 들을 수 있다.
② 청구인이 정보공개와 관련한 공공기관의 비공개 결정 또는 부분 공개 결정에 대하여 불복이 있거나 정보공개 청구 후 20일이 경과하도록 정보공개 결정이 없는 때에는 공공기관으로부터 정보공개 여부의 결정 통지를 받은 날 또는 정보공개 청구 후 20일이 경과한 날부터 30일 이내에 해당 공공기관에 문서로 이의신청을 할 수 있다.
③ 청구인이 정보공개와 관련한 공공기관의 결정에 대하여 불복이 있거나 정보공개 청구 후 20일이 경과하도록 정보공개 결정이 없는 때에는 「행정소송법」에서 정하는 바에 따라 행정소송을 제기할 수 있다.
④ 정보공개에 관한 정책 수립 및 제도 개선에 관한 사항 등을 심의·조정하기 위하여 국무총리 소속으로 정보공개위원회를 둔다.

32
「행정절차법」에 관한 설명으로 가장 적절하지 않은 것은?

① 행정청이 당사자에게 의무를 부과하거나 권익을 제한하는 처분을 할 때 다른 법령에 특별한 규정이 없으면 청문을 거쳐야 한다.
② 행정청은 청문을 하려면 청문이 시작되는 날부터 10일 전까지 처분의 제목 등 일정한 사항을 당사자등에게 통지하여야 한다.
③ 행정청이 당사자에게 의무를 과하거나 권익을 제한하는 처분을 하는 경우라도 당사자가 명백히 의견진술의 기회를 포기한다는 뜻을 표시한 경우에는 의견청취하지 않을 수 있다.
④ 청문주재자는 직권으로 또는 당사자의 신청에 따라 필요한 조사를 할 수 있으며, 당사자등이 주장하지 아니한 사실에 대하여도 조사할 수 있다.

33
문제지향적 경찰활동의 4단계 문제해결과정에 관한 설명으로 가장 적절하지 않은 것은?

① 조사단계는 일회적 범죄가 아닌 재발적 문제들을 유형별로 분류하고 지역사회에서 발생하는 여러문제의 근본적 원인을 지속적으로 확인하는 과정이다.
② 분석단계는 경찰과 시민 간에 상호작용이 중요한 단계로 문제가 무엇인지 파악하고 확인하는 단계이다.
③ 대응단계는 경찰이 보유한 자원과 역량만으로는 한계가 있으므로 지역사회 내의 여러 다른 기관들과의 협력을 통한 대응방안을 추구하는 단계이다.
④ 평가단계는 문제해결과정에의 환류를 통해 각 단계가 지속적인 순환과정으로 작동할 수 있도록 한다는 점에서 중요한 의미를 가진다.

34
지역경찰의 근무형태에 관한 설명으로 가장 적절하지 않은 것은?

① 상황근무를 지정받은 지역경찰은 지역경찰관서 및 치안센터 내에서 시설·장비의 관리 및 예산의 집행업무를 수행한다.
② 행정근무를 지정받은 지역경찰은 지역경찰관서 내에서 각종 현황, 통계, 자료, 부책 관리업무를 수행한다.
③ 순찰근무를 지정받은 지역경찰은 지정된 근무구역에서 각종 사건사고 발생시 초동조치 및 보고, 전파업무를 수행한다.
④ 경계근무를 지정받은 지역경찰은 지정된 장소에서 범법자 등을 단속·검거하기 위한 통행인 및 차량, 선박 등에 대한 검문검색 및 후속조치업무를 수행한다.

35
「실종아동등의 보호 및 지원에 관한 법률」과 「실종아동등 및 가출인 업무처리규칙」에 관한 설명으로 가장 적절하지 않은 것은?

① '발견지'란 실종아동등 또는 가출인을 발견하여 보호 중인 장소를 말하며, 발견한 장소와 보호 중인 장소가 서로 다른 경우에는 보호 중인 장소를 말한다.
② 실종아동등 프로파일링시스템에 입력하는 대상은 실종아동등, 가출인, 보호시설 입소자 중 보호자가 확인되지 않는 사람이다.
③ 발견된 18세 미만 아동 및 가출인의 경우 실종아동등 프로파일링시스템에 등록된 자료는 수배 해제 후로부터 10년간 보관한다.
④ 경찰관서의 장은 실종아동등(범죄로 인한 경우 제외)의 조속한 발견을 위하여 필요한 때에는 「위치정보의 보호 및 이용 등에 관한 법률」에 따른 위치정보사업자에게 실종아동등의 개인위치정보의 제공을 요청할 수 있다.

36
향정신성의약품 중 L.S.D에 관한 설명으로 옳은 것을 모두 고른 것은?

㉠ 곡물의 곰팡이, 보리 매각에 추출한 물질을 인공 합성시켜 만든 것이다.
㉡ 효과가 강력하여 우편·종이 등의 표면에 묻혔다가 뜯어서 입에 넣는 방법으로 복용하기도 한다.
㉢ 일명 '메스카린'이라고도 하며 냄새가 역겹다.
㉣ 환각제 중 가장 강력한 효과를 나타낸다.
㉤ 정글주스라고도 하며 청소년들 사이에서 소주에 타서 마시기도 한다.
㉥ 독일에서 식욕감퇴제로 개발되었다.

① ㉠, ㉡, ㉣
② ㉢, ㉤, ㉥
③ ㉡, ㉣, ㉥
④ ㉠, ㉡, ㉤

37
군중정리의 원칙에 관한 설명으로 가장 적절하지 않은 것은?

① 밀도의 희박화 – 많은 사람이 모이면 충돌과 혼잡이 야기되므로 제한된 장소에 가급적 많은 사람이 모이는 것을 회피하게 한다.
② 이동의 일정화 – 대규모 군중이 모이는 장소는 사전에 블록화하고, 일정 방향과 속도로 이동시켜 주위의 상황을 파악할 수 있는 여건을 조성한다.
③ 경쟁적 사태의 해소 – 남보다 먼저 가려는 심리상태를 억제하는 것으로 차분한 목소리로 안내방송을 하는 것도 한 방법이다.
④ 지시의 철저 – 사태가 혼잡할 경우 계속적이고도 자세한 안내방송으로 지시를 철저히 해서 혼잡한 사태를 정리하고 사고를 미연에 방지할 수 있다.

38
교통사고에 대한 판례의 태도로 가장 적절하지 않은 것은?

① 음주로 인한 「특정범죄 가중처벌 등에 관한 법률」 위반(위험운전치사상)죄와 「도로교통법」 위반(음주운전)죄가 모두 성립하는 경우 두 죄는 실체적 경합관계에 있다.
② 「특정범죄 가중처벌 등에 관한 법률」 제5조의3 도주차량 운전자의 가중처벌 규정과 관련하여, 차의 교통으로 인한 업무상과실치사상의 사고는 「도로교통법」이 정하는 도로에서의 교통사고로 한정된다.
③ 신호위반으로 교통사고를 일으킨 사람이 통고처분을 받아 신호위반의 범칙금을 납부하였다고 하더라도, 「교통사고처리 특례법」상 신호위반으로 인한 업무상과실치상죄로 처벌하는 것이 이중처벌에 해당한다고 볼 수 없다.
④ 교통사고 피해자가 2주간의 치료를 요하는 경미한 상해를 입었다는 사정만으로 사고 당시 피해자를 구호할 필요가 없었다고 단정 지을 수 없다.

39
「집회 및 시위에 관한 법률」에 관한 설명으로 가장 적절하지 않은 것은?

① 주최자는 신고한 집회·시위를 개최하지 아니할 경우 집회일시 24시간 전에 관할 경찰관서장에게 철회신고서를 제출하여야 한다.
② 정당한 사유 없이 철회신고서를 관할경찰관서장에게 제출하지 아니한 모든 옥외집회 또는 시위의 주최자에 대해서는 100만 원 이하의 과태료를 부과한다.
③ 옥외집회 및 시위의 신고를 받은 경찰관서장이 설정한 질서유지선을 경찰관의 경고에도 불구하고 정당한 사유 없이 상당 시간 침범하거나 손괴·은닉·이동 또는 제거하거나 그 밖의 방법으로 그 효용을 해친 자는 6개월 이하의 징역 또는 50만 원 이하의 벌금·구류 또는 과료에 처한다.
④ 폭행, 협박, 그 밖의 방법으로 평화적인 집회 또는 시위를 방해하거나 질서를 문란하게 한 자는 3년 이하의 징역 또는 300만 원 이하의 벌금에 처한다. 다만 군인·검사·경찰이 방해하면 5년 이하의 징역에 처한다.

40

「국가보안법」에 관한 설명으로 가장 적절하지 않은 것은?

① 「국가보안법」 제6조의 잠입탈출죄는 국가의 존립·안전이나 자유민주적 기본질서를 위태롭게 한다는 정을 알면서 반국가단체의 지배하에 있는 지역으로부터 잠입하거나 그 지역으로 탈출함으로써 성립한다.
② 「국가보안법」 제5조 제2항(금품수수죄)은 주관적 구성요건으로서 국가의 존립·안전이나 자유민주적 기본질서를 위태롭게 한다는 정을 알아야 하나 금품수수의 목적이나 의도가 대한민국을 해할 의도가 있어야 하는 것은 아니라는 것이 판례의 태도이다.
③ 「국가보안법」 제2조에 의한 반국가단체로서의 지휘통솔체제를 갖춘 단체라 함은 2인 이상의 특정 다수인 사이에 단체의 내부질서를 유지하고, 그 단체를 주도하기 위하여 일정한 위계 및 분담의 체계를 갖춘 결합체를 의미한다는 것이 판례의 태도이다.
④ 「국가보안법」상 불고지죄는 법정형이 5년 이하의 징역 또는 200만 원 이하 벌금으로 「국가보안법」상 유일하게 벌금형을 두고 있으며, 본범과 친족관계에 있는 때에는 그 형을 임의적으로 감면한다.

제3회 동형모의고사

제한시간 / 40분   점수 / 100점

01
경찰학의 개념과 형성과정에 관한 설명으로 가장 적절하지 않은 것은?

① 경찰학은 17~18세기 프로이센의 절대주의적 국가체제를 변증하는 관방학(官房學)에서 분리된 학문으로, 국가와 사회를 하나로 보는 데서 형성된 내무행정학의 일부분으로 출발하였다.
② 대륙법계의 경찰개념은 경찰을 규범적 강제작용 측면에 한정하여 공공의 안녕과 질서의 유지에 관계되고 그 실행방법이 명령적·강제적일 때에만 경찰에 해당한다고 봄으로써 경찰개념을 축소시키고 있다.
③ 1795년 프랑스 경죄처벌법전(죄와 형벌법전)에서 행정경찰과 사법경찰의 구별을 처음으로 법제화하였다.
④ 독일과 프랑스에서는 18세기 후반에 이미 소극적 목적의 경찰개념을 실정법화하였다.

02
공공의 안녕에 관한 설명으로 가장 적절하지 않은 것은?

① 원칙적으로 위험이 임박하거나 또는 이미 법규범을 침해한 경우엔 공공의 안녕에 저촉된다.
② 사법상(私法上)의 문제에 대하여는 '법적 보호가 적시에 이루어지지 않고, 경찰의 원조 없이는 법을 실현시키는 것이 무효화되거나 사실상 어려워질 경우'에만 경찰이 개입하는 것이 원칙이다.
③ 공법규범에 의해 보호받는 법익의 위태 또는 침해가 객관적으로 존재하여야 하며, 주관적 구성요건의 실현은 요하지 않으나 구체적 가벌성은 필요하다.
④ 개인은 효과적인 보호의 시기를 놓쳐 권리가 무효화될 우려가 있을 때에만 경찰에 원조를 요청할 수 있으며, 이 경우에도 경찰의 원조는 잠정적 보호에 국한되어야 하고, 최종적인 규제는 법원이 담당한다.

03
경찰권한에 관한 설명으로 가장 적절하지 않은 것은?

① 종래 경찰개념은 주로 대륙법계의 실질적 의미의 경찰개념에 따른 개념으로 정의된다.
② 경찰권한은 사회공공의 안녕과 질서를 유지하기 위하여 일반통치권에 의거하여 국민에게 명령·강제하는 권력적 작용을 말한다.
③ 대륙법계 국가에서는 경찰의 고유한 수사권한을 인정하여 경찰의 임무로서 범죄의 수사를 중요한 법집행의 한 방편으로 인정한다.
④ 우리나라는 영·미법계의 영향으로 범죄의 수사가 경찰의 임무에 해당한다.

04
다음 경찰활동의 기본이념에 관한 설명 중 인권존중주의와 관련 있는 것은 무엇인가?

① 국민의 자유와 권리는 「헌법」에 열거되지 아니한 이유로 경시되지 아니한다(「헌법」 제37조 제1항).
② 국민의 모든 자유와 권리는 국가안전보장·질서유지 또는 공공복리를 위하여 필요한 경우에 한하여 법률로써 제한할 수 있으며, 제한하는 경우에도 자유와 권리의 본질적인 내용을 침해할 수 없다(「헌법」 제37조 제2항).
③ 공무원은 국민전체에 대한 봉사자이며, 국민에 대하여 책임을 진다(「헌법」 제7조 제1항).
④ 국가와 지방자치단체는 행정의 능률과 실효성을 높이기 위하여 지속적으로 법령등과 제도를 정비·개선할 책무를 진다(「행정기본법」 제3조 제2항).

05
코헨과 펠드버그가 주장한 경찰활동의 기준에 관한 설명으로 가장 적절하지 <u>않은</u> 것은?

① 공정한 접근의 보장 - 경찰은 경찰서비스 제공에 사회적 약자를 무시하여서는 안 된다.
② 공공의 신뢰확보 - 경찰은 개인적 편견이나 선호에 의한 지나친 관여를 하여서는 안 된다.
③ 협동 - 경찰활동에 있어서 기관상호 간의 협력을 요한다.
④ 생명과 재산의 안전보장 - 생명과 재산의 안전이 사회계약의 목적이고, 법집행은 하나의 수단이다.

06
일제 강점기 경찰제도에 관한 설명으로 옳지 <u>않은</u> 것은 모두 몇 개인가?

○ 1910년 일본은 통감부에 경무총감부를, 각 도에 경무부를 설치하여 경찰사무를 관장, 서울과 황궁의 경찰사무는 경무총감부의 직할로 하였다.
○ 1910년 「조선주차헌병조령」에 의해 헌병이 일반치안을 담당할 법적 근거를 마련하여 일반경찰은 도시나 개항장등에, 헌병은 주로 군사경찰상 필요한 지역 또는 의병활동 지역 등에 배치되었다.
○ 3·1운동을 계기로 헌병경찰제도에서 보통경찰제도로 전환, 총독부 직속 경무총감부는 폐지되고 경무국이 경찰사무와 위생사무를 감독하였다.
○ 3·1운동을 기화로 치안유지법을 제정, 단속체계를 갖추었다.
○ 일제 강점기의 경찰은 일본 식민지배의 중추기관이었고, 총독에게 주어진 명령권·제령권 등을 통하여 각종 전제주의적·제국주의적 경찰권의 행사가 가능하였다.

① 없음　② 1개　③ 2개　④ 3개

07
독일경찰에 관한 설명으로 가장 적절하지 <u>않은</u> 것은?

① 독일의 연방헌법보호청은 연방헌법기관 요인들에 대한 신변경호도 담당한다.
② 독일경찰은 연방차원에서는 각 주(州)가 경찰권을 가지고 있는 자치경찰이지만, 주(州)의 관점에서 본다면 주(州) 내무부장관을 정점으로 하는 주(州) 단위의 국가경찰체제이다.
③ 연방경찰(Bundespolizei) 소속하에 테러 및 인질범죄 등의 조직범죄에 대처하기 위하여 대테러부대(GSG-9)를 창설하였다.
④ 연방경찰과 주경찰은 상호 독자적인 지위를 유지하며, 양자 사이에 연방경찰을 상위에 두는 상명하복의 관계는 인정되지 않는다.

08
행정규칙에 관한 설명으로 가장 적절하지 <u>않은</u> 것은?

① 행정규칙은 조직내부의 통일성 유지를 위한 내부규율로서 국민에 대한 대외적 구속력이 없으므로 위반해도 위법에 해당하지 않는다.
② 행정규칙은 위반해도 행위의 효력에 영향을 미치지 아니한다.
③ 재량준칙은 행정청의 재량권 행사의 기준을 정하는 행정규칙으로 행정의 재량행위 및 기속행위에 적용된다.
④ 법규명령 형식의 행정규칙에 대해 판례는 처분기준이 대통령령으로 되어 있는 경우에는 법규명령으로, 부령으로 제정된 경우에는 행정규칙으로 본다.

09
권한의 위임과 대리에 관한 설명으로 가장 적절하지 <u>않은</u> 것은?

① 권한의 위임에서 위임사항은 일반적·포괄적 권한의 일부에 한하며 또한 법령에 규정된 경우에 한한다.
② 내부위임의 경우에 권한의 위임과 달리 권한의 귀속자체에 대한 변경은 없으며, 수임자의 명의로 권한을 행사하게 된다.
③ 임의대리의 경우에 대리권을 수여하는 수권행위는 피대리 행정관청의 일방적 행위로서 대리자의 동의를 요하지 않는다.
④ 법정대리의 복대리는 허용되며, 이 경우 복대리의 성격은 임의대리에 해당한다.

10

「국가경찰과 자치경찰의 조직 및 운영에 관한 법률」상 시·도자치경찰위원회에 관한 설명으로 옳지 <u>않은</u> 것은 모두 몇 개인가?

> ㉠ 동법 제18조 제1항 단서에 따라 2개의 시·도자치경찰위원회를 두는 경우 해당 시·도자치경찰위원회의 명칭, 관할구역, 사무분장, 그 밖에 필요한 사항은 행정안전부령으로 정한다.
> ㉡ 시·도자치경찰위원회 위원은 시·도의회가 추천하는 2명, 국가경찰위원회가 추천하는 1명, 해당 시·도 교육감이 추천하는 1명, 시·도자치경찰위원회 위원추천위원회가 추천하는 2명, 시·도지사가 지명하는 1명을 시·도지사가 임명한다.
> ㉢ 시·도자치경찰위원회 위원장은 위원 중에서 시·도지사가 임명하고, 상임위원은 위원 중에서 위원장의 추천으로 시·도지사가 임명한다. 이 경우 위원장과 상임위원은 지방자치단체의 공무원으로 한다.
> ㉣ 대학이나 공인된 연구기관에서 법률학·행정학 또는 경찰학 분야의 조교수 이상의 직이나 이에 상당하는 직에 5년 이상 있었던 사람은 시·도자치경찰위원회 위원의 자격이 있다.
> ㉤ 국가 및 지방자치단체의 공무원(국립 또는 공립대학의 조교수 이상의 직에 있는 사람은 제외)이거나 공무원이었던 사람으로서 퇴직한 날부터 3년이 지나지 아니한 사람은 위원이 될 수 없다.

① 1개   ② 2개   ③ 3개   ④ 4개

11

「경찰공무원 임용령」상 임용권의 위임에 관한 설명으로 옳지 <u>않은</u> 것은 모두 몇 개인가?

> ㉠ 경찰청장은 시·도지사에게 해당 시·도의 자치경찰사무를 담당하는 경찰공무원[시·도자치경찰위원회, 시·도경찰청 및 경찰서(지구대 및 파출소를 포함한다)에서 근무하는 경찰공무원을 말한다] 중 경정의 전보·파견·휴직·직위해제 및 복직에 관한 권한과 경감 이하의 임용권(신규채용 및 면직에 관한 권한은 제외한다)을 위임한다.
> ㉡ 경찰청장은 국가수사본부장에게 국가수사본부 안에서의 경감 이하에 대한 전보권을 위임한다.
> ㉢ 임용권을 위임받은 시·도지사는 경위 또는 경사로의 승진임용에 관한 권한을 제외한 임용권을 시·도자치경찰위원회에 다시 위임한다.
> ㉣ 경찰청장은 수사부서에서 총경을 보직하는 경우에는 국가수사본부장의 추천을 받아야 한다.
> ㉤ 시·도자치경찰위원회는 임용권을 행사하는 경우에는 시·도지사의 추천을 받아야 한다.

① 1개   ② 2개   ③ 3개   ④ 4개

12

다음 설명 중 옳지 <u>않은</u> 것은 모두 몇 개인가?

> ㉠ 경정 이하의 경찰공무원을 신규채용하는 경우에는 1년의 기간을 시보로 임용하고, 그 기간이 만료된 날에 정규 경찰공무원으로 임용한다.
> ㉡ 경찰교육 성적이 50점 미만이거나 교육생활태도 점수가 극히 불량할 때는 시보경찰공무원의 면직사유이다.
> ㉢ 경찰공무원 인사위원회 위원은 경찰청 소속 총경 이상의 경찰관 중에서 경찰청장이 임명하며, 위원장은 위원 중 최상위 계급 또는 선임의 경찰공무원이 된다.
> ㉣ 금품비위, 성범죄 등으로 인하여 감사원 및 검찰·경찰 등 수사기관에서 조사나 수사 중인 자로서 비위의 정도가 중대하고 이로 인하여 정상적인 업무수행을 기대하기 현저히 어려워 직위해제된 자는 보수의 80%만 지급한다.

① 1개   ② 2개   ③ 3개   ④ 4개

13

「경찰 인권보호 규칙」상 경찰청 및 시·도경찰청 인권위원회에 관한 설명으로 가장 적절한 것은?

① 위원회는 위원장 1명을 포함하여 7명 이상 13명 이하의 위원으로 구성한다. 이때, 특정 성별이 전체 위원 수의 10분의 6을 초과하지 아니해야 한다.
② 위원은 경찰의 직에 있거나 그 직에서 퇴직한 날부터 3년이 지나지 아니한 사람이어야 한다.
③ 위원장과 위촉 위원의 임기는 위촉된 날로부터 3년으로 하며 위원장의 직은 연임할 수 없고, 위촉 위원은 두 차례만 연임할 수 있다.
④ 경찰청 인권위원회와 시·도경찰청 인권위원회의 정기회의는 각각 분기 1회 개최한다.

14

휴직에 관한 설명으로 가장 적절하지 않은 것은?

① 공무원이 신체·정신상의 장애로 장기 요양이 필요할 때에 해당하면 임용권자는 직권으로 휴직을 명할 수 있다.
② 휴직기간 중 그 사유가 소멸된 때에는 30일 이내에 임용권자 또는 임용제청권자에게 이를 신고하여야 하며, 임용권자는 지체없이 복직을 명하여야 한다.
③ 휴직은 신분은 보유하지만 직무에 종사하지 못하고, 보수가 지급되지 않는다. 다만, 심실질병으로 인한 장기요양의 경우 봉급의 70%를 지급한다.
④ 천재지변이나 전시·사변, 그 밖의 사유로 생사(生死) 또는 소재(所在)가 불명확하게 된 사유로 인한 경찰공무원의 휴직기간은 법원의 실종선고를 받는 날까지로 한다.

15

다음 중 「경찰공무원법」상 의무에 해당하지 않는 것은 모두 몇 개인가?

> ⊙ 경찰공무원은 정당이나 정치단체에 가입하거나 정치활동에 관여하는 행위를 하여서는 아니 된다.
> ⓒ 경찰공무원은 직무에 관하여 거짓으로 보고나 통보를 하여서는 아니 된다.
> ⓒ 경찰공무원은 직무를 게을리하거나 유기(遺棄)해서는 아니 된다.
> ② 전시·사변, 그 밖에 이에 준하는 비상사태이거나 작전수행 중인 경우 또는 많은 인명 손상이나 국가재산 손실의 우려가 있는 위급한 사태가 발생한 경우, 경찰공무원을 지휘·감독하는 사람은 정당한 사유 없이 그 직무 수행을 거부 또는 유기하거나 경찰공무원을 지정된 근무지에서 진출·퇴각 또는 이탈하게 하여서는 아니 된다.
> ⓜ 경찰공무원은 제복을 착용하여야 한다.

① 1개　　② 2개　　③ 3개　　④ 없다.

16

「부정청탁 및 금품등 수수의 금지에 관한 법률」에 관한 설명으로 가장 적절하지 않은 것은?

① 공직자등은 직무 관련 여부 및 기부·후원·증여 등 그 명목에 관계없이 동일인으로부터 1회에 100만 원 또는 매 회계연도에 300만 원을 초과하는 금품등을 받거나 요구 또는 약속해서는 아니 된다.
② 공직자등은 직무와 관련하여 대가를 받고 ①에서 정한 금액 이하의 금품등을 받거나 요구 또는 약속해서는 아니 된다. 다만 대가성이 없는 경우는 예외로 한다.
③ 공직자등은 자신이 수수 금지 금품등을 받거나 그 제공의 약속 또는 의사표시를 받은 경우에는 소속기관장에게 지체 없이 서면으로 신고하여야 한다.
④ 소속기관장은 공직자등 또는 그 배우자가 수수 금지 금품등을 받거나 그 제공의 약속 또는 의사표시를 받은 사실을 알게 된 경우 수사의 필요성이 있다고 인정하는 때에는 그 내용을 지체 없이 수사기관에 통보하여야 한다.

17

「국가공무원법」상 경찰공무원의 징계에 관한 설명으로 가장 적절하지 않은 것은?

① 감사원에서 조사 중인 사건에 대하여는 조사개시 통보를 받은 날부터 징계 의결의 요구나 그 밖의 징계 절차를 진행하지 아니할 수 있다.
② 검찰·경찰, 그 밖의 수사기관에서 수사 중인 사건에 대하여는 수사개시 통보를 받은 날부터 징계 의결의 요구나 그 밖의 징계 절차를 진행하지 아니할 수 있다.
③ 감사원과 검찰·경찰, 그 밖의 수사기관은 조사나 수사를 시작한 때와 이를 마친 때에는 10일 내에 소속 기관의 장에게 그 사실을 통보하여야 한다.
④ 징계에 관하여 다른 법률의 적용을 받는 공무원이 이 법의 징계에 관한 규정을 적용받는 공무원이 된 경우에는 다른 법률에 따라 받은 징계처분은 그 처분일부터 이 법에 따른 징계처분을 받은 것으로 본다.

18

경찰공무원 관계의 소멸에 관한 설명으로 가장 적절하지 않은 것은?

① 직권면직 등에 의한 경찰공무원 관계의 소멸의 경우에는 행정소송 제기가 가능하나, 당연퇴직은 행정소송의 대상에서 제외된다.
② 당연퇴직은 법정의 사유로 퇴직이 되었다는 사실을 알리는 관념의 통지에 불과하다.
③ 경찰청장은 전시·사변 기타 이에 준하는 비상사태하에서는 2년의 범위 안에서 연령정년을 연장할 수 있다.
④ 연령정년은 60세로 하며, 계급정년은 치안감 4년, 경무관 6년, 총경 11년, 경정 14년으로 한다.

19

「행정심판법」에 관한 설명으로 가장 적절한 것은?

① 위원회는 심판청구의 대상이 되는 처분보다 청구인에게 불리한 재결을 하지 못한다.
② 취소심판은 당사자의 신청에 대한 행정청의 위법 또는 부당한 거부처분이나 부작위에 대하여 일정한 처분을 하도록 하는 행정심판이다.
③ 처분 또는 부작위에 대한 행정심판은 청구서를 제출하거나 말로써 청구할 수 있다.
④ 행정심판위원회는 심판청구가 이유가 있다고 인정하는 경우에도 이를 인용(認容)하는 것이 공공복리에 크게 위배된다고 인정하면 그 심판청구를 기각하는 재결을 하여야 한다.

20

「행정소송법」상 행정소송에 관한 설명으로 가장 적절하지 않은 것은?

① 행정청의 처분 등이나 부작위에 대하여 제기하는 소송을 항고소송이라 한다.
② 행정청의 처분 등을 원인으로 하는 법률관계에 관한 소송 그 밖에 공법상의 법률관계에 관한 소송으로서 그 법률관계의 한쪽 당사자를 피고로 하는 소송을 당사자소송이라 한다.
③ 국가 또는 공공단체의 기관이 법률에 위반되는 행위를 한 때에 직접 자기의 법률상 이익과 관계없이 그 시정을 구하기 위하여 제기하는 소송을 민중소송이라 한다.
④ 국가 또는 공공단체의 기관 상호간에 있어서의 권한의 존부 또는 그 행사에 관한 다툼이 있을 때에 이에 대하여 제기하는 소송 및 헌법재판소의 관장사항으로 되는 소송을 기관소송이라 한다.

21
다음 중 옳지 않은 것은 모두 몇 개인가?

> ㉠ 크로이츠베르크(Kreuzberg) 판결에 의해서 일반수권규정에 근거하여 법규명령을 발할 수 있는 분야는 소극목적에 한정된다고 확립되었다.
> ㉡ 경찰책임자를 결정하는 생활범위는 객관적인 사실상의 질서에 의하는 것이므로, 어떠한 지배범위 또는 지배권이 정당한 권한에 의하지 아니하는 경우에도 사회상의 위해가 그의 사실상의 지배권 내에서 발생된 이상 그 지배자에게 경찰책임이 인정된다.
> ㉢ 공무원의 직무명령의 수행으로 인한 시민의 개인적 이익은 반사적 이익이 아니다.
> ㉣ 경찰책임의 주체는 모든 자연인(외국인·어린이·무능력자)이 될 수 있으며, 법인(사법인)도 경찰책임자가 될 수 있다.
> ㉤ 민사상의 관계라고 하더라도 그 내용이 사회공공의 안전과 질서에 영향을 미치는 경우에는 그 범위 내에서 경찰권 발동의 대상이 된다.

① 1개　② 2개　③ 3개　④ 4개

22
경찰하명에 관한 설명으로 가장 적절한 것은?

① 경찰하명이란 경찰상의 목적을 달성하기 위해 일반통치권에 의거하여 국민에게 작위·급부·수인의 의무를 해제하는 행위를 말한다.
② 경찰하명은 반드시 문서에 의해 행하여진다.
③ 부작위 하명은 미성년자 관람불가 판정을 받은 영화를 상영하고 있는 극장에 경찰관이 내부확인을 위하여 출입할 때, 상대방이 받게 되는 하명을 말한다.
④ 경찰하명이 있는 경우, 상대방은 행정주체에 대하여만 의무를 이행할 책임이 있고 그 이외의 제3자에 대하여 법상 의무를 부담하는 것은 아니다.

23
「행정기본법」의 내용에 관한 설명으로 가장 적절하지 않은 것은?

① 새로운 법령 등은 법령 등에 특별한 규정이 있는 경우를 제외하고는 그 법령 등의 효력 발생 전에 완성되거나 종결된 사실관계 또는 법률관계에 대해서는 적용되지 아니한다.
② 당사자의 신청에 따른 처분은 법령 등에 특별한 규정이 있거나 신청 당시의 법령 등을 적용하기 곤란한 특별한 사정이 있는 경우를 제외하고는 신청 당시의 법령 등에 따른다.
③ 법령 등을 위반한 행위의 성립과 이에 대한 제재처분은 법령 등에 특별한 규정이 있는 경우를 제외하고는 법령 등을 위반한 행위 당시의 법령 등에 따른다.
④ 처분은 권한이 있는 기관이 취소 또는 철회하거나 기간의 경과 등으로 소멸되기 전까지는 유효한 것으로 통용된다. 다만, 무효인 처분은 처음부터 그 효력이 발생하지 아니한다.

24
「경찰청 적극행정 면책제도 운영규정」에 관한 설명으로 가장 적절하지 않은 것은?

① 이 규정은 경찰청의 감사(감찰 포함) 대상 업무 전반에 적용된다.
② 자체 감사를 받는 사람이 적극행정면책을 받기 위해서는 감사를 받는 사람의 업무처리가 불합리한 규제의 개선, 공익사업의 추진 등 공공의 이익을 위한 것일 것, 감사를 받는 사람이 대상 업무를 적극적으로 처리한 결과일 것, 감사를 받는 사람의 행위에 고의나 중대한 과실이 없을 것의 요건 중 어느 하나는 갖추어야 한다.
③ 적극행정 면책요건에도 불구하고 업무처리과정에서 기본적으로 지켜야 할 의무를 다하지 않았거나 자의적인 법 해석 및 집행으로 법령의 본질적인 사항을 위반한 경우에는 면책대상에서 제외한다.
④ 자체감사를 받는 사람이 자체감사를 받는 사람과 대상 업무 사이에 사적인 이해관계가 없을 것, 대상 업무를 처리하면서 중대한 절차상의 하자가 없었을 것의 요건을 모두 갖추어 업무를 처리한 것으로 인정되는 경우에는 그 행위에 고의나 중대한 과실이 없는 경우에 해당하는 것으로 추정한다.

25
무효와 취소의 차이점에 관한 설명으로 가장 적절하지 않은 것은?

① 무효는 공정력과 불가쟁력을 인정하지 않으나 취소는 공정력과 불가쟁력을 인정한다.
② 무효는 사정판결이 인정되지 않으나 취소는 사정판결이 인정된다.
③ 무효는 선결문제에 대해 판단이 안 되나 취소는 선결문제에 대해 판단이 가능한다.
④ 무효는 전환을 인정하고, 취소는 치유를 인정한다.

26
「경찰관 직무집행법」에 관한 설명으로 가장 적절하지 않은 것은?

① 경찰관은 보호조치를 하였을 때에는 지체 없이 구호대상자의 가족, 친지 또는 그 밖의 연고자에게 그 사실을 알려야 하며, 연고자가 발견되지 아니할 때에는 구호대상자를 적당한 공공보건의료기관이나 공공구호기관에 즉시 인계하여야 한다.
② 경찰관은 보호조치 대상자를 공공보건의료기관이나 공공구호기관에 인계하였을 때에는 24시간 이내에 그 사실을 소속 경찰서장이나 해양경찰서장에게 보고하여야 한다.
③ ②에 따라 보고를 받은 소속 경찰서장이나 해양경찰서장은 대통령령으로 정하는 바에 따라 구호대상자를 인계한 사실을 지체 없이 해당 공공보건의료기관 또는 공공구호기관의 장 및 그 감독행정청에 통보하여야 한다.
④ 보호조치 대상자를 경찰관서에서 보호하는 기간은 24시간을 초과할 수 없고, 물건을 경찰관서에 임시로 영치하는 기간은 10일을 초과할 수 없다.

27
다음 중 통솔범위의 결정요인에 관한 설명으로 옳지 않은 것은 모두 몇 개인가?

> ㉠ 부하직원의 능력, 의욕, 경험 등이 높아질수록 통솔범위는 넓어질 수 있다.
> ㉡ 계층의 수가 적으면 적을수록 통솔범위가 넓어질 수 있다.
> ㉢ 조직의 규모가 클수록 통솔의 범위는 넓어지는 데 반하여 조직의 규모가 작을수록 통솔의 범위는 좁아진다.
> ㉣ 신설 부서보다는 오래된 부서의 경우에 통솔범위는 넓어질 수 있다.
> ㉤ 조직전체의 인원수가 많을수록 통솔범위는 넓어질 수 있다.

① 1개 ② 2개 ③ 3개 ④ 4개

28
예산제도의 종류에 관한 설명으로 옳지 않은 것은 모두 몇 개인가?

> ㉠ 품목별 예산제도는 통제지향적이라고 볼 수 있으며, 품목과 비용을 따지는 미시적 관리로 정부전체 활동의 통합조정에 필요한 수단을 제공하지 못한다.
> ㉡ 성과주의 예산제도는 예산집행 결과에 대한 평가를 통하여 해당 부서의 업무능률의 측정이 가능하다.
> ㉢ 계획예산제도는 정책결정자의 욕구를 충족하고 자원배분의 합리화가 가능하다는 장점이 있다.
> ㉣ 영기준 예산제도는 전년도 예산을 기준으로 하여 점증적으로 예산액을 책정하는 폐단을 시정할 수 있다.
> ㉤ 일몰법은 특정의 행정기관이나 사업이 일정 기간이 지나면 의무적·자동적으로 폐지되게 하는 예산제도로 필요시 행정부에 의해 정해진다.

① 1개 ② 2개 ③ 3개 ④ 4개

29
「보안업무규정」에 관한 설명으로 가장 적절하지 않은 것은?

① 각급기관의 장은 비밀의 작성·분류·취급·유통 및 이관 등의 모든 과정에서 비밀이 누설되거나 유출되지 아니하도록 보안대책을 수립하여 시행하여야 한다. 이 경우 비밀의 제목 등 해당 비밀의 내용을 유추할 수 있는 정보가 포함된 자료는 공개하지 않는다.
② 비밀은 해당 등급의 비밀취급 인가를 받은 사람만 취급할 수 있으며, 암호자재는 해당 등급의 비밀 소통용 암호자재취급 인가를 받은 사람만 취급할 수 있다.
③ 각급기관의 장과 관리기관 등의 장은 파괴 또는 기능이 침해되거나 비밀이 누설될 경우 전략적·군사적으로 막대한 손해가 발생하거나 국가안전보장에 연쇄적 혼란을 일으킬 우려가 있는 시설 및 항공기·선박 등 중요 장비를 각각 국가보안시설 및 국가보호장비로 지정할 수 있다.
④ 각급기관의 장과 관리기관 등의 장은 국가안전보장에 관련되는 인원·문서·자재·시설의 보호를 위하여 필요한 장소에 일정한 범위의 보호지역을 설정할 수 있다.

30
「경찰장비관리규칙」에 관한 설명으로 가장 적절하지 않은 것은?

① 부속기관 및 시·도경찰청의 장은 다음 년도에 소속기관의 차량정수를 증감시킬 필요가 있을 때에는 매년 3월 말까지 다음 년도 차량정수 소요계획을 경찰청장에게 제출하여야 한다.
② 부속기관 및 시·도경찰청은 소속기관 차량 중 다음 년도 교체 대상 차량을 매년 11월 말까지 경찰청장에게 보고하여야 한다.
③ 의경 신임운전요원은 4주 이상 운전교육을 실시한 후에 운행하도록 하여야 한다.
④ 경찰기관의 장은 자체계획을 수립하여 분기 1회 이상 보관하고 있는 무기·탄약을 손질하여야 한다. 다만, 대여 무기·탄약의 경우에는 대여받은 자가 매월 1회 이상 손질하여야 한다.

31
경찰통제에 관한 설명으로 가장 적절하지 않은 것은?

① 국회는 경찰 관련 법률제정, 예산심의, 국정조사 등 다양한 장치들을 통해 경찰을 통제할 수 있다.
② 법원은 법적 쟁송사건에 대한 재판권을 통해 경찰활동을 통제하는 바, 법원의 판례법이 법의 근간을 이루는 영미법계에서 대륙법계보다 강력한 통제장치로 작용한다.
③ 경찰에 대한 사전통제를 규정하고 있는 기본법은 행정절차법이라 할 수 있고, 사전통제제도에는 청문, 행정상 입법예고, 상급기관의 하급기관에 대한 감사권 등이 있다.
④ 상급기관이 하급기관에 대하여 지시권이나 감독권 등의 훈령권을 행사함으로써 하급기관의 위법이나 재량권 행사의 오류를 시정하는 등 통제를 가할 수 있다.

32
범죄예방(통제)이론에 관한 설명으로 가장 적절하지 않은 것은?

① 합리적 선택이론에서는 인간의 자유의지를 인정하는 결정론적 인간관에 입각하여 범죄자는 비용과 이익을 계산하고 자신에게 유리한 경우에 범죄를 행한다고 본다.
② 사회발전을 통한 범죄예방이론에 대하여는 개인이나 소규모의 조직체에 의해 수행될 수 없다는 비판이 제기된다.
③ 일상활동 이론은 범죄자의 입장에서 범행을 결정하는데 고려되는 4가지 요소로 가치(Value), 이동의 용이성(Inertia), 가시성(Visibility), 접근성(Access)을 들고 있다.
④ 환경설계를 통한 범죄예방기법(CPTED)은 생태학적 이론의 대표적인 예라 할 수 있다.

33
「지역경찰의 조직 및 운영에 관한 규칙」상 지역경찰의 근무 종류와 그 업무가 올바르게 연결된 것은?

> ㉠ 시설 및 장비의 작동여부 확인
> ㉡ 방문민원 및 각종 신고사건의 접수 및 처리
> ㉢ 주민여론 및 범죄첩보 수집
> ㉣ 비상 및 작전사태 등 발생 시 차량, 선박 등의 통행 통제

	㉠	㉡	㉢	㉣
①	순찰근무	행정근무	상황근무	순찰근무
②	상황근무	상황근무	순찰근무	경계근무
③	상황근무	행정근무	상황근무	순찰근무
④	순찰근무	상황근무	순찰근무	경계근무

34
풍속사범에 관한 설명으로 가장 적절하지 않은 것은?

① 성매매알선 등 행위의 처벌에 관한 법률에 규정된 범죄를 신고하거나 자수한 경우에 감경 또는 면제할 수 있다.
② 사행행위영업의 대상범위가 2 이상의 서울특별시·광역시·도 또는 특별자치도에 걸치는 경우 사행기구 제조업과 판매업은 경찰청장의 허가를 받아야 한다.
③ 음주 또는 약물로 인한 심신장애 상태에서 아동·청소년에 대하여 성폭력범죄를 범한 때에는 형의 감경규정을 적용하지 아니한다.
④ 주로 차종류를 조리·판매하는 업소에서 청소년으로 하여금 영업장을 벗어나 차종류를 배달하는 행위를 하게 하거나 이를 조장 또는 묵인하는 행위는 청소년보호법에 의해 처벌된다.

35
다중범죄에 관한 설명으로 옳지 않은 것을 모두 고른 것은?

> ㉠ 다중범죄의 특징으로 다중행태의 예측불가능성, 확신적 행동성, 조직적 연계성, 부화뇌동적 파급성, 이성적 행동성 등을 들 수 있다.
> ㉡ 다중범죄의 참여자는 자신의 주장 등이 옳다는 확신을 가지고 사회정의를 위하여 투쟁한다는 생각으로 투신이나 분신자살을 하는 등 과감하고 전투적인 행동을 하는 경우가 많다는 설명은 확신적 행동성에 대한 설명이다.
> ㉢ 다중범죄의 정책적 치료법 중 경쟁행위법은 특정사안의 불만집단에 대한 정보활동을 강화하여 사전에 불만 및 분쟁요인을 해소하는 것을 말한다.
> ㉣ 다중범죄 진압의 기본 원칙 중 봉쇄·방어는 시위대가 집단을 형성한 이후에 부대가 대형으로 진입하거나 장비를 사용하여 시위집단의 지휘·통제력을 차단하며 수 개의 소집단으로 분할시켜 시위의사를 약화시킴으로써 그 세력을 분산시키는 방법이다.

① ㉠, ㉢
② ㉠, ㉡, ㉣
③ ㉠, ㉢, ㉣
④ ㉡, ㉢, ㉣

36
「국민보호와 공공안전을 위한 테러방지법」에 관한 설명으로 가장 적절한 것은?

① 대테러활동에 관한 정책의 중요사항을 심의·의결하기 위하여 국가테러대책위원회를 두고, 위원장은 법무부장관으로 한다.
② '테러위험인물'이란 테러를 실행·계획·준비하거나 테러에 참가할 목적으로 국적국이 아닌 국가의 테러단체에 가입하거나 가입하기 위하여 이동 또는 이동을 시도하는 내국인·외국인을 말한다.
③ 관계기관의 장은 외국인테러전투원으로 출국하려 한다고 의심할 만한 상당한 이유가 있는 내·외국인에 대해 국가정보원장에게 일시 출국금지 요청이 가능하다.
④ 대테러활동과 관련한 사항을 수행하기 위하여 국무총리 소속으로 대테러센터를 둔다.

37
다음 중 무면허운전에 관한 판례의 태도와 다른 것은?

① 여러 날에 걸쳐 무면허 운전을 한 경우 특별한 경우를 제외하고는 사회통념상 운전한 날을 기준으로 운전한 날마다 1개의 운전행위가 있다고 보는 것이 타당하다.
② 특정범죄가중처벌 등에 관한 법률위반(도주차량)으로 운전면허 취소처분을 받은 자가 자동차를 운전하였다고 하더라도 그 후 피의사실에 대하여 무혐의 처분을 받고 이를 근거로 행정청이 운전면허 취소처분을 철회하였다면, 위 운전행위는 무면허운전에 해당하지 않는다.
③ 연습운전면허를 받은 사람이 도로에서 주행연습을 하는 때에 운전면허를 받은 날부터 2년이 경과한 사람과 함께 타서 그의 지도를 받아야 한다고 규정하고 있는 바, 연습운전면허를 받은 사람이 도로에서 주행연습을 함에 있어서 위와 같은 준수사항을 지키지 않았다면 무면허 운전에 해당한다.
④ 적성검사기간 도래여부에 관한 확인을 게을리하여 기간이 도래하였음을 알지 못하였더라도 적성검사기간 내에 적성검사를 받지 않는 것에 대한 미필적 고의는 있다고 볼 수 있다.

38
집회 및 시위의 금지 통고에 대한 이의 신청 및 재결에 관한 설명으로 가장 적절하지 않은 것은?

① 집회 또는 시위의 주최자는 집회 및 시위의 금지 통고를 받은 날부터 10일 이내에 해당 경찰관서의 장에게 이의를 신청할 수 있다.
② 이의 신청을 받은 경찰관서의 장은 접수 일시를 적은 접수증을 이의 신청인에게 즉시 내주고 접수한 때부터 24시간 이내에 재결(裁決)을 하여야 한다.
③ 이의신청을 접수한 때부터 24시간 이내에 재결서를 발송하지 아니하면 관할경찰관서장의 금지 통고는 소급하여 그 효력을 상실한다.
④ 이의 신청인은 제2항에 따라 금지 통고가 위법하거나 부당한 것으로 재결되거나 그 효력을 잃게 된 경우 처음 신고한 대로 집회 또는 시위를 개최할 수 있다. 다만, 금지 통고 등으로 시기를 놓친 경우에는 일시를 새로 정하여 집회 또는 시위를 시작하기 24시간 전에 관할경찰관서장에게 신고함으로써 집회 또는 시위를 개최할 수 있다.

39
「범죄인인도법」에 관한 설명으로 가장 적절하지 않은 것은?

① 이 법에 규정된 범죄인의 인도심사 및 그 청구와 관련된 사건은 서울고등법원과 서울고등검찰청의 전속관할로 한다.
② 범죄인 인도에 관하여 인도조약에 이 법과 다른 규정이 있는 경우에는 그 규정에 따른다.
③ 대한민국 또는 청구국의 법률에 따라 인도범죄에 관한 공소시효 또는 형의 시효가 완성된 경우에는 범죄인을 인도하여서는 아니 된다.
④ 인도범죄의 전부 또는 일부가 대한민국 영역 외에서 범한 것인 경우에는 범죄인을 인도하지 아니할 수 있다.

40
「언론중재 및 피해구제 등에 관한 법률」의 내용으로 가장 적절하지 않은 것은?

① 사실적 주장에 관한 언론보도등이 진실하지 아니함으로 인하여 피해를 입은 자는 해당 언론보도등이 있음을 안 날부터 3개월 이내에 언론사등에게 그 언론보도 등의 내용에 관한 정정보도를 청구할 수 있다. 다만, 해당 언론보도등이 있은 후 6개월이 지났을 때에는 그러하지 아니하다.
② 정정보도 청구에 있어서 언론사등의 고의·과실이 없으면 정정보도 청구할 수 없다.
③ 청구를 받은 언론사등의 대표자는 3일 이내에 그 수용 여부에 대한 통지를 청구인에게 발송하여야 한다.
④ 언론사등이 정정보도 청구를 수용할 때에는 지체 없이 피해자 또는 그 대리인과 정정보도의 내용·크기 등에 관하여 협의한 후, 그 청구를 받은 날부터 7일 내에 정정보도문을 방송하거나 게재하여야 한다.

제4회 동형모의고사

제한시간 /40분 점수 /100점

01
대륙법계 국가의 경찰개념에 관한 설명으로 옳지 않은 것은 모두 몇 개인가?

> ㉠ 대륙법계 국가의 경찰개념은 경찰권이라고 하는 일반통치권적 개념을 기초로 하여 경찰권의 기능과 역할을 기준으로 형성되었다.
> ㉡ 대륙법계 국가에서의 경찰은 주로 경찰행정학자들에 의해 정립된 개념으로 명령·강제하는 요소를 말한다.
> ㉢ 경찰과 국민과의 관계는 권력 실행적 관계에 놓이게 되며, 그 역할·지휘·규범은 수직적 관계에서 설정된다.
> ㉣ 대륙법계 국가에서의 경찰이란 당위성을 전제로 권리·자유·행동을 제한하는 소극적 기능을 담당하는 기관으로 보았다.
> ㉤ 대륙법계의 경찰개념은 권력적·명령적·강제적 요소가 있는 국가기능을 경찰이라 하여 '경찰이란 무엇인가'라는 명제로 논의된다.

① 1개 ② 2개 ③ 3개 ④ 4개

02
다음 설명 중 가장 옳지 않은 것은 모두 몇 개인가?

> ㉠ 공법규범에 대하여는 보호받는 법익의 위태 또는 침해가 객관적으로 존재하느냐뿐만 아니라 주관적 구성요건의 실현, 유책성 및 구체적 가벌성까지 요한다.
> ㉡ 형식적 의미의 경찰개념은 각국의 전통이나 현실적 환경에 따라 다른 것으로 현재의 법규정상 경찰이 담당하도록 규정된 사항은 그것이 소극적 질서유지에 관한 사항이던, 적극적 성격을 띠었던 모두 형식적 의미의 경찰업무에 해당한다.
> ㉢ 행정경찰은 '실질적 의미의 경찰' 개념을 토대로 이루어진 규제행정이고, 사법경찰은 '형식적 의미의 경찰' 개념을 토대로 이루어진 규제행정이다.
> ㉣ 경찰책임의 원칙은 경찰위반이 되는지의 문제에 있어서 경찰책임자가 객관적으로 존재하는 위험상황을 실제로 인식하였는지가 중요하다.
> ㉤ 경찰의 임무 중 공공의 안녕과 질서확보를 위한 전제는 법규범이 침해되지 않도록 하는 것이다.

① 1개 ② 2개 ③ 3개 ④ 4개

03
경찰의 분류에 관한 설명으로 가장 적절하지 않은 것은?

① 경찰권 발동시점을 기준으로 분류하는 경우 예방경찰과 진압경찰로 구분된다.
② 행정경찰은 국가일반통치권에 의거한 명령·강제라는 수단에 의해 국민의 자연적 자유를 제한하는 작용이다.
③ 공공의 안녕과 질서에 대한 위해의 정도 및 담당기관으로 분류하는 경우 비상경찰과 평시경찰로 구분된다.
④ 협의의 행정경찰은 당해 경찰 목적의 달성을 권력적으로 담보하는 특수한 경찰작용으로, 제도상 경찰개념에 해당한다.

04
경찰윤리에 관한 설명으로 옳지 않은 것은 모두 몇 개인가?

> ㉠ '전체사회가설'은 시민사회의 부패를 경찰부패의 주 원인으로 본다는 이론이다.
> ㉡ '썩은 사과 가설'은 부패의 원인을 개인적 결함 보다는 조직의 체계적 원인으로 보고 있다.
> ㉢ 냉소주의와 회의주의는 모두 불신을 바탕으로 한다는 공통점이 있지만 회의주의는 대상이 특정화되어 있다는 점에서 냉소주의와 차이가 있다.
> ㉣ 시민들이 자신의 권리행사를 제한하고 치안을 경찰에게 믿고 맡겼다는 것을 인식하고 경찰이 거기에 부응하는 것을 의미하는 것은 공공의 신뢰확보에 해당한다.
> ㉤ 생명과 재산의 안전이 사회계약의 목적이고, 법집행이 궁극적인 목적은 아니므로, 경찰의 법집행은 '생명과 재산의 안전'이라는 틀 안에서 수행되어야 한다.

① 1개 ② 2개 ③ 3개 ④ 4개

05

경찰윤리에 관한 설명으로 가장 적절하지 않은 것은?

① A경찰서 형사과 경찰이 고위공직자를 조사하는 과정에서 윗선으로부터 조사하지 말라는 명령을 받고 서둘러 수사를 종결하는 것은 존 클라이니히(J. Kleinig)가 주장한 경찰윤리 교육의 목적 중 도덕적 결의의 강화를 위배한 것에 해당한다.
② 하이덴하이머의 부정부패의 정의 중 부패는 강제적인 가격모델로부터 자유시장모델로의 변화와 관련이 있다. 고객들은 잘 알려진 위험을 감수하고 원하는 이익을 받는 것을 확실히 하기 위하여 높은 가격(뇌물)을 지불하려고 하여 부패가 일어난다는 것은 시장중심적 정의와 관련이 있다.
③ 개인적 편견이나 선호에 의한 지나친 관여는 공정한 접근의 보장을 저해하는 원인이 된다.
④ 김순경은 경찰에 들어오기 전 집에 도둑을 맞은 경험이 있는데 경찰이 되어 절도범을 검거하였는데 과거 도둑맞은 경험이 생각나 피의자에게 욕설과 가혹행위를 하였다. 이는 냉정하고 객관적 자세를 저해한 것이다.

06

한국경찰사에 길이 빛날 경찰의 표상에 관한 설명으로 가장 적절하지 않은 것은?

① 문형순 경감은 1950년 8월 30일 성산포경찰서장 재직 시 계엄군의 예비검속자 총살 명령에 '부당함으로 불이행'한다고 거부하였다.
② 안맥결 총경은 1957년 국립경찰전문학교 교수로 발령받아 후배 경찰교육에 힘쓰다 1961년 5·16군사정변이 일어나자 군사정권에 협력할 수 없다며 사표를 제출하였다.
③ 이준규 총경은 1980년 5·18 광주 민주화운동 당시 비례의 원칙에 입각한 경찰권 행사 및 시위대의 인권보호를 강조하였다.
④ 박재표 경위는 1956년 8월 13일 제2대 지방의원 선거 당시 정읍 소성지서에서 순경으로 근무하던 중 투표함을 바꿔치기하는 부정선거를 목격하고 이를 기자회견을 통해 세상에 알리는 양심적 행동을 하였다.

07

법치행정의 원칙에 관한 설명으로 가장 적절하지 않은 것은?

① 법치행정의 원칙은 현행법상 명시적인 규정은 없지만 법치국가의 원리로부터 도출되는 행정법의 일반원칙이다.
② 형식적 법치주의는 행정과 재판이 법률에 적합하도록 행해질 것, 즉 통치의 합법성을 요청할 뿐 그 법률의 목적이나 내용은 문제 삼지 않는 형식적 통치원리를 의미한다.
③ 실질적 법치주의는 법률에 의거한 공권력의 행사라는 의미를 넘어서 법률의 목적과 내용도 정의에 합치하는 정당한 것이어야 한다는 것이다.
④ 법치행정의 원리는 독일의 O. Mayer에 의해 체계화된 법률의 법규창조력, 법률의 우위, 법률의 유보하는 3개의 원칙을 그 내용으로 한다.

08

다음 중 옳지 않은 것은 모두 몇 개인가?

㉠ 대한민국의 국민이 되는 요건은 법규명령으로 정할 수 없다.
㉡ 신의성실의 원칙은 「민법」뿐만 아니라 경찰행정법을 포함한 모든 법의 일반원칙이며 법원으로 인정된다.
㉢ 행정의 자기구속의 원리는 평등의 원칙에서 파생되었으며 행정규칙에 따른 종래의 관행이 위법한 경우에 행정청은 자기구속당하지 않는다.
㉣ 재량준칙은 행정규칙에 법규성을 인정하려는 영역 중의 하나이며, 재량준칙의 제정은 기속행위에 대하여는 성립할 수 없다.
㉤ 행정청은 행정작용을 할 때 상대방에게 해당 행정작용과 실질적인 관련이 없는 의무를 부과해서는 아니 된다는 원칙을 부당결부금지의 원칙이라고 한다.

① 1개　　② 2개　　③ 3개　　④ 4개

09
법규명령과 행정규칙의 공통점과 차이점에 관한 설명으로 가장 적절하지 않은 것은?

① 행정규칙과 법규명령은 조직 내부의 대내적 구속력이 있다는 점에서는 차이가 없다.
② 법규명령은 「헌법」, 법률 또는 상위 명령에 의한 수권이 있어야 제정이 가능한데, 행정규칙은 명시적 수권이 없어도 제정이 가능하다.
③ 법규명령은 사법적 통제가 인정되나 행정규칙은 사법적 통제가 인정되지 않는다.
④ 법규명령은 법규성이 있으므로 그에 위반하면 무효사유가 되고, 행정규칙은 법규성이 없는 것이 원칙이므로 그에 위반하면 취소사유가 된다.

10
권한의 위임과 대리에 관한 설명으로 가장 적절하지 않은 것은?

① 권한의 위임에서 위임사항은 일반적·포괄적 권한의 일부에 한하며 또한 법령에 규정된 경우에 한한다.
② 내부위임의 경우에 권한의 위임과 달리 권한의 귀속자체에 대한 변경은 없으며, 수임자의 명의로 권한을 행사하게 된다.
③ 임의대리의 경우에 대리권을 수여하는 수권행위는 피대리 행정관청의 일방적 행위로서 대리자의 동의를 요하지 않는다.
④ 법정대리의 복대리는 허용되며, 이 경우 복대리의 성격은 임의대리에 해당한다.

11
각 경찰기관의 임명과 관련한 것으로 가장 적절하지 않은 것은?

① 경찰청장은 국가경찰위원회의 동의를 얻어 행정안전부장관의 제청으로 국무총리를 거쳐 대통령이 임명한다.
② 국가경찰위원회 위원장은 비상임위원 중 호선하며, 위원장 유고시는 상임위원, 연장자 순으로 위원장의 직무를 대행한다.
③ 총경 이상의 경찰공무원의 임용은 경찰청장의 추천으로 행정안전부장관이 제청하여 국무총리를 거쳐 대통령이 임용한다.
④ 경찰공무원인사위원회 위원장은 위원 중 호선으로 하며, 위원은 경찰청 소속 총경 이상의 경찰관 중에서 경찰청장이 임명한다.

12
「국가경찰과 자치경찰의 조직 및 운영에 관한 법률」상 자치경찰사무에 관한 내용으로 가장 적절하지 않은 것은?

① 생활안전을 위한 순찰 및 시설의 운영, 주민참여 방범활동의 지원 및 지도, 주민의 일상생활과 관련된 사회질서의 유지 및 그 위반행위의 지도·단속 등 지역 내 주민의 생활안전 활동에 관한 사무는 자치경찰의 사무에 포함된다.
② 교통법규 위반에 대한 지도·단속, 교통안전시설 및 무인 교통 단속용 장비의 심의·설치·관리 등 지역 내 교통활동에 관한 사무는 자치경찰사무에 포함된다.
③ 학교폭력 등 소년범죄, 가정폭력, 아동학대 범죄, 「형법」제245조에 따른 공연음란 및 「성폭력범죄의 처벌 등에 관한 특례법」제11조에 따른 공중밀집 장소에서의 추행행위에 관한 범죄는 자치경찰사무에 포함된다.
④ 지역 내 주민의 생활안전 활동에 관한 사무, 지역 내 교통활동에 관한 사무, 지역 내 다중운집 행사 관련 혼잡 교통 및 안전 관리의 자치경찰사무에 관한 구체적인 사항 및 범위 등은 대통령령으로 정하는 기준에 따라 시·도조례로 정한다.

13
「국가경찰과 자치경찰의 조직 및 운영에 관한 법률」 및 「국가경찰위원회 규정」상 국가경찰위원회에 관한 설명으로 옳지 않은 것은 모두 몇 개인가?

> ㉠ 경찰청장은 국가경찰위원회의 심의·의결된 내용이 적정하지 아니하다고 판단할 때에는 재의(再議)를 요구할 수 있다.
> ㉡ 경찰청장이 재의를 요구하는 경우에는 의결한 날부터 7일 이내에 재의요구서를 위원회에 제출하여야 한다.
> ㉢ 위원장은 재의요구가 있는 경우에는 그 요구를 받은 날부터 10일 이내에 회의를 소집하여 다시 의결하여야 한다.
> ㉣ 국가경찰위원회의 정기회의는 특별한 사유가 있는 경우를 제외하고는 매월 2회 위원장이 소집한다.
> ㉤ 위원장은 필요한 경우 임시회의를 소집할 수 있으며, 위원 1/3 이상과 행정안전부장관 또는 경찰청장은 위원장에게 임시회의 소집을 요구할 수 있다.

① 1개 ② 2개 ③ 3개 ④ 4개

14

「경찰 인권보호 규칙」상 경찰청 인권위원회에 관한 설명으로 가장 적절하지 않은 것은?

① 당연직 위원은 경찰청은 감사관, 시·도경찰청은 청문감사인권담당관으로 한다.
② 경찰청 인권위원회와 시·도경찰청 인권위원회 각각의 위원장과 위촉 위원의 임기는 위촉된 날로부터 2년으로 하며 위원장의 직은 연임할 수 없고, 위촉 위원은 두 차례만 연임할 수 있다.
③ 입건 전 조사·수사 중인 사건에 청탁 또는 경찰 인사에 관여하는 행위를 하거나 기타 직무 관련 비위사실이 있는 경우 청장은 위원회의 의견을 들어 위원을 해촉할 수 있다.
④ 임시회의는 위원장이 필요하다고 인정하거나 청장 또는 재적위원 3인 이상이 소집을 요구하는 경우 위원장이 소집한다.

15

「경찰공무원 임용령」에 관한 설명으로 가장 적절한 것은?

① 임용권을 위임받은 소속기관등의 장은 경위 또는 경사를 신규채용하려면 미리 경찰청장의 승인을 받아야 한다.
② 경찰공무원은 임용장이나 임용통지서에 적힌 날짜에 임용된 것으로 보며, 임용일자를 소급해서는 아니 된다.
③ 종전의 재직기관에서 정직 이상의 징계처분을 받은 사람은 경력경쟁채용등의 대상이 될 수 없다.
④ 총경 이하 경찰공무원에게 경과를 부여하여야 하며 수사경과와 보안경과는 경정 이하 경찰공무원에게만 부여하고, 해양경찰청 소속 경찰공무원에게 부여하는 경과는 따로 대통령령으로 정한다.

16

「국가공무원법」상 직위해제에 관한 설명으로 가장 적절하지 않은 것은?

① 임용권자는 직무수행 능력이 부족하거나 근무성적이 극히 나쁜 사유로 직위해제된 자에게 3개월 범위에서 대기를 명한다.
② 파면·해임·강등·정직에 해당하는 징계 의결이 요구 중인 자는 직위해제 대상이다.
③ 직위해제 사유가 소멸한 때에는 임용권자는 지체 없이 직위를 부여하여야 한다.
④ 직위해제는 휴직과 달리 제재적 성격을 가지는 보직의 해제이며 복직이 보장되는 처분이다.

17

다음 중 옳지 않은 것은 모두 몇 개인가?

㉠ 대법원은 당연퇴직으로 공무원 신분을 상실한 자가 사실상 공무원으로 근무하여 왔더라도 공무원연금법상의 퇴직급여 청구를 할 수 없다고 본다.
㉡ 일방적 면직이란 본의의 의사와 상관없이 일방적으로 행해지는 면직처분으로서, 징계면직과 직권면직이 있다.
㉢ 공무원이 법원의 증인이 되어 비밀에 관하여 심문을 받을 때에는 소속공무소 또는 감독관공서의 허가를 받은 사항에 한하여 진술할 수 있다.
㉣ 「국가공무원법」상 공무원은 정당의 주요보직을 맡을 수 없으나, 단순한 정당 가입은 가능하다.
㉤ 경찰관에 대한 징계는 국민에 대한 행위가 아닌 내부 경찰관에 대한 행위라는 점에서, '경찰처분'이라 할 수 없다.

① 1개 ② 2개 ③ 3개 ④ 4개

18

경찰공무원의 권리와 의무에 관한 설명으로 가장 적절하지 않은 것은?

① 경찰공무원은 직무와 관련하여 직접·간접을 불문하고 사례·증여·향응을 주거나 받을 수 없다는 것은 공직자윤리법상 청렴의 의무에 해당한다.
② 경찰공무원은 휴무일 또는 근무시간 외에 2시간 이내에 직무에 복귀하기 어려운 지역으로 여행을 하고자 할 때에는 소속 경찰기관장에게 신고를 하여야 한다.
③ 선서의 의무에서 선서는 공무원의 직무행위에 대한 법률상 효과발생의 요건이 아니므로 선서를 하지 않고 한 행위라 할지라도 법적 효과발생에는 영향이 없다.
④ 공무원은 사례금을 받는 외부강의등을 할 때에는 외부강의등의 요청 명세 등을 신고서에 따라 소속기관의 장에게 그 외부강의등을 마친 날부터 10일 이내에 신고하여야 한다. 다만, 외부강의등을 요청한 자가 국가나 지방자치단체인 경우에는 그러하지 아니하다.

19

「경찰청 공무원 행동강령」에 관한 설명으로 가장 적절한 것은?

① 공무원은 어떠한 경우에도 자신의 직무권한을 행사하여 직무관련자로부터 사적 노무를 제공받거나 요구해서는 안 된다.
② 공무원은 정치인이나 정당 등으로부터 부당한 직무수행을 강요받거나 청탁을 받은 경우에는 별지 제9호 서식 또는 전자우편 등의 방법으로 소속기관장에게 보고하거나 행동강령책임관과 상담할 수 있다.
③ 경찰유관단체원이 경찰 업무와 관련하여 경찰관에게 금품을 제공한 경우 행동강령책임관은 해당 경찰유관단체 운영 부서장과 협의하여 소속기관장에게 경찰유관단체원의 해촉 등 필요한 조치를 건의하여야 하며, 보고를 받은 소속기관장은 적절한 조치를 취해야 한다.
④ 공무원은 정치인이나 정당 등으로부터 부당한 직무수행을 강요받거나 청탁을 받은 경우에는 별지 제9호 서식 또는 전자우편 등의 방법으로 소속 기관의 장에게 보고하거나 행동강령책임관과 상담할 수 있다.

20

「경찰공무원법」상의 징계절차에 관한 설명으로 가장 적절하지 않은 것은?

① 경무관 이상의 경찰공무원에 대한 징계의결은 「국가공무원법」에 따라 국무총리 소속으로 설치된 징계위원회에서 한다.
② 총경 이하의 경찰공무원에 대한 징계의결을 하기 위하여 대통령령으로 정하는 경찰기관 및 해양경찰관서에 경찰공무원 징계위원회를 둔다.
③ 경찰공무원의 징계는 징계위원회의 의결을 거쳐 징계위원회가 설치된 소속기관의 장이 하되, 「국가공무원법」에 따라 국무총리 소속으로 설치된 징계위원회에서 의결한 징계는 경찰청장 또는 해양경찰청장이 한다.
④ 경무관 이상의 강등 및 정직과 경정 이상의 파면 및 해임은 행정안전부장관 또는 해양수산부장관의 제청으로 국무총리를 거쳐 대통령이 한다.

21

다음 중 당사자소송에 해당하지 않는 것은? (다툼이 있는 경우 판례에 의함)

① 공무원연금관리공단이 퇴직급여 중 일부 금액에 대하여 지급거부의 의사표시에 대한 미지급퇴직연금에 대한 지급청구 소송
② 동일한 지방자치단체 내의 장(교육감)과 의회간의 권한 다툼에 관한 소송
③ 서울특별시립무용단원의 해촉에 관한 무효를 주장하는 소송
④ 텔레비전 방송수신료의 법적 성격에 비추어 한국전력공사가 수신료를 징수할 권한이 있는지 여부를 다투는 소송

22

「행정기본법」상 처분에 관한 설명으로 옳지 않은 것은 모두 몇 개인가?

> ㉠ 행정청은 처분에 재량이 있는 경우와 법률로 정하는 바에 따라 완전히 자동화된 시스템(인공지능 기술을 적용한 시스템을 포함한다)으로 처분을 할 수 있다.
> ㉡ 행정청은 재량이 있는 처분을 할 때에는 관련 이익을 정당하게 형량하여야 하며, 그 재량권의 범위를 넘어서는 아니 된다.
> ㉢ 행정청은 재량이 있는 제재처분을 할 때에는 위반행위의 동기, 목적 및 방법, 위반행위의 결과, 위반행위의 횟수, 대통령령으로 정하는 사항을 고려하여야 한다.
> ㉣ 행정청은 법령등의 위반행위가 종료된 날부터 5년이 지나면 해당 위반행위에 대하여 제재처분(인허가의 정지·취소·철회, 등록 말소, 영업소 폐쇄와 정지를 갈음하는 과징금 부과를 말한다)을 할 수 없다.
> ㉤ 거짓이나 그 밖의 부정한 방법으로 인허가를 받거나 신고를 한 경우 등은 5년의 제척기간의 적용을 받지 않는다.
> ㉥ 행정청은 행정심판의 재결이나 법원의 판결에 따라 제재처분이 취소·철회된 경우에는 재결이나 판결이 확정된 날부터 2년(합의제 행정기관은 3년)이 지나기 전까지는 그 취지에 따른 새로운 제재처분을 할 수 있다.

① 1개　　② 2개　　③ 3개　　④ 4개

23

「경찰청 적극행정 면책제도 운영규정」상 면책제도에 관한 설명으로 가장 적절하지 않은 것은?

① 감사 대상자가 면책심사를 받을 경우에는 면책사유에 해당하는 증빙자료를 구비하여 감사 책임자에게 면책심사를 신청할 수 있다.
② 면책심사 신청은 별지 제3호 서식에 의하여 해당 감사결과에 따른 징계의결 요구 또는 징계 이외의 불이익처분이 이루어진 후에 하여야 한다.
③ 감사 책임자는 감사결과 감사 대상자를 면책조치할 필요성이 있다고 판단될 때에는 면책 신청이 없는 경우에도 위원회에 면책심사를 요구할 수 있다.
④ 면책심사를 신청하는 사람은 시·도경찰청의 경우 청문감사인권담당관, 부속기관은 운영지원과장, 경찰서는 청문감사인권관, 직할대는 경무과장에게 면책심사를 신청한다.

24

경찰처분에 관한 설명으로 가장 적절하지 않은 것은?

① 경찰처분은 법치주의의 원리에 입각해서 법이 주어진 범위 내에서 이루어져야 하며, '경찰권의 한계'에 관한 원칙의 적용을 받는다.
② 공정력은 행정의 실효성 보장, 행정법 관계의 안정성 유지 및 상대방의 신뢰보호의 필요성을 이유로 하는 법적 안정설이 이론적 근거에 해당한다.
③ 비권력적 행위, 사실행위에는 공정력을 인정하지 않는다.
④ 공정력은 행정의 실효성 확보 및 신뢰보호를 위하여 행정행위의 잠정적·일반적 통용력을 인정하는 실체법적 효력에 해당한다.

25

허가에 관한 설명으로 가장 적절하지 않은 것은?

① 경찰허가는 일반적 금지를 특정한 경우에 해제하는 행위이므로 언제나 구체적인 경찰관청의 행정행위(경찰처분)의 형식으로 행하여지고, 일반적 금지를 직접 허가하는 법규허가는 있을 수 없다.
② 경찰허가는 당사자의 신청을 필요로 하는 쌍방적 행정행위이지만, 예외적으로 신청(출원) 없이도 가능하고 이 경우에는 불특정 다수인에게 효과가 발생한다.
③ 일반적 금지가 해제됨으로써 피허가자는 적법하게 허가된 행위를 할 수 있게 되지만 타 법상의 제한까지 해제되는 것은 아니다.
④ 경찰허가는 특정 행위를 사실상 유효하게 할 수 있도록 하는 유효요건에 불과하다.

26
「질서위반행위규제법」에 관한 설명으로 가장 적절하지 않은 것은?

① 고의 또는 과실이 없는 질서위반행위는 과태료를 부과하지 않는다.
② 신분에 의하여 성립하는 질서위반행위에 신분이 없는 자가 가담한 때에는 그 신분의 효과는 신분이 없는 자에게는 미치지 아니한다.
③ 하나의 행위가 2 이상의 질서위반행위에 해당하는 경우에는 각 질서위반행위에 대하여 정한 과태료 중 가장 중한 과태료를 부과한다.
④ 2 이상의 질서위반행위가 경합하는 경우에는 각 질서위반행위에 대하여 정한 과태료를 각각 부과한다.

27
「경찰관 직무집행법」 제7조의 위험 방지를 위한 출입에 관한 설명으로 옳지 않은 것은 모두 몇 개인가?

⊙ 경찰공무원은 여관에 불이 나서 객실에 쓰러져 있는 사람이 있더라도, 주인이 허락하지 않는 경우에는 들어갈 수 없다.
⊙ 새벽 3시에 영업이 끝난 식당에서 주인만 머무르는 경우라도, 경찰공무원은 범죄의 예방을 위해 출입하도록 요구할 수 있다.
⊙ 무장공비가 도심에 출현하여 이들을 검거하기 위해 작전을 수행하는 경우에는 건물주의 허락이 없더라도 해당 작전구역 안에 있는 대형 영화관을 검색할 수 있다.
⊙ 위험방지를 위해 여관에 출입할 경우에는 불심검문과 달리 신분증을 제시할 필요가 없다.
⊙ 위험방지를 위한 출입의 법적 성질은 대가택적 즉시강제이다.

① 1개　② 2개　③ 3개　④ 4개

28
다음 중 옳지 않은 것은 모두 몇 개인가?

㉠ 분업은 주로 수평적인 분업을 의미하고, 수직적인 분업은 계층제가 있다.
㉡ 계층제의 원리는 경찰행정의 능률성과 책임의 명확성을 보장하는 수단이다.
㉢ 부하직원의 능력, 의욕, 경험 등이 높아질수록 통솔 범위는 넓어질 수 있다.
㉣ 명령통일의 원리는 한 사람은 한 사람에게만 명령해야 한다로 표현될 수가 있다.
㉤ 조정과 통합의 원리를 조직편성의 원리 중 제1의 원리로 볼 수 있다.

① 1개　② 2개　③ 3개　④ 4개

29
「보안업무규정」에 관한 설명으로 적절하지 않은 것을 모두 고른 것은?

㉠ 각급기관의 장은 비밀 분류를 통일성 있고 적절하게 하기 위하여 세부 분류지침을 작성하여 시행하여야 한다. 이 경우 세부 분류지침을 공개하여야 한다.
㉡ 비밀은 암호화되지 아니한 상태로 정보통신 수단을 이용하여 접수하거나 발송해서는 아니 된다.
㉢ 국가정보원장은 관리하는 비밀이 적은 각급기관이 공동으로 활용할 수 있도록 통합 비밀관리시스템을 구축·운영할 수 있다.
㉣ 각급기관의 장은 연 2회 비밀 소유 현황을 조사하여 국가정보원장에게 통보하여야 한다.
㉤ 관계 기관의 장은 신원조사 결과 국가안전보장에 해를 끼칠 정보가 있음이 확인된 사람에 대해서는 국가정보원장에게 그 사실을 통보하여야 한다.

① ㉠, ㉤
② ㉠, ㉣, ㉤
③ ㉡, ㉤
④ ㉡, ㉣, ㉤

30
다음 중 경찰통제에 관한 설명으로 틀린 것은?

① 사전통제를 규정하고 있는 기본법은 「행정절차법」이다.
② 경찰조직 내에서 이루어진 자체통제로는 청문감사관, 직무명령권, 훈령권 등이다
③ 대륙법계 국가에서는 열기주의에서 개괄주의 전환함으로써 행정에 대한 법원의 통제를 축소하고 있다.
④ 국회의 예산심의권은 경찰예산의 심의과정에서 통제를 가할 수 있으므로 사전적 통제에 해당한다.

31
현행 「경찰 감찰 규칙」에 대한 설명으로 가장 적절하지 않은 것은?

① 결격사유에 해당되는 것을 밝혀진 경우와 징계 등의 경우를 제외하고는 3년 이내에 본인의 의사에 반하여 전보를 할 수 없다.
② 경찰기관의 장은 1년 이상 성실히 근무한 감찰관에 대해서는 희망부서를 고려하여 전보한다.
③ 감찰관은 감찰조사를 위해서 조사대상자의 출석을 요구할 때에는 조사기일 3일 전까지 출석요구서 또는 구두로 조사일시, 의무위반행위사실 요지 등을 통지하여야 한다.
④ 감찰관은 소속 경찰기관의 관할구역 안에서 활동하여야 한다. 다만, 상급 경찰기관의 장의 지시가 있는 경우에는 관할구역 밖에서도 활동할 수 있다.

32
「행정절차법」에 관한 설명으로 가장 적절하지 않은 것은?

① 「행정절차법」은 주로 절차적 규정만을 두고 있고 예외적으로 실체법 규정도 있다.
② 처분, 신고, 확약, 위반사실 등의 공표, 행정계획, 행정조사, 행정상 입법예고, 행정예고 및 행정지도의 절차에 관하여 다른 법률에 특별한 규정이 있는 경우를 제외하고는 이 법에서 정하는 바에 따른다.
③ 송달은 다른 법령등에 특별한 규정이 있는 경우를 제외하고는 해당 문서가 송달받을 자에게 도달됨으로써 그 효력이 발생한다.
④ 공고는 다른 법령등에 특별한 규정이 있는 경우를 제외하고는 공고일부터 14일이 지난 때에 그 효력이 발생한다.

33
범죄원인론에 관한 설명으로 옳지 않은 것은 모두 몇 개인가?

> ⑦ 고전주의 범죄학자들은 인간을 자유의지를 가진 합리적 인간으로 전제로 효과적인 범죄예방은 범죄를 선택하지 못하게 하는 형벌이라고 하여 일반예방주의, 의사결정론을 주장한다.
> ⓒ 실증주의 범죄학자들은 인간의 행위는 생물적·심리학적·사회적 성질에 의해 결정되며, 범죄는 자유의지가 아닌 외적 요소에 의해 강요되는 것으로 기존의 형벌과 제도로는 범죄통제가 불가능하다고 주장한다.
> ⓒ 사회적 수준의 범죄원인론은 범죄자의 사회적 환경이 범죄자의 내재적 성향보다 더 중요한 범죄원인으로 보았다.
> ⓔ 빈민(slum) 지역에서 범죄발생률이 높은 것은 도시의 산업화·공업화 과정에서 지역사회의 제도나 규범 등이 극도로 해체되기 때문으로 보는 것은 사회구조원인 중 사회해체론에 관한 설명이다.
> ⓜ 범죄를 부추기는 가치관으로의 사회화과정을 거치면서 범죄가 다음 세대에 전달되어 범죄가 지속적으로 발생한다는 것은 차별적 접촉이론에 관한 설명이다.

① 1개   ② 2개   ③ 3개   ④ 4개

34
「지역경찰의 조직 및 운영에 관한 규칙」의 내용으로 가장 적절하지 않은 것은?

① 치안센터는 24시간 상시 운영을 원칙으로 한다.
② 검문소형 치안센터는 지리적 여건·치안수요 등을 고려하여 필요한 경우 직주일체형으로 운영할 수 있다.
③ 관리팀은 일근근무를 원칙으로 한다. 다만, 지역경찰관서장은 필요하다고 인정되는 경우에는 근무시간을 조정하거나, 시간외·휴일 근무 등을 명할 수 있다.
④ 순찰팀장 및 순찰팀원은 상시·교대근무를 원칙으로 하며, 근무교대 시간 및 휴게시간, 휴무횟수 등 구체적인 사항은 시·도경찰청장이 정한다.

35

「아동·청소년의 성보호에 관한 법률」상 아동·청소년 대상 디지털 성범죄의 수사 특례에 관한 설명으로 가장 적절하지 않은 것은?

① 사법경찰관리는 디지털 성범죄에 대하여 신분을 비공개하고 범죄현장(정보통신망 제외) 또는 범인으로 추정되는 자들에게 접근하여 범죄행위의 증거 및 자료 등을 수집(이하 '신분비공개수사'라 한다)할 수 있다.
② 사법경찰관리가 신분비공개수사를 진행하고자 할 때에는 사전에 상급 경찰관서 수사부서의 장의 승인을 받아야 한다. 이 경우 그 수사기간은 3개월을 초과할 수 없다.
③ 사법경찰관리는 디지털 성범죄를 계획 또는 실행하고 있거나 실행하였다고 의심할 만한 충분한 이유가 있고, 다른 방법으로는 그 범죄의 실행을 저지하거나 범인의 체포 또는 증거의 수집이 어려운 경우에 한정하여 수사목적을 달성하기 위하여 부득이한 때에는 신분위장수사를 할 수 있다.
④ 사법경찰관리는 신분위장수사를 하려는 경우에는 검사에게 신분위장수사에 대한 허가를 신청하고, 검사는 법원에 그 허가를 청구한다.

36

「아동학대범죄의 처벌 등에 관한 특례법」에 관한 설명으로 가장 적절하지 않은 것은?

① 피해아동에게 고소할 법정대리인이나 친족이 없는 경우에 이해관계인이 신청하면 검사는 10일 이내에 고소할 수 있는 사람을 지정하여야 한다.
② 아동학대 전담공무원은 피해아동의 보호 및 「아동복지법」 제22조의4의 사례관리계획에 따른 사례관리를 위한 범위에서만 아동학대행위자 등 관계인에 대하여 조사해야 한다.
③ 법원은 아동학대행위자에 대하여 유죄판결(선고유예는 제외한다)을 선고하면서 200시간의 범위에서 재범예방에 필요한 수강명령 또는 아동학대 치료프로그램의 이수명령을 병과할 수 있다.
④ 사법경찰관은 아동학대행위자에 대한 긴급임시조치를 한 경우에는 즉시 긴급임시조치결정서를 작성하여야 하고, 그 내용을 경찰서장에게 지체 없이 통지하여야 한다.

37

재난경비에 관한 설명으로 가장 적절하지 않은 것은?

① 「재난 및 안전관리 기본법」상 '재난관리'란 재난의 예방·대비·대응 및 복구를 위하여 하는 모든 활동을 말한다.
② 「재난 및 안전관리 기본법」상 '안전관리'란 재난이나 그 밖의 각종 사고로부터 사람의 생명·신체 및 재산의 안전을 확보하기 위하여 하는 모든 활동을 말한다.
③ 「재난 및 안전관리 기본법」상 '재난'이란 국민의 생명·신체·재산과 국가의 피해를 주거나 줄 수 있는 것으로서 자연재난, 인적재난으로 구분된다.
④ 「재난 및 안전관리 기본법」상 대통령령으로 정하는 대규모 재난의 대응·복구 등에 관한 사항을 총괄·조정하고 필요한 조치를 하기 위하여 행정안전부에 중앙재난안전대책본부를 둔다.

38

「도로교통법 시행규칙」 별표28 "운전면허 취소·정지처분 기준" 바. 처분기준감경의 내용 중 가장 적절하지 않은 것은?

① 감경사유
(가) 음주운전으로 운전면허 취소처분 또는 정지처분을 받은 경우
  운전이 가족의 생계를 유지할 중요한 수단이 되거나, ㉠ 모범운전자로서 처분당시 3년 이상 교통봉사활동에 종사하고 있거나, 교통사고를 일으키고 도주한 운전자를 검거하여 경찰서장 이상의 표창을 받은 사람으로서 다음의 어느 하나에 해당되는 경우가 없어야 한다.
  1) ㉡ 혈중알코올농도가 0.1퍼센트를 초과하여 운전한 경우
  2) 음주운전 중 인적피해 교통사고를 일으킨 경우
  3) 경찰관의 음주측정요구에 불응하거나 도주한 때 또는 단속경찰관을 폭행한 경우
  4) ㉢ 과거 3년 이내에 3회 이상의 인적피해 교통사고의 전력이 있는 경우
  5) ㉣ 과거 5년 이내에 음주운전의 전력이 있는 경우

① ㉠ ② ㉡ ③ ㉢ ④ ㉣

39

「집회 및 시위에 관한 법률」 및 동법 시행령에 관한 설명으로 가장 적절한 것은?

① 관할경찰관서장은 「집회 및 시위에 관한 법률」 제6조 제1항에 따른 신고서의 기재 사항에 미비한 점을 발견하면 접수증을 교부한 때부터 12시간 이내에 주최자 또는 질서유지인에게 24시간을 기한으로 그 기재 사항을 보완할 것을 통고할 수 있다.

② 위 ①에 따른 보완통고는 보완할 사항을 분명히 밝혀 서면 또는 구두로 주최자 또는 연락책임자에게 송달하여야 한다.

③ 「집회 및 시위에 관한 법률」 제6조 제1항에 따른 신고를 받은 관할경찰관서장이 집회 및 시위의 보호와 공공의 질서 유지를 위하여 필요하다고 인정하여 질서유지선을 설정할 때에는 주최자 또는 연락책임자에게 이를 알려야 한다.

④ 질서유지선의 설정 고지는 서면 또는 구두로 하여야 한다. 다만, 집회 또는 시위 장소의 상황에 따라 질서유지선을 새로 설정하거나 변경하는 경우에는 집회 또는 시위의 장소에 있는 국가경찰공무원이 구두로 알릴 수 있다.

40

국제형사사법공조에 관한 설명으로 가장 적절하지 않은 것은?

① 외국이 사법공조를 해주는 만큼 자국도 동일하거나 유사한 범위 내에서 공조요청에 응한다는 원칙은 '상호주의 원칙'과 관련이 깊다.

② 요청국이 공조에 따라 취득한 증거를 공조요청의 대상이 된 범죄 이외의 수사나 재판에 사용하여서는 안 된다는 원칙은 '특정성의 원칙'과 관련이 깊다.

③ 「국제형사사법공조법」상 대한민국의 주권, 국가안전보장, 안녕질서 또는 미풍양속을 해칠 우려가 있는 경우에는 공조를 하지 아니할 수 있다.

④ 「국제형사사법공조법」상 대한민국에서 수사가 진행 중이거나 재판에 계속된 범죄에 대하여는 공조를 하지 아니할 수 있다.

제5회 동형모의고사

제한시간 /40분 점수 /100점

01
경찰에 관한 설명으로 옳지 <u>않은</u> 것은 모두 몇 개인가?

> ㉠ 경찰의 개념을 형식적 의미의 경찰과 실질적 의미의 경찰로 구분할 때, 사법경찰(수사경찰)은 실질적 의미의 경찰에 포함된다.
> ㉡ 영·미법계 국가의 경찰개념은 공권력을 통한 사회공공의 안녕·질서유지에 중점을 두고 있다.
> ㉢ 경찰학은 근대 법치국가시대 이후 독자적 학문영역으로 자리잡았다.
> ㉣ 국가경찰제도는 경찰업무집행의 통일을 기할 수 있으나, 정부의 특정정책 수행에 이용되어 본연의 임무를 벗어날 우려가 있다.
> ㉤ 질서경찰은 주로 강제력을 1차 수단으로 사회공공의 안녕과 질서유지를 위한 법집행을 하는 경찰을 말한다.

① 1개 ② 2개 ③ 3개 ④ 4개

02
경찰의 개념 및 분류에 관한 설명으로 가장 적절하지 <u>않은</u> 것은?

① 형식적 의미의 경찰은 사회공공의 안녕과 질서의 유지라는 소극적 목적을 위하여 발동되는 작용을 말한다.
② 실질적 의미의 경찰개념은 작용을 중심으로 파악한 개념으로 건축허가와 같은 행정작용도 실질적 의미의 경찰작용에 포함된다.
③ 형식적 의미의 경찰은 경찰조직이 아닌 다른 국가기관의 권력작용은 포함되지 않는다.
④ 경찰활동의 질적 내용을 기준으로 질서경찰과 봉사경찰로 분류하기도 하는데 전자에는 교통위반자에 대한 처분 등이 있다.

03
국가경찰과 자치경찰에 관한 비교 설명으로 가장 적절하지 <u>않은</u> 것은?

① 자치경찰은 자치단체의 재정능력의 차이에 따른 치안서비스 불균형 현상이 초래될 수 있다.
② 국가경찰은 시민에 의한 외부통제가 쉬워져 투명한 행정을 기대할 수 있다.
③ 자치경찰은 지방세력가의 경찰행정 개입으로 경찰부패가 초래될 수 있다.
④ 국가경찰은 관료화의 우려와 정치적 중립성의 취약할 수 있다.

04
다음 중 가장 적절하지 <u>않은</u> 것은?

① 공공의 안녕은 집단이라는 개념을 내포하는바, 각 개인에게는 경찰권 개입을 청구할 수 없다.
② 경찰의 활동에 있어 수권규정이 있더라도 경찰의 개입여부에 대한 결정은 임무의 성질에 따라 다르다.
③ 개인적 법익에 대한 침해가 동시에 공법규범 위반에 해당하는 경우에 경찰은 그러한 행위에 대해서 직접 개입해야 한다.
④ 개개 사안에서 공공의 질서라는 개념과 관련하여 경찰이 개입할 것인가의 여부는 경찰권의 재량적 결정에 해당한다.

05

경찰의 임무를 공공의 안녕과 공공의 질서에 대한 위험의 방지라고 정의할 때, 위험에 관한 설명으로 가장 적절하지 않은 것은?

① 추상적 위험은 개별사례에서 실제로 또는 최소한 경찰관의 사전적 시점에서 사실관계를 합리적으로 평가하였을 때, 가까운 장래에 공공의 안녕이나 공공의 질서에 대한 손해가 발생할 충분한 개연성이 있는 상황과 관련이 있다.
② 오상위험에 근거한 경찰의 위험방지조치가 위법한 경우에는 경찰관 개인에게는 민·형사상 책임이 문제되고 국가에게는 손해배상책임이 발생할 수 있다
③ 외관적 위험은 경찰관이 의무에 합당한 사려 깊은 상황판단을 하였음에도 위험을 잘못 긍정하는 경우이다.
④ 경찰의 위험방지는 위험의 존재 여부가 명백해질 때까지는 예비적 조치에만 국한되어야 하고 위험혐의는 경찰조사 차원의 개입을 정당화시키는 상황이 된다.

06

하이덴하이머의 부정부패의 정의에 관한 설명으로 가장 적절하지 않은 것은?

① 부패는 뇌물수수행위와 특히 결부되어 있지만 반드시 금전적인 형태일 필요가 없는 사적인 이익에 대한 고려의 결과로 권위를 남용하는 경우를 포괄하는 용어라는 것은 관직중심적 정의에 관한 설명이다.
② 부패행위는 돈, 재화, 서비스뿐만 아니라 지위, 영향력, 위신, 장래의 지원 등의 목적을 위해 행해진다.
③ 어떤 일을 하도록 책임지어진 권한의 소유자 즉 관직을 가진 사람이 법적으로 규정되어 있지 않은 금전적인 또는 다른 형태의 보수에 의하여 그런 보수를 제공하는 사람들에게 이로운 행위를 함으로써 공중의 이익에 손해를 가져올 때 부패가 일어난다는 것은 공익중심적 정의에 대한 설명이다.
④ 부패행위는 권위의 남용에 의해 발생하고 권위를 적절하게 사용하는 경우에는 발생하지 않는다.

07

갑오개혁부터 일제강점기 이전의 경찰에 관한 설명으로 가장 적절한 것은?

① 일본각의의 결정에 따라, '각아문관제'에서 처음으로 경찰이라는 용어를 사용하였다.
② '경무청관제직장'에 의해 당시의 좌우포도청을 합하여 경무청을 신설하고(장으로 경무관을 둠) 내무아문에 예속되어 한성부 내 일체의 경찰사무를 관장하였다.
③ 경부는 광무개혁때 설립되어 을사늑약까지 존속하였다.
④ 을사늑약에 의거 통감부에 의한 통감정치가 시작되면서 경무청을 전국을 관할하는 기관으로 확대하여 사실상 한국경찰을 장악하였다.

08

근거규범에 의할 때 법률의 구체적 수권이 없이도 가능한 것은 모두 몇 개인가?

> ㉠ 경찰관의 행정지도
> ㉡ 경찰관 직무집행법상 사실확인을 위한 출석요구
> ㉢ 자살을 시도하는 사람에 대한 경찰관서 보호
> ㉣ 경찰공무원의 수신호
> ㉤ 위법행위를 행한 경찰공무원에 대한 징계처분
> ㉥ 위해를 수반하지 않는 무기의 사용

① 1개   ② 2개   ③ 3개   ④ 4개

09

행정입법에 관한 설명으로 가장 적절하지 않은 것은?

① 법규명령은 조직내부의 대내적 구속력 및 국민에 대한 대외적 구속력을 모두 갖는데, 행정규칙은 조직내부의 대내적 구속력만 갖는다.
② 행정규칙에는 법규성이 없는 것이 원칙이므로 그에 위반해도 위법은 아니나 징계의 대상은 된다.
③ 법규명령위반은 무효사유임에 반해서, 행정규칙 위반은 취소사유이다.
④ 위임명령과 집행명령은 모두 법규명령으로서 법규성을 가지고 있다.

10
권한의 위임·대리에 대한 설명으로 가장 적절한 것은?

① 권한의 위임이란 경찰관청이 권한의 일부를 다른 경찰기관에 이전하여 그 수임기관의 권한으로 그 수임기관이 위임기관의 명의와 책임하에서 행사하도록 하는 것을 말한다.
② 권한의 위임은 경찰관청의 권한의 일부에 한해서만 가능하고, 권한의 전부위임 또는 주요부분의 위임은 허용되지 않는다.
③ 임의대리는 피대리관청의 수권행위에 의하여 대리관계가 발생하는 경우로, 원칙적으로 대리관계 형성에 법적 근거를 요하지 않으며, 복대리가 허용된다.
④ 법정대리는 법정사실 발생시 직접 법령규정에 의하여 대리관계가 발생하는 경우로, 원칙적으로 피대리관청의 대리자에 대한 지휘·감독이 가능하다.

11
경찰행정기관에 관한 설명으로 가장 적절한 것은?

① 경찰청장이 직무를 집행하면서 「헌법」이나 법률을 위배하였을 때에는 국회는 탄핵소추를 의결하여야 한다.
② 경찰청장은 행정안전부장관의 동의를 받아 국무총리의 제청으로 대통령이 임명한다. 이 경우 국회의 인사청문을 거쳐야 한다.
③ 시·도경찰청에 시·도경찰청장을 두며, 시·도경찰청장은 치안감·경무관 또는 총경으로 보한다.
④ 경찰청장은 경찰의 수사에 관한 사무의 경우에는 개별 사건의 수사에 대하여 구체적으로 지휘·감독할 수 없다.

12
「국가경찰과 자치경찰의 조직 및 운영에 관한 법률」상 시·도자치경찰위원회에 관한 설명으로 가장 적절하지 않은 것은?

① 위원이 경찰, 검찰, 국가정보원 직원 또는 군인의 직에 있거나 그 직에서 퇴직한 날부터 3년이 지나지 아니한 경우에는 당연퇴직한다.
② 시·도자치경찰위원회 위원의 임명방법 등에 관하여 필요한 사항은 대통령령으로 정한다.
③ 시·도지사는 시·도자치경찰위원회 위원의 임기가 만료되는 경우에는 그 임기 만료 30일 전까지 추천권자에게 위원으로 임명할 사람의 추천을 요청해야 한다.
④ 시·도지사는 시·도자치경찰위원회 위원 중 결원이 생겼을 때에는 지체 없이 결원된 위원을 추천한 추천권자에게 위원으로 임명할 사람의 추천을 요청해야 한다.

13
「경찰공무원법」, 「경찰공무원 임용령」, 「경찰공무원 승진임용규정」상 시보임용 및 승진에 대한 설명으로 가장 적절하지 않은 것은?

① 모든 경찰관의 귀감이 되는 공을 세우고 전사하거나 순직한 경위 이하 경찰공무원은 2계급 특별승진시킬 수 있다.
② 임용권자는 경감으로의 근속승진임용을 위한 심사를 연 2회 실시할 수 있다.
③ 계급별로 전체 승진임용 예정 인원에서 특별승진임용 예정인원을 뺀 인원의 50퍼센트씩을 각각 심사승진임용 예정 인원과 시험승진임용 예정 인원으로 한다.
④ 임용권자 또는 임용제청권자는 시보임용경찰공무원이 제2평정 요소에 대한 근무성적 평정점이 만점의 50퍼센트 미만일 경우 해당 시보임용경찰공무원을 면직시키거나 면직을 제청할 수 있다.

14
「경찰공무원 임용령」에 관한 설명으로 가장 적절하지 않은 것은?

① 임용권자 또는 임용제청권자는 경찰공무원을 신규채용할 때에 경과를 부여하여야 한다.
② 경찰공무원은 임용장이나 임용통지서를 받은 때 임용된 것으로 본다. 다만, 사망으로 인한 면직은 사망한 다음 날에 면직된 것으로 본다.
③ 임용권자 또는 임용제청권자는 「공무원임용령」 제43조의3에 따른 전문직위에 임용된 경찰공무원을 해당 직위에 임용된 날부터 3년의 범위에서 경찰청장이 정하는 기간이 지나야 다른 직위에 전보할 수 있다.
④ 임용권자 또는 임용제청권자는 소속 경찰공무원이 해당 직위에 임용된 날부터 1년 이내(감사업무를 담당하는 경찰공무원의 경우에는 2년 이내)에 다른 직위에 전보할 수 없다.

15
「경찰공무원 승진 임용규정」 제6조(승진임용의 제한) 제1항의 승진임용제한 대상에 해당하지 않는 것은?

① 징계의결 요구, 징계처분, 직위해제, 휴직 또는 시보임용 기간 중에 있는 사람
② 강등, 정직처분의 집행이 끝난 날부터 18개월(금품 및 향응 수수, 공금의 횡령·유용에 따른 징계처분의 경우에는 각각 3개월을 더한 기간)이 지나지 아니한 사람
③ 징계에 관하여 경찰공무원과 다른 법령을 적용받는 공무원으로 재직하다가 경찰공무원으로 임용된 사람으로서, 종전의 신분에서 근신·영창 또는 그 밖에 이와 유사한 징계처분이 끝난 날부터 6개월이 지나지 아니한 사람
④ 계급정년이 연장된 사람

16
현행 「경찰공무원법」에서 규정한 경찰공무원의 정년에 관한 설명으로 가장 적절하지 않은 것은?

① 수사·정보·외사·보안 등 특수부문에 근무하는 경찰공무원으로서 대통령령이 정하는 바에 의하여 지정을 받은 자는 총경·경정의 경우에는 4년의 범위 안에서 계급정년을 연장할 수 있다.
② 경찰청장은 전시·사변 기타 이에 준하는 비상사태하에서는 2년의 범위 안에서 계급정년을 연장할 수 있다.
③ 계급정년의 연장시 경무관 이상의 경찰공무원에 대해서는 행정안전부장관 또는 해양수산부장관의 제청과 국무총리를 거쳐 대통령의 승인을 받아야 하고, 총경·경정의 경찰공무원에 대해서는 국무총리를 거쳐 대통령의 승인을 받아야 한다.
④ 임용권자 또는 임용제청권자가 정년의 연장을 하고자 할 때에는 정년연장심사위원회의 심사를 거쳐야 한다.

17
「경찰청 공무원 행동강령」에 관한 설명으로 가장 적절하지 않은 것은?

① 공무원은 상급자가 자기 또는 타인의 부당한 이익을 위하여 공정한 직무수행을 현저하게 해치는 지시를 하였을 때에는 별지 제1호 서식 또는 전자우편 등의 방법으로 그 사유를 지시한 상급자의 직근상급자에게 소명하고 지시에 따르지 아니하거나, 별지 제2호 서식 또는 전자우편 등의 방법으로 행동강령책임관과 상담할 수 있다.
② 상담 요청을 받은 행동강령책임관은 지시 내용을 확인하여 지시를 취소하거나 변경할 필요가 있다고 인정되면 소속기관의 장에게 보고하여야 한다. 다만, 지시 내용을 확인하는 과정에서 부당한 지시를 한 상급자가 스스로 그 지시를 취소하거나 변경하였을 때에는 소속기관의 장에게 보고하지 아니할 수 있다.
③ 공무원은 「범죄수사규칙」 제30조에 따른 경찰관서 내 수사 지휘에 대한 이의제기와 관련하여 행동강령책임관에게 상담을 요청할 수 있다.
④ 공무원은 수사·단속의 대상이 되는 업소 중 경찰청장이 지정하는 유형의 업소 관계자와 부적절한 사적 접촉을 하여서는 아니 되며, 공적 또는 사적으로 접촉한 경우 경찰청장이 정하는 방법에 따라 신고하여야 한다.

18

「공직자의 이해충돌 방지법」에 관한 설명으로 가장 적절한 것은?

① 공직자가 소속된 공공기관과 계약을 체결하거나 체결하려는 것이 명백한 개인이나 법인 또는 단체는 직무관련자에 해당한다.
② 고위공직자는 그 직위에 임용되거나 임기를 개시하기 전 3년 이내에 민간 부문에서 업무활동을 한 경우, 그 활동내역을 그 직위에 임용되거나 임기를 개시한 다음 날부터 30일 이내에 소속기관장에게 제출하여야 한다.
③ 부동산을 직·간접적으로 취급하는 대통령령으로 정하는 공공기관의 공직자는 배우자가 소속 공공기관의 업무와 관련된 부동산을 보유하고 있거나 매수하는 경우 14일 이내에 소속기관장에게 그 사실을 서면으로 신고하여야 한다.
④ 공직자로 채용·임용되기 전 3년 이내에 공직자 자신이 대리하거나 고문·자문 등을 제공했던 개인이나 법인 또는 단체는 사적이해관계자에 해당한다.

19

「경찰공무원 징계령」상 징계의결과정에 관한 설명으로 가장 적절한 것은?

① 징계사건을 심의할 때에는 징계등 심의 대상자에게 출석하도록 통지하여야 하며, 출석 통지서는 징계위원회 개최일 3일 전까지 그 징계등 심의 대상자에게 도달되도록 하여야 한다.
② 징계등 심의 대상자의 소재가 분명하지 아니할 때에는 출석통지를 관보에 게재하고, 그 게재일부터 7일이 지나면 출석통지가 송달된 것으로 보며, 징계등 의결을 할 때에는 관보게재의 사유와 그 사실을 기록에 분명히 적어야 한다.
③ 징계위원회는 징계요구서를 받은 날부터 20일 이내에 징계에 관한 의결을 하여야 한다. 다만, 부득이한 사유가 있을 때에는 해당 징계등 의결을 요구한 경찰기관의 장의 승인을 받아 20일 이내의 범위에서 그 기간을 연장할 수 있다.
④ 징계위원회는 출석 통지를 하였음에도 불구하고 징계등 심의대상자가 정당한 사유 없이 출석하지 아니한 때에도 서면심사에 의하여 징계등 의결을 할 수 없다.

20

「국가배상법」에 관한 설명으로 가장 적절하지 않은 것은?

① 「국가배상법」상 공무원의 범위에는 공무원의 신분을 가진 자는 물론이고 널리 공무를 위탁받아 행사하는 자 및 사실상 공무원관계에 있는 자도 포함된다.
② 직무의 범위에 관하여 통설과 판례는 권력작용뿐 아니라 비권력적 관리작용까지도 포함되지만 사경제작용은 제외된다.
③ 공무원의 가해행위로부터 발생한 일체의 손해로서 치료비 등의 적극적 손해, 소극적 손해, 재산상 손해, 비재산상 손해 그리고 정신적 손해(위자료), 반사적 이익을 가리지 않고 모두 포함한다.
④ 손실보상은 적법한 공권력의 행사로 인한 개인의 재산에 가하여진 특별손해에 대한 전보제도로 생명·신체에 대한 침해의 보상은 포함되지 않는다.

21

「행정심판법」에 관한 설명으로 가장 적절하지 않은 것은?

① 행정청의 위법 또는 부당한 처분을 취소하거나 변경하는 행정심판을 취소심판이라 한다.
② 행정청의 처분의 효력 유무 또는 존재 여부를 확인하는 행정심판을 무효등확인심판이라 한다.
③ 당사자의 신청에 대한 행정청의 위법 또는 부당한 거부처분이나 부작위에 대하여 일정한 처분을 하도록 하는 행정심판을 의무이행심판이라 한다.
④ 부작위를 제외한 행정청의 처분에 대하여는 다른 법률에 특별한 규정이 있는 경우 외에는 이 법에 따라 행정심판을 청구할 수 있다.

22
「행정기본법」상 행정상 강제에 관한 설명으로 옳지 않은 것은 모두 몇 개인가?

> ㉠ 형사(刑事), 행형(行刑) 및 보안처분 관계 법령에 따라 행하는 사항이나 외국인의 출입국·난민인정·귀화·국적회복에 관한 사항에 관하여는 별도의 규정이 없는 한 행정상 강제 규정을 적용한다.
> ㉡ 즉시강제는 행정대집행이나 이행강제금 부과의 방법으로는 행정상 의무 이행을 확보할 수 없거나 그 실현이 불가능한 경우에 실시하여야 한다.
> ㉢ 직접강제는 다른 수단으로는 행정목적을 달성할 수 없는 경우에만 허용되며, 이 경우에도 최소한으로만 실시하여야 한다.
> ㉣ 직접강제를 실시하기 위하여 현장에 파견되는 집행책임자는 그가 집행책임자임을 표시하는 증표를 보여 주어야 한다.
> ㉤ 즉시강제를 실시하기 위하여 현장에 파견되는 집행책임자는 그가 집행책임자임을 표시하는 증표를 보여 주어야 하며, 즉시강제의 이유와 내용을 고지하여야 한다.

① 1개　② 2개　③ 3개　④ 4개

23
다음 경찰허가 내용 중 옳은 것은 모두 몇 개인가?

> ㉠ 경찰허가는 상대방의 출원에 의하여 행하여지는 것이 보통이지만 출원에 의하지 않는 경우도 있다.
> ㉡ 경찰허가는 특정행위를 사실상 적법하게 할 수 있도록 하는 적법요건이자 유효요건이다.
> ㉢ 상대적 금지는 허가대상이나, 절대적 금지는 허가대상이 아니다.
> ㉣ 의사면허, 총포류제조·판매의 허가, 자동차운전학원의 허가, 마약취급면허는 대인적 허가이다.
> ㉤ 판례에 의하면 허가여부의 결정기준은 특별한 사정이 없는 한 원칙적으로 신청 당시의 법령에 의한다.
> ㉥ 기한부 허가의 경우 그 기한이 도래하기 전에 상대방이 갱신신청할 경우 경찰상 장애 발생의 새로운 사유가 없는 한 반드시 허가해야 한다.

① 2개　② 3개　③ 4개　④ 5개

24
「개인정보 보호법」제2조(정의)에 관한 설명으로 옳지 않은 것은 모두 몇 개인가?

> ㉠ "개인정보"란 살아 있는 개인과 사망자에 관한 정보로서 성명, 주민등록번호 및 영상 등을 통하여 개인을 알아볼 수 있는 정보 등을 말한다.
> ㉡ "가명처리"란 개인정보의 일부를 삭제하거나 일부 또는 전부를 대체하는 등의 방법으로 추가 정보가 없이는 특정 개인을 알아볼 수 없도록 처리하는 것을 말한다.
> ㉢ "처리"란 개인정보의 수집, 생성, 연계, 연동, 기록, 저장, 보유, 가공, 편집, 검색, 출력, 정정(訂正), 복구, 이용, 제공, 공개, 파기(破棄), 그 밖에 이와 유사한 행위를 말한다.
> ㉣ "정보주체"란 업무를 목적으로 개인정보파일을 운용하기 위하여 스스로 또는 다른 사람을 통하여 개인정보를 처리하는 공공기관, 법인, 단체 및 개인 등을 말한다.
> ㉤ "이동형 영상정보처리기기"란 사람이 신체에 착용 또는 휴대하거나 이동 가능한 물체에 부착 또는 거치(据置)하여 사람 또는 사물의 영상 등을 촬영하거나 이를 유·무선망을 통하여 전송하는 장치로서 대통령령으로 정하는 장치를 말한다.

① 1개　② 2개　③ 3개　④ 4개

25
「경찰관 직무집행법」 및 동법 시행령상의 보상금 지급에 관한 설명으로 옳지 않은 것은 모두 몇 개인가?

> ㉠ 경찰청장, 시·도 경찰청장 또는 경찰서장은 범인 또는 범인의 소재를 신고하여 검거하게 한 사람, 범인을 검거하여 경찰공무원에게 인도한 사람, 테러범죄의 예방활동에 현저한 공로가 있는 사람에게 보상금을 지급할 수 있다.
> ㉡ 보상금심사위원회는 위원장 1명을 포함한 5명 이내의 위원으로 구성한다.
> ㉢ 보상금심사위원회의 위원은 소속 경찰공무원 중에서 경찰청장, 시·도경찰청장 또는 경찰서장이 임명한다.
> ㉣ 경찰청장, 시·도경찰청장 또는 경찰서장은 보상금 지급사유가 발생한 경우에는 직권으로 또는 보상금을 지급받으려는 사람의 신청에 따라 소속 보상금심사위원회의 심사·의결을 거쳐 보상금을 지급한다.
> ㉤ 보상금심사위원회의 회의는 재적위원 과반수의 출석과 출석위원 과반수의 찬성으로 의결한다.

① 1개　② 2개　③ 3개　④ 4개

26

「위해성 경찰장비의 사용기준 등에 관한 규정」에 관한 설명으로 가장 적절한 것은?

① 경찰관은 최루탄발사기로 최루탄을 발사하는 경우 15도 이상의 발사각을 유지하여야 하고, 가스차·살수차 또는 특수진압차의 최루탄발사대로 최루탄을 발사하는 경우에는 30도 이상의 발사각을 유지하여야 한다.
② 경찰관은 14세 이하의 자 또는 임산부에 대하여 전자충격기 또는 전자방패를 사용하여서는 아니 된다.
③ 분사기·최루탄 등에는 근접분사기·가스분사기·가스발사총(고무탄 발사겸용을 제외) 및 최루탄(그 발사장치를 포함)이 있다.
④ 경찰관은 범인의 체포 또는 도주방지, 타인 또는 경찰관의 생명·신체에 대한 방호, 공무집행에 대한 항거의 억제를 위하여 필요한 때에는 최소한의 범위 안에서 가스발사총을 사용할 수 있다. 이 경우 경찰관은 1미터 이내의 거리에서 상대방의 얼굴을 향하여 이를 발사하여서는 아니 된다.

27

계급제와 직위분류제에 관한 설명으로 가장 적절하지 않은 것은?

① 계급제는 사람중심, 직위분류제는 직무중심이며 계급제는 충원방식에서 폐쇄형을 직위분류제는 개방형을 채택하고 있고, 계급제는 인사배치의 신축성이 있으나 직위분류제는 보다 비융통적이다.
② 중간계급에의 진입을 허용하지 않는 계급제가 공직을 평생직장으로 이해하는 직업공무원제도의 정착에 보다 유리하다.
③ 계급제와 직위분류제의 관계는 양립될 수 없는 상호배타적인 관계가 아니라 서로의 결함을 시정할 수 있는 상호보완적인 관계에 있다고 볼 수 있다.
④ 직위분류제는 시험·채용·전직의 합리적 기준을 제공하여 인사행정의 합리화를 기할 수 있고, 동일직무에 대한 동일보수의 원칙을 확립함으로써 보수제도의 합리적 기준을 제시할 수 있으나, 전직이 제한되고 행정의 전문화가 곤란하며 권한과 책임의 한계가 불명확하고 신분보장이 미흡하다는 단점이 있다.

28

경찰예산의 편성에 관한 설명으로 가장 적절한 것은?

① 경찰청장은 매년 1월 31일까지 당해 회계연도부터 5회계연도 이상의 기간 동안의 신규사업 및 행정안전부장관이 정하는 주요 계속사업에 대한 중기사업계획서를 기획재정부장관에게 제출하여야 한다.
② 기획재정부장관은 국회의 심의를 거쳐 대통령의 승인을 얻은 다음 연도의 예산안편성지침을 매년 3월 31일까지 각 중앙관서의 장에게 통보하여야 한다.
③ 경찰청장은 예산안편성지침에 따라 그 소관에 속하는 당해 연도의 세입세출예산·계속비·명시이월비 및 국고채무부담행위 요구서를 작성하여 매년 5월 31일까지 기획재정부장관에게 제출하여야 한다.
④ 기획재정부장관은 각 중앙관서의 장에게 통보한 예산안편성지침을 국회예산결산특별위원회에 보고하여야 한다.

29

비밀에 관한 설명으로 옳지 않은 것은 모두 몇 개인가?

> ㉠ 비밀은 해당 등급의 비밀취급 인가를 받은 사람 중 그 비밀과 업무상 직접 관계가 있는 사람만 열람할 수 있다.
> ㉡ 비밀취급 인가를 받지 아니한 사람에게 비밀을 열람하거나 취급하게 할 때에는 국가정보원장이 정하는 바에 따라 소속 기관의 장(비밀이 군사와 관련된 사항인 경우에는 국방부장관)이 미리 열람자의 인적사항과 열람하려는 비밀의 내용 등을 확인하고 열람 시 비밀 보호에 필요한 자체 보안대책을 마련하는 등의 보안조치를 하여야 한다. 다만, Ⅰ급 비밀의 보안조치에 관하여는 국가정보원장과 미리 협의하여야 한다.
> ㉢ 중앙행정기관의 장은 그가 생산한 비밀을 보안심사위원회의 심의를 거쳐 공개할 수 있다. 다만, Ⅰ급 비밀의 공개에 관하여는 국가정보원장과 미리 협의하여야 한다.
> ㉣ 비밀은 암호화되지 아니한 상태로 정보통신 수단을 이용하여 접수하거나 발송해서는 아니 된다.
> ㉤ 각급기관의 장은 분기 1회 비밀 소유 현황을 조사하여 국가정보원장에게 통보하여야 한다.

① 1개   ② 2개   ③ 3개   ④ 4개

30

「공공기관의 정보공개에 관한 법률」의 내용으로 가장 적절하지 않은 것은?

① 모든 국민은 정보의 공개를 청구할 권리를 가지며, 외국인의 정보공개 청구에 관하여는 대통령령으로 정한다.
② 공공기관은 정보공개의 청구를 받으면 그 청구를 받은 날부터 10일 이내에 공개 여부를 결정하여야 한다.
③ 공공기관은 부득이한 사유로 ②에 따른 기간 이내에 공개 여부를 결정할 수 없을 때에는 그 기간이 끝나는 날의 다음 날부터 기산(起算)하여 10일의 범위에서 공개 여부 결정기간을 연장할 수 있다.
④ 공공기관은 공개 청구된 공개 대상 정보의 전부 또는 일부가 제3자와 관련이 있다고 인정할 때에는 그 사실을 제3자에게 3일 이내에 통지하여야 하며, 필요한 경우에는 그의 의견을 들을 수 있다.

31

「행정절차법」에 관한 설명으로 옳지 않은 것은 모두 몇 개인가?

> ㉠ 「행정절차법」상 적법절차의 원리는 국가의 모든 공권력의 작용에 적용되며, 행정에 대한 사전통제·사전구제제도로서 의의가 있다.
> ㉡ 「행정절차법」은 주로 절차적 규정만을 두고 있고 예외적으로 실체법 규정도 있다.
> ㉢ 「행정절차법」상 공청회는 행정입법 예고시에 적용되고 행정처분절차에는 적용되지 않는다.
> ㉣ 「행정절차법」상 의견청취절차는 청문, 공청회, 의견제출로 나누어진다.
> ㉤ 의견청취절차를 거치지 않은 불이익처분은 하자 있는 처분이 되어 취소할 수 있다는 것이 판례의 태도이다.

① 1개　② 2개　③ 3개　④ 4개

32

범죄예방(통제)이론에 관한 설명으로 가장 적절하지 않은 것은?

① 합리적 선택이론에서는 인간의 자유의지를 인정하는 비결정론적 인간관에 입각하여 범죄자는 비용과 이익을 계산하고 자신에게 유리한 경우에 범죄를 행한다고 본다.
② 사회발전을 통한 범죄예방이론에 대하여는 개인이나 소규모의 조직체에 의해 수행될 수 없다는 비판이 제기된다.
③ 상황적 범죄예방이론에서는 개인의 성장발달 과정의 차이에 의해 범죄 상황의 발생이 좌우된다고 본다.
④ 생태학적 이론은 어두운 거리에 가로등을 설치하는 등 범죄취약요인을 제거함으로써 범죄예방을 하고자 한다. CPTED는 그 대표적 예로서 환경설계를 통한 범죄예방 기법이다.

33

전통적 경찰활동과 지역사회 경찰활동에 관한 비교 설명으로 가장 적절하지 않은 것은?

① 전통적 경찰활동의 관점에서는 법집행을 주로 책임지는 정부기관이고, 지역사회 경찰활동의 관점에서는 경찰이 시민이고 시민이 경찰이다.
② 전통적 경찰활동의 언론 접촉 부서는 현장경찰관들에 대한 비판적 여론을 차단하는 것이고, 지역사회 경찰활동의 언론 접촉 부서는 지역사회와의 원활한 소통창구이다.
③ 전통적 경찰활동은 시민의 협조도로 경찰의 효과성을 결정하고, 지역사회 경찰활동은 신고에 대한 대응시간으로 경찰의 효과성을 결정한다.
④ 전통적 경찰활동은 범인검거율로 경찰업무를 평가하고, 지역사회 경찰활동은 범죄와 무질서가 얼마나 적은가에 의해 경찰업무를 평가한다.

34
「실종아동등 및 가출인 업무처리 규칙」의 내용에 관한 설명으로 옳지 <u>않은</u> 것은 모두 몇 개인가?

> ㉠ "발생지"란 실종아동등 또는 가출인을 발견하여 보호 중인 장소를 말하며, 발견한 장소와 보호 중인 장소가 서로 다른 경우에는 보호 중인 장소를 말한다.
> ㉡ "가출인"이란 신고 당시 보호자로부터 이탈된 18세 이상의 사람을 말한다.
> ㉢ 경찰관서의 장은 실종아동등에 대하여 현장 탐문 및 수색 후 그 결과를 즉시 보호자에게 통보하여야 한다. 이후에는 실종아동등 프로파일링시스템에 등록한 날로부터 1개월까지는 15일에 1회, 1개월이 경과한 후부터는 분기별 1회 보호자에게 추적 진행사항을 통보한다.
> ㉣ 발견된 18세 미만 아동 및 가출인의 데이터 베이스는 수배 해제 후로부터 5년간 보관한다.
> ㉤ 경찰관서의 장은 본인 또는 보호자의 동의를 받아 실종아동등 프로파일링시스템에서 데이터베이스로 관리하는 실종아동·가출인 및 보호시설 무연고자 자료를 인터넷 안전드림에 공개할 수 있다.

① 1개　② 2개　③ 3개　④ 4개

35
마약류에 관한 설명으로 옳지 <u>않은</u> 것은 모두 몇 개인가?

> ㉠ 프로포폴은 페놀계 화합물로 흔히 수면마취제라고 불리는 정맥마취제로서 수면내시경검사 마취 등에 사용되고, 환각제 대용으로 오남용되는 사례가 있으며, 정신적 의존성을 유발하기도 한다.
> ㉡ L.S.D는 내성이나 심리적 의존성이 있고 일부 남용자들은 실제로 사용하지 않는데도 환각현상을 경험하는 "플래시백 현상"을 일으키기도 한다.
> ㉢ 덱스트로 메트로판(일명 S정)은 청소년들 사이에서 소주 등에 타서 마시는데 이를 "정글주스"라고 한다.
> ㉣ 유흥업소종사자, 육체근로자, 운전기사 등을 중심으로 급속히 확산되고 있는 야바(YABA)는 카페인, 에페드린, 밀가루 등에 헤로인을 혼합한 것으로 순도가 낮다.
> ㉤ GHB는 짠맛이 나는 액체로 근육강화 호르몬 분비효과가 있으며, 통상 15분 후에 효과가 발현되며 3일간 지속된다.

① 1개　② 2개　③ 3개　④ 4개

36
다중범죄에 대한 설명으로 옳지 <u>않은</u> 것은 모두 몇 개인가?

> ㉠ 다중범죄의 특징으로 다중행태의 예측불가능성, 확신적 행동성, 조직적 연계성, 부화뇌동적 파급성, 이성적 행동성 등을 들 수 있다.
> ㉡ 다중범죄의 참여자는 자신의 주장 등이 옳다는 확신을 가지고 사회정의를 위하여 투쟁한다는 생각으로 투신이나 분신자살을 하는 등 과감하고 전투적인 행동을 하는 경우가 많다는 설명은 확신적 행동성에 대한 설명이다.
> ㉢ 다중범죄의 정책적 치료법 중 경쟁행위법은 특정사안의 불만집단에 대한 정보활동을 강화하여 사전에 불만 및 분쟁요인을 해소하는 것을 말한다.
> ㉣ 다중범죄 진압의 기본 원칙 중 봉쇄·방어는 시위대가 집단을 형성한 이후에 부대가 대형으로 진입하거나 장비를 사용하여 시위집단의 지휘·통제력을 차단하며 수 개의 소집단으로 분할시켜 시위의사를 약화시킴으로써 그 세력을 분산시키는 방법이다.

① 1개　② 2개　③ 3개　④ 4개

37
운전면허에 관한 설명으로 가장 적절하지 <u>않은</u> 것은?

① 운전면허는 크게 제1종 운전면허와 제2종 운전면허로 구분된다.
② 1종면허는 대형면허, 보통면허, 소형면허, 특수면허로 구분된다.
③ 1종 대형과 특수면허는 19세 이상으로 자동차(이륜자동차 제외)의 운전경험이 1년 이상인 사람만이 취득할 수 있고, 1종 보통과 소형면허는 18세 이상, 원동기장치자전거 면허는 16세 이상의 사람이 취득할 수 있다.
④ 연습운전면허는 장내 기능검정 합격자에 대해 교부되는 제1종 보통연습면허와 제2종 보통연습면허가 있고, 면허를 받은 날로부터 2년간의 효력을 가진다.

38
다음은 집회 및 시위에서 확성기 등의 대상 소음이 있을 때 소음의 측정과 관련된 내용이다. 괄호 안에 들어갈 숫자의 총합은?

> ㉠ 주거지역, 학교, 종합병원의 등가소음도 기준은 주간 (　)dB 이하, 야간 (　)dB, 심야 (　)dB 이하이다.
> ㉡ 그 밖의 지역의 등가소음도 기준은 주간 (　)dB 이하, 야간 (　)dB 이하이다.
> ㉢ 확성기 등의 대상소음이 있을 때 (　)분간 측정한 소음도를 측정소음도로 하고, 같은 장소에서 확성기 등의 대상소음이 없을 때 (　)분간 측정한 소음도를 배경소음도로 한다.
> ㉣ 측정소음도가 배경소음도보다 (　)dB 이상 크면 배경소음의 보정 없이 측정소음도를 대상소음도로 한다.

① 335　　② 345　　③ 355　　④ 365

39
다음은 정보의 요구방법 중 무엇에 해당하는가?

> 경찰청에서는 국민연금제도 실시에 대한 국민여론이 악화되자 정책수정을 위한 자료를 제공하고자 국민여론 및 연금납부실적 등에 대한 정보를 각 시·도경찰청별로 수집·보고하도록 지시하였다.

① OIR　　② SRI
③ PNIO　　④ EEI

40
「출입국관리법」상 내국인의 출국금지 조치에 관한 설명으로 가장 적절한 것은? (단, 기간 연장은 없음)

① 징역형이나 금고형의 집행이 끝나지 아니한 사람은 3개월 이내 기간 동안 출국을 금지할 수 있다.
② 소재를 알 수 없어 기소중지결정이 된 사람 또는 도주 등 특별한 사유가 있어 수사진행이 어려운 사람은 1개월 이내의 기간 동안 출국을 금지할 수 있다.
③ 기소중지결정이 된 경우로서 체포영장 또는 구속영장이 발부된 사람은 2개월 이내 출국을 금지할 수 있다.
④ 대통령령으로 정하는 금액이상의 벌금이나 추징금을 내지 아니한 사람은 6개월 이내 기간 동안 출국을 금지할 수 있다.

제6회 동형모의고사

01
경찰개념에 관한 설명으로 가장 적절한 것은?

① 경찰개념이 "공공의 평온, 안녕 및 질서를 유지하고 또한 공중 및 그 개개 구성원들에 대한 절박한 위험을 방지하기 위하여 필요한 조치를 취하는 것이다."라는 것은 복지경찰사상을 나타내는 것이다.
② 프랑스의 국가작용을 의미하는 경찰개념이 독일에 계수되어 생성된 'polizey'라는 용어는 공공복지라는 국가목적을 위하여 행하여지는 국가행정 중 교회가 가지고 있던 교회행정 권한을 제외한 일체의 국가행정을 의미했다.
③ 대륙법계 국가에서의 경찰은 주로 경찰행정학자들에 의해 정립된 개념으로 명령·강제하는 요소를 말한다.
④ 대륙법계의 경찰개념은 경찰을 규범적 강제작용 측면에 한정하여 공공의 안녕과 질서의 유지에 관계되고 그 실행방법이 명령적·강제적일 때에만 경찰에 해당한다고 봄으로써 경찰개념을 축소시키고 있다.

02
경찰개념을 소극적 질서유지로 제한하는 주요 법률과 판결을 시간적 순서대로 나열할 때 세 번째에 해당하는 것은?

① 자치체 경찰은 공공의 질서·안전 및 위생을 확보함을 목적으로 한다.
② 경찰관청이 일반수권규정에 근거하여 법규명령을 발할 수 있는 분야는 위험방지 분야에 한정된다.
③ 경찰은 공공의 질서·자유·재산 및 개인의 안전의 보호를 임무로 한다.
④ 공공의 평온·안녕 및 질서를 유지하고, 또한 공중 및 그의 개개 구성원들에 대한 절박한 위험을 방지하기 위하여 필요한 조치를 취하는 것은 경찰의 직무이다.

03
경찰의 지역관할의 예외인 국회에 관한 설명으로 가장 적절한 것은?

① 국회의장은 국회의 경호를 위하여 필요시 국회 상임위원회의 동의를 얻어 정부에 대하여 경찰관의 파견을 요청할 수 있으나, 이 경우에도 경찰관은 회의장 건물 밖에서만 경호하도록 제한되고 회의장 건물 내에서는 경위가 질서유지를 담당한다.
② 국회에서 경위와 경찰은 소속 지휘관의 지휘하에 질서유지를 담당한다.
③ 국회 안에 현행범인이 있을 때에는 경찰관은 국회의장의 지시를 받아 이를 체포한다.
④ 회의장 안에 국회의원이 있는 경우에는 의장의 명령 없이 체포할 수 없다.

04
공법과 사법에 관한 설명으로 가장 적절하지 않은 것은?

① 공법관계란 행정주체가 우월한 공권력의 주체(의사주체)로서 사인에 대하여 명령·강제하는 작용(권력작용)과 행정주체가 사업의 경영 또는 재산의 관리주체로서 사인에 대하는 관계 중 공행정(공공복리의 실현)으로 다루어지는 작용(관리작용)을 말한다.
② 행정주체가 우월적 지배자로서가 아니라 사인으로서 일반사인에 대하는 경우로 사법의 적용을 받는 관계를 행정상 사법관계라고 한다.
③ 국립교육대학의 학생에 대한 퇴학처분, 국유재산의 관리청이 그 무단점유자에 대하여 하는 변상금 부과처분은 공법상 관계에 해당한다.
④ 국가가 물품구매계약을 하고, 건설도급계약을 하며, 은행으로부터 일시차입을 하는 관계 등은 공법상 관계에 해당한다.

05

사회계약설로부터 도출되는 경찰활동의 기준(코헨과 펠드버그)에 관한 설명으로 가장 적절하지 않은 것은?

① 음주단속을 하던 경찰이 동료경찰관을 적발하고도 동료라는 이유로 눈감아 주었다면 '공공의 신뢰'를 저해하는 편들기에 해당한다.
② 탈주범이 자기 관내에 있다는 첩보를 입수하고도 이를 상부에 보고하지 않고, 단독으로 검거하려다 실패했다면 '협동과 팀워크'에 위배된다.
③ 경찰이 직무수행 과정에서 적법절차를 준수하고, 권한을 남용하거나 물리력을 과도하게 사용해서는 아니 되며, 오직 시민의 신뢰에 합당한 방식으로 권한을 행사하는 것은 '공공의 신뢰'에 해당한다.
④ '시민의 생명과 재산의 안전보호'가 사회계약의 목적이며, 법집행 자체가 사회계약의 궁극적인 목적은 아니다.

06

경찰서비스헌장의 내용으로 가장 적절하지 않은 것은?

① 범죄와 사고를 철저히 예방하고 법을 어긴 행위는 단호하고 엄정하게 처리하겠습니다.
② 국민이 필요로 하면 어디든지 바로 달려가 도와드리겠습니다.
③ 건전한 상식 위에 전문지식을 갈고 닦아 맡은 일을 성실하게 수행하는 근면한 경찰이 되겠습니다.
④ 국민의 안전과 편의를 제일 먼저 생각하며 성실히 직무를 수행하겠습니다.

07

경찰 관련 법원(성문법 및 불문법)에 관한 설명으로 옳지 않은 것은 모두 몇 개인가?

> ⊙ 「헌법」에 의하여 체결·공포된 조약과 일반적으로 승인된 국제법규도 경찰행정법의 법원으로 볼 수 있다.
> ⓒ 헌법재판소의 위헌결정은 국가경찰 및 자치경찰을 기속하므로 법원성이 인정된다.
> ⓒ 경찰행정법의 일반원칙인 평등의 원칙, 비례의 원칙, 권한남용금지의 원칙, 신뢰보호의 원칙은 「행정기본법」에 규정되어 있다.
> ⓔ 행정작용은 그 행정작용이 의도하는 공익이 행정작용으로 인한 국민의 이익 침해보다 크지 아니하여야 한다.
> ⓜ 행정청은 권한 행사의 기회가 있음에도 불구하고 장기간 권한을 행사하지 아니하여 국민이 그 권한이 행사되지 아니할 것으로 믿을 만한 정당한 사유가 있는 경우에는 그 권한을 행사해서는 아니 된다.

① 1개   ② 2개   ③ 3개   ④ 4개

08

권한의 위임과 대리에 관한 설명으로 옳지 않은 것은 모두 몇 개인가?

> ⊙ 권한의 위임이란 경찰관청이 권한의 일부를 다른 경찰기관에 이전하여 그 수임기관의 권한으로 그 수임기관이 위임기관의 명의와 책임하에서 행사하도록 하는 것을 말한다.
> ⓒ 권한의 위임은 경찰관청의 권한의 일부에 한해서만 가능하고, 권한의 전부위임 또는 주요부분의 위임은 허용되지 않는다.
> ⓒ 임의대리는 피대리관청의 수권행위에 의하여 대리관계가 발생하는 경우로, 원칙적으로 대리관계 형성에 법적 근거를 요하지 않으며, 복대리가 허용된다.
> ⓔ 법정대리는 법정사실 발생시 직접 법령규정에 의하여 대리관계가 발생하는 경우로, 원칙적으로 피대리관청의 대리자에 대한 지휘·감독이 가능하다.
> ⓜ '국무총리 유고시 대통령이 지정하는 국무위원의 국무총리 대리'는 협의의 법정대리에 해당한다.

① 2개   ② 3개   ③ 4개   ④ 5개

09

「국가경찰과 자치경찰의 조직 및 운영에 관한 법률」상 경찰청장에 관한 설명으로 옳지 않은 것은 모두 몇 개인가?

> ⊙ 경찰청장은 국가경찰위원회의 동의를 받아 행정안전부장관의 제청으로 국무총리를 거쳐 대통령이 임명한다. 이 경우 국회의 인사청문을 거쳐야 한다.
> ⓒ 경찰청장은 경찰의 수사에 관한 사무의 경우에는 개별 사건의 수사에 대하여 구체적으로 지휘·감독할 수 없다. 다만, 국민의 생명·신체·재산 또는 공공의 안전 등에 중대한 위험을 초래하는 긴급하고 중요한 사건의 수사에 있어서 경찰의 자원을 대규모로 동원하는 등 통합적으로 현장 대응할 필요가 있다고 판단할 만한 상당한 이유가 있는 때에는 국가수사본부장을 통하여 개별 사건의 수사에 대하여 구체적으로 지휘·감독할 수 있다.
> ⓒ 경찰청장은 ⓒ 단서에 따라 개별 사건의 수사에 대한 구체적 지휘·감독을 개시한 때에는 이를 행정안전부장관에게 보고하여야 한다.
> ⓔ 경찰청장은 ⓒ 단서의 사유가 해소된 경우에는 개별 사건의 수사에 대한 구체적 지휘·감독을 중단하여야 한다.
> ⓜ 경찰청장은 국가수사본부장이 ⓒ 단서의 사유가 해소되었다고 판단하여 개별 사건의 수사에 대한 구체적 지휘·감독의 중단을 건의하는 경우 특별한 이유가 없으면 이를 승인할 수 있다.

① 1개 ② 2개 ③ 3개 ④ 4개

10

「국가경찰과 자치경찰의 조직 및 운영에 관한 법률」상 시·도자치경찰위원회에 관한 설명으로 옳지 않은 것은 모두 몇 개인가?

> ⊙ 자치경찰사무를 관장하게 하기 위하여 시·도지사 소속으로 시·도자치경찰위원회를 둔다. 다만, 시·도에 2개의 시·도경찰청을 두는 경우 시·도지사 소속으로 2개의 시·도자치경찰위원회를 둘 수 있다.
> ⓒ 2개의 시·도자치경찰위원회를 두는 경우 해당 시·도자치경찰위원회의 명칭, 관할구역, 사무분장, 그 밖에 필요한 사항은 대통령령으로 정한다.
> ⓒ 시·도자치경찰위원회는 위원장 1명을 포함한 7명의 위원으로 구성하되, 위원장과 1명의 위원은 상임으로 하고, 5명의 위원은 비상임으로 한다.
> ⓔ 위원은 특정 성(性)이 10분의 6을 초과하지 아니하도록 노력하여야 하며, 위원 중 1명은 인권문제에 관하여 전문적인 지식과 경험이 있는 사람이 임명될 수 있도록 하여야 한다.
> ⓜ 판사·검사·변호사 또는 경찰의 직에 5년 이상 있었던 사람은 시·도자치경찰위원회 위원의 자격에 해당한다.

① 1개 ② 2개 ③ 3개 ④ 4개

11

「경찰 인권보호 규칙」에 관한 설명으로 옳지 않은 것은 모두 몇 개인가?

> ⊙ 경찰청장은 국민의 인권보호와 증진을 위하여 경찰 인권정책 기본계획을 5년마다 수립해야 한다.
> ⓒ 경찰청장은 경찰관등(경찰공무원으로 신규 임용될 사람은 제외한다)이 근무하는 동안 지속적·체계적으로 교육을 받을 수 있도록 3년 단위로 인권교육종합계획을 수립하여 시행해야 한다.
> ⓒ 경찰관서의 장은 ⓒ의 내용을 반영하여 매년 인권교육 계획을 수립하여 시행하여야 한다.
> ⓔ 인권보호담당관은 분기 1회 이상 인권영향평가의 이행 여부를 점검하고, 이를 경찰청 인권위원회에 제출하여야 한다.
> ⓜ 인권보호담당관은 인권침해를 예방하고 제도를 개선하기 위해 연 1회 이상 인권 관련 정책 이행 실태 등을 진단하여야 한다.

① 1개 ② 2개 ③ 3개 ④ 4개

12
경찰공무원의 신규임용에 있어서 채용후보자명부 및 채용후보자 등록에 관한 설명으로 가장 적절하지 않은 것은?

① 채용후보자로서 받은 교육훈련성적이 수료점수에 미달되거나 교육훈련 중 교육훈련을 계속할 수 없는 불가피한 사정으로 퇴학처분을 받은 때에는 채용후보자의 자격을 상실한다.
② 경찰청장은 신규채용시험에 합격한 자를 대통령령이 정하는 바에 의하여 성적순위에 따라 채용후보자명부에 등재하여야 한다.
③ 채용후보자명부의 유효기간은 2년으로 하되, 경찰청장은 필요에 따라 1년의 범위 안에서 그 기간을 연장할 수 있다.
④ 채용후보자등록을 하지 아니한 자는 경찰공무원으로 임용될 의사가 없는 것으로 본다.

13
시보임용에 관한 설명으로 옳지 않은 것은 모두 몇 개인가?

> ㉠ 경정 이하의 경찰공무원을 신규채용할 때에는 1년간 시보(試補)로 임용하고, 그 기간이 만료된 다음 날에 정규 경찰공무원으로 임용한다.
> ㉡ 휴직기간·직위해제기간 및 징계에 의한 정직, 감봉 또는 견책처분을 받은 기간은 시보임용 기간에 산입하지 아니한다.
> ㉢ 시보임용 중에 있는 경찰공무원은 근무성적이나 교육훈련성적이 현저히 불량하고, 앞으로 경찰공무원으로 근무하기에 부적당한 때에는 징계절차를 거쳐야만 면직시킬 수 있다.
> ㉣ 퇴직한 경찰공무원으로서 퇴직시에 재직한 계급의 채용시험에 합격한 자를 재임용하는 경우에는 시보임용의 예외사유에 해당한다.
> ㉤ 임용권자 또는 임용제청권자는 시보임용예정자가 교육훈련성적이 만점의 6할 미만이거나 생활기록이 극히 불량할 때에는 시보임용을 하지 아니할 수 있다.

① 1개 ② 2개 ③ 3개 ④ 4개

14
「경찰공무원 임용령」 제5조(임용시기)와 제6조(임용시기의 특례)에 관한 설명으로 가장 적절하지 않은 것은?

① 사망으로 인한 면직은 사망한 다음 날에 면직된 것으로 본다.
② 전사하거나 순직한 사람을 특별승진임용하는 경우 재직 중 사망한 경우에는 사망일의 전날, 퇴직 후 사망한 경우에는 퇴직일의 전날 임용된 것으로 본다.
③ 형사사건으로 기소되어 직위해제하는 경우에는 직위해제 처분일에 효력이 발생하는 것으로 본다.
④ 휴직 기간이 끝나거나 휴직 사유가 소멸된 후에도 직무에 복귀하지 아니하거나 직무를 감당할 수 없을 때 직권으로 면직시키는 경우에는 직권면직의 결정일에 면직된 것으로 본다.

15
경찰공무원의 변경에 관한 설명으로 가장 적절하지 않은 것은?

① 경찰공무원에게는 전직·강임·겸임은 적용되지 않는다.
② 승진소요 최저근무연수에는 휴직기간·직위해제기간·징계처분기간 및 승진임용 제한기간을 포함하지 아니한다.
③ 보통승진심사위원회는 위원장을 포함한 5명 이상 7명 이하의 위원으로 구성하고, 위원은 그 보통승진심사위원회가 설치된 경찰기관의 장이 승진심사대상자보다 상위계급인 경위 이상 소속 경찰공무원 중에서 임명한다.
④ 승진심사위원회의 회의는 비공개로 하고, 재적위원 과반수의 출석과 출석위원 과반수의 찬성으로 의결한다.

16
경찰공무원 고충심사에 관한 설명으로 가장 적절하지 않은 것은?

① 계급이 경사인 경찰공무원이 종교를 이유로 불합리한 차별을 겪어 고충을 당한 사안일 경우, 보통고충심사위원회에서 고충을 심사하는 것이 부적당하다고 인정될 경우에는 중앙고충심사위원회에서 심사할 수 있다.
② 경찰공무원 고충심사위원회를 두는 「경찰공무원법」 제31조 제1항에서 '대통령령이 정하는 경찰기관'이라 함은 경찰대학, 경찰인재개발원, 중앙경찰학교, 경찰수사연수원, 경찰서, 경찰기동대, 경비함정 기타 경정 이상의 경찰공무원을 장으로 하는 기관 중 행정안전부장관 또는 해양수산부장관이 지정하는 경찰기관을 말한다.
③ 경찰공무원 고충심사위원회는 위원장 1명을 포함하여 7명 이상 15명 이하의 공무원위원과 민간위원으로 구성한다. 이 경우 민간위원의 수는 위원장을 제외한 위원 수의 2분의 1 이상이어야 한다.
④ 경찰공무원 고충심사위원회의 위원장은 설치기관 소속 공무원 중에서 인사 또는 감사 업무를 담당하는 과장 또는 이에 상당하는 직위를 가진 사람이 된다.

17
경찰공무원의 의무에 관한 설명으로 옳지 않은 것은 모두 몇 개인가?

> ㉠ 비밀엄수의무위반은 징계의 원인이 될 뿐 「형법」상 처벌 대상은 되지 않는다.
> ㉡ 비밀의 범위에는 자신이 처리하는 직무와 직결된 직무에 한정되고 직무와 관련하여 알게 된 모든 비밀을 포함하는 것은 아니다.
> ㉢ 거짓보고금지의 의무는 「국가공무원법」상의 의무는 아니며 「경찰공무원법」상 의무에 속하는 것이다.
> ㉣ 공무원은 취임할 때에 소속기관장 앞에서 대통령령 등으로 정하는 바에 따라 선서(宣誓)하여야 한다. 다만, 불가피한 사유가 있으면 취임 후에 선서하게 할 수 있다.
> ㉤ 「국가공무원법」은 공무원의 청렴의무의 제도적 확보를 위하여 외국으로 부터의 선물에 대한 신고에 관하여 정하고 있다.
> ㉥ 「경찰공무원법」상 성실의 의무는 공무원의 기본적 의무로서 모든 의무의 원천이 된다.

① 3개 ② 4개 ③ 5개 ④ 6개

18
경찰공무원의 징계에 관한 설명으로 가장 적절하지 않은 것은?

① 동료 경찰관에 대한 성희롱을 이유로 징계에 의하여 해임처분을 받은 경찰관은 해임처분을 받은 때부터 3년이 지나면 경찰공무원으로 임용될 수 있다.
② 행위자가 업무매뉴얼에 규정된 직무상의 절차를 충실히 이행한 경우에 징계요구권자 또는 징계위원회는 「경찰공무원 징계양정 등에 관한 규칙」에 따라 징계책임을 감경하여 징계의결 요구 또는 징계의결하거나 징계책임을 묻지 아니할 수 있다.
③ '직무수행 능력이 부족한 때'는 「국가공무원법」상 징계 사유에 해당하지 않는다.
④ 「경찰공무원법」상 총경과 경정의 파면 및 해임, 경무관과 총경의 강등 및 정직은 경찰청장의 제청으로 행정안전부장관과 국무총리를 거쳐 대통령이 한다.

19
인사혁신처에 두는 소청심사위원회에 관한 설명으로 가장 적절하지 않은 것은?

① 행정기관 소속 공무원의 징계처분, 그 밖에 그 의사에 반하는 불리한 처분이나 부작위에 대한 소청을 심사·결정한다.
② 본인의 의사에 반한 불리한 처분에 관한 행정소송은 소청심사위원회의 심사·결정을 거치지 아니하면 제기할 수 없다.
③ 소청심사위원회의 취소명령 또는 변경명령 결정은 그에 따른 징계나 그 밖의 처분이 있기 전이라도 종전에 행한 징계처분에 영향을 미칠 수 있다.
④ 소청심사위원회는 처분의 취소 또는 변경을 구하는 심사 청구가 이유 있다고 인정되면 처분을 취소 또는 변경하거나 처분 행정청에 취소 또는 변경할 것을 명한다.

20

행정소송에 관한 설명으로 가장 적절하지 않은 것은?

① 명예퇴직한 법관이 미지급 명예퇴직수당액에 대하여 가지는 권리는 명예퇴직수당 지급대상자 결정절차를 거쳐 명예퇴직수당규칙에 의하여 확정된 공법상 법률관계에 관한 권리로서, 그 지급을 구하는 소송은 「행정소송법」의 당사자소송에 해당하며, 그 법률관계의 당사자인 국가를 상대로 제기하여야 한다.
② 지방자치단체의 장은 지방의회의 의결이 월권이거나 법령에 위반되거나 공익을 현저히 해친다고 인정되면 그 의결사항을 이송받은 날부터 20일 이내에 이유를 붙여 재의를 요구할 수 있고, 재의결된 사항이 법령에 위반된다고 인정되면 기관소송을 제기할 수 있다.
③ 관할 경찰청장은 운전면허와 관련된 처분권한을 각 경찰서장에게 위임하였고, 이에 따라 A경찰서장은 자신의 명의로 甲에게 운전면허정지처분을 하였다면, 甲의 운전면허정지처분 취소소송의 피고적격자는 A경찰서장이 아니라 관할 경찰청장이다.
④ 혈중알콜농도 0.13%의 주취상태에서 차량을 운전하다가 적발된 乙에게 관할 경찰청장이 「도로교통법」에 의거 운전면허취소처분을 하였을 경우, 乙은 행정심판을 거치지 아니하면 행정소송을 제기할 수 없다.

21

「행정기본법」상 행정상 강제의 정의에 관한 설명으로 가장 적절하지 않은 것은?

① 행정대집행 – 의무자가 행정상 의무(법령등에서 직접 부과하거나 행정청이 법령등에 따라 부과한 의무를 말한다)로서 타인이 대신하여 행할 수 있는 의무를 이행하지 아니하는 경우 법률로 정하는 다른 수단으로는 그 이행을 확보하기 곤란하고 그 불이행을 방치하면 공익을 크게 해칠 것으로 인정될 때에 행정청이 의무자가 하여야 할 행위를 스스로 하거나 제3자에게 하게 하고 그 비용을 의무자로부터 징수하는 것
② 이행강제금의 부과 – 의무자가 행정상 의무를 이행하지 아니하는 경우 행정청이 적절한 이행기간을 부여하고, 그 기한까지 행정상 의무를 이행하지 아니하면 금전급부의무를 부과하는 것
③ 강제징수 – 의무자가 행정상 의무 중 금전급부의무를 이행하지 아니하는 경우 행정청이 의무자의 재산에 실력을 행사하여 그 행정상 의무가 실현된 것과 같은 상태를 실현하는 것
④ 즉시강제 – 의무자가 행정상 의무를 이행하지 아니하는 경우 행정청이 의무자의 신체나 재산에 실력을 행사하여 그 행정상 의무의 이행이 있었던 것과 같은 상태를 실현하는 것

22

경찰권발동의 조리상 한계에 관한 설명으로 가장 적절하지 않은 것은?

① 경찰권 발동에 있어서 경찰공공의 원칙을 위반하면 그것은 당연히 위법행위로서 무효 또는 취소사유에 해당한다.
② 필요성의 원칙이란 경찰상의 조치가 비록 위험방지의 목적을 달성하는 데는 적합한 것이라 할지라도, 당해 목적을 달성하기 위하여 필요한 최소한의 범위 내에서만 경찰권 발동이 허용되어야 한다는 원칙으로 협의의 비례의 원칙이라고도 한다.
③ 경찰책임의 원칙은 경찰권의 한계 중 조리상 한계의 한 내용을 이루는 것으로서 실정법상 명문으로 인정된 것은 아니다.
④ 다수인의 행위 또는 다수인이 지배하는 물건의 상태로 인하여 하나의 질서위반 상태가 발생한 경우에는 일부 또는 전체에 대하여 경찰권 발동이 가능하다.

23
기속행위와 재량행위에 관한 설명으로 가장 적절하지 않은 것은?

① 기속행위란 행정에 있어서 법규가 어떤 요건하에 어떤 행위를 할 것인가를 명확하게 규정하고 있어서 행정청이 단순히 집행하게 하는 것을 기속행위라고 한다.
② 재량은 행정행위를 할 것인가 말 것인가를 결정하는 결정재량과 복수의 행정행위 중 어느 것을 할 것인가의 선택재량이 있다.
③ 자유재량행위를 위반한 경우에 징계의 대상이 될 뿐 아니라 위법한 것으로 되어 사법심사의 대상도 된다.
④ 법규가 행정청의 행위에 대하여 재량을 부여한 경우에는 그 범위 안에서 부관을 붙일 수 있으나, 기속행위는 특별한 규정이 없는 한 부관을 붙일 수 없다.

24
허가 및 하명에 관한 설명으로 옳지 않은 것은 모두 몇 개인가?

> ㉠ 절대적 금지는 허가를 유보한 금지로서 경찰허가라는 별도의 행정행위에 의해 비로소 금지가 해제된다.
> ㉡ 경찰하명이 있는 경우 경찰행정주체뿐만 아니라 이해관계에 있는 제3자는 의무이행을 강제할 수 있다.
> ㉢ 경찰허가는 언제나 경찰처분의 형식으로만 행하여진다.
> ㉣ 경찰허가인 때에는 반드시 허가내용이 신청내용과 일치될 필요는 없으며, 신청 내용의 일부를 변경하거나 부관을 붙여 허가하는 것도 가능하다.
> ㉤ 무허가행위는 강제집행이나 행정벌의 대상은 되지만, 행위자체는 유효하다.

① 1개   ② 2개   ③ 3개   ④ 4개

25
「행정조사기본법」에 관한 설명으로 가장 적절하지 않은 것은?

① 조세·형사·행형 및 보안처분에 관한 사항은 「행정조사기본법」을 적용하지 아니한다.
② 행정기관은 법령등에서 행정조사를 규정하고 있는 경우에 한하여 행정조사를 실시할 수 있다. 다만, 조사대상자의 자발적인 협조를 얻어 실시하는 행정조사의 경우에는 그러하지 아니하다.
③ 출석한 조사대상자가 출석요구서에 기재된 내용을 이행하지 아니하여 행정조사의 목적을 달성할 수 없는 경우를 제외하고는 조사원은 조사대상자의 1회 출석으로 당해 조사를 종결하여야 한다.
④ 행정조사를 실시하고자 하는 행정기관의 장은 출석요구서, 보고요구서·자료제출요구서 및 현장출입조사서를 조사개시 7일 전까지 조사대상자에게 서면 또는 구두로 통지하여야 한다.

26
「질서위반행위규제법」에 관한 설명으로 가장 적절하지 않은 것은?

① 행정청이 질서위반행위에 대하여 과태료를 부과하고자 하는 때에는 미리 당사자에게 대통령령으로 정하는 사항을 통지하고, 10일 이상의 기간을 정하여 의견을 제출할 기회를 주어야 한다. 이 경우 지정된 기일까지 의견 제출이 없는 경우에는 의견이 없는 것으로 본다.
② 행정청은 질서위반행위가 종료된 날(다수인이 질서위반행위에 가담한 경우에는 최종행위가 종료된 날을 말한다)부터 5년이 경과한 경우에는 해당 질서위반행위에 대하여 과태료를 부과할 수 없다.
③ ②에도 불구하고 행정청은 재판에 따른 법원의 결정이 있는 경우에는 그 결정이 확정된 날부터 1개월이 경과하기 전까지는 과태료를 정정부과 하는 등 해당 결정에 따라 필요한 처분을 할 수 있다.
④ 행정청의 과태료 부과에 불복하는 당사자는 과태료 부과 통지를 받은 날부터 60일 이내에 해당 행정청에 서면으로 이의제기를 할 수 있다.

27
「경찰관 직무집행법」에 관한 설명으로 옳지 않은 것은 모두 몇 개인가?

> ㉠ 경찰관은 범죄·재난·공공갈등 등 공공안녕에 대한 위험의 예방과 대응을 위한 정보의 수집·작성·배포와 이에 수반되는 사실의 확인을 할 수 있다.
> ㉡ 경찰청장 또는 해양경찰청장은 「경찰관 직무집행법」에 따른 경찰관의 직무수행을 위하여 외국 정부기관, 국제기구 등과 자료 교환, 국제협력 활동 등을 할 수 있다.
> ㉢ 법률에서 정한 절차에 따라 체포·구속된 사람 또는 신체의 자유를 제한하는 판결이나 처분을 받은 사람을 수용하기 위하여 경찰서와 지구대에 유치장을 둔다.
> ㉣ 경찰관은 직무수행 중 경찰장비를 사용할 수 있다. 다만, 사람의 생명이나 신체에 위해를 끼칠 수 있는 경찰장비를 사용할 때에는 필요한 안전교육과 안전검사를 받은 후 사용할 수 있다.
> ㉤ 경찰관은 경찰장비를 함부로 개조하거나 경찰장비에 임의의 장비를 부착하여 일반적인 사용법과 달리 사용함으로써 다른 사람의 생명·신체에 위해를 끼쳐서는 아니 된다.
> ㉥ 위해성 경찰장비의 종류 및 그 사용기준, 안전교육·안전검사의 기준 등은 행정안전부령으로 정한다.

① 1개　② 2개　③ 3개　④ 4개

28
예산에 관한 설명으로 옳지 않은 것은 모두 몇 개인가?

> ㉠ 수정예산이 예산안을 국회에 제출한 후 국회의 심의·확정 전에 내용을 수정하는 예산인 데 반해, 추가경정예산은 예산 성립 후에 생긴 사유로 예산금액을 추가 또는 변경시킨 예산이다.
> ㉡ 준예산이랑 새로운 회계연도가 개시될 때까지 예산안이 성립되지 못할 경우 전년도 예산에 준하여 집행할 수 있는 예산을 말한다.
> ㉢ 예산의 전용이란 예산집행상의 필요에 따라서 입법과목(장·관·항) 간의 예산금액을 상호 이용하는 것을 말하는 것으로 미리 국회의 의결과 기획재정부장관의 승인을 요한다.
> ㉣ 예산의 이용이란 예산집행상 필요에 따라 행정과목(세항·세목) 간의 경비를 상호 사용하는 것을 말하는 것으로 기획재정부장관의 승인을 요한다.
> ㉤ 예산총칙, 세입·세출예산, 계속비, 명시이월비, 국고채무부담행위는 예산의 과정상 분류에 해당한다.

① 1개　② 2개　③ 3개　④ 4개

29
「경찰장비관리규칙」상 무기·탄약의 회수 및 보관에 관한 설명으로 가장 적절하지 않은 것은?

① 경찰기관의 장은 무기를 휴대한 자 중에서 직무상의 비위 등으로 인하여 중징계 의결 요구된 자가 발생한 때에는 즉시 대여한 무기·탄약을 회수해야 한다.
② 경찰기관의 장은 무기를 휴대한 자 중에서 직무상의 비위 등으로 인하여 감찰조사의 대상이 되거나 경징계 의결 요구 또는 경징계 처분 중인 자가 있을 때에는 무기 소지 적격 심의위원회의 심의를 거쳐 대여한 무기·탄약을 회수할 수 있다.
③ 경찰기관의 장은 무기를 휴대한 자 중에서 형사사건의 수사 대상이 된 자가 있을 때에는 무기 소지 적격 심의위원회의 심의를 거쳐 대여한 무기·탄약을 회수할 수 있다.
④ 경찰기관의 장은 무기를 휴대한 자 중에서 술자리 또는 연회장소에 출입할 경우에는 대여한 무기·탄약을 무기고에 보관할 수 있다.

30
「보안업무규정」 및 「보안업무규정 시행규칙」에 관한 설명으로 가장 적절한 것은?

① 비밀은 그 중요성과 가치의 정도에 따라 'Ⅰ급비밀'·'Ⅱ급비밀'·'Ⅲ급비밀'로 구분하며, 비밀 중에 직무 수행상 특별히 보호가 필요한 사항은 '대외비'로 한다.
② 비밀의 분류원칙은 「보안업무규정」에 규정되어 있으며, 비밀은 적절히 보호할 수 있는 최고등급으로 분류하되, 과도하거나 과소하게 분류해서는 아니 된다.
③ Ⅰ급비밀의 일부 또는 전부에 대해서는 그 생산자의 허가를 받은 경우 모사(模寫)·타자(打字)·인쇄·조각·녹음·촬영·인화(印畵)·확대 등 그 원형을 재현(再現)하는 행위를 할 수 있다.
④ 비밀을 복제하거나 복사한 경우에는 그 원본과 동일한 비밀등급과 예고문을 기재하여야 하고, 이에 따른 예고문에 재분류 구분이 '파기'로 되어 있더라도 원본의 파기 시기보다 그 시기를 앞당길 수 없다.

31
「공공기관의 정보공개에 관한 법률」에 관한 설명으로 가장 적절한 것은?

① 청구인이 정보공개와 관련한 공공기관의 비공개 결정 또는 부분 공개 결정에 대하여 불복이 있거나 정보공개 청구 후 20일이 경과하도록 정보공개 결정이 없는 때에는 공공기관으로부터 정보공개 여부의 결정 통지를 받은 날 또는 정보공개 청구 후 20일이 경과한 날부터 30일 이내에 해당 공공기관에 문서로 이의신청을 할 수 있다.
② 정보공개 및 우송 등에 소요되는 비용은 실비의 범위 안에서 행정청의 부담으로 한다.
③ 정보공개청구에 대하여 공공기관이 공개거부결정을 내린 경우, 청구인은 이 결정에 대하여 30일 이내에 직근상급기관에 이의신청을 할 수 있다.
④ 공공기관은 이의신청을 받은 날부터 10일 이내에 그 이의신청에 대하여 결정하고 그 결과를 청구인에게 지체 없이 문서로 통지하여야 한다.

32
범죄의 예방에 관한 설명으로 옳은 것은 모두 몇 개인가?

> ㉠ '깨진 유리창 이론'은 무관용 정책과 집합효율성의 강화가 범죄를 예방하는 데 중요한 기여를 한다고 주장한다.
> ㉡ 집합효율성이론은 지역사회의 구성원들이 범죄문제를 해결하기 위해 적극적으로 참여하는 것이 중요한 범죄예방의 열쇠로 본다.
> ㉢ '방어공간이론'은 주거에 대한 영역성의 강화를 통해 주민들이 살고 있는 지역이나 장소를 자신들의 영역이라 생각하고 감시를 게을리 하지 않으면 어떤 지역이든 범죄로부터 안전할 수 있다고 주장한다.
> ㉣ 범죄패턴이론은 지리적 프로파일링을 통한 범죄지역의 예측활성화에 기여한다.
> ㉤ 상황적 범죄예방이론은 범죄가 다른 곳으로 전이되어 전체 범죄는 줄지 않고, 국가통제사회가 될 가능성이 있다는 비판을 받고 있다.

① 2개　② 3개　③ 4개　④ 5개

33
환경설계를 통한 범죄예방의 기본원리에 관한 설명으로 가장 적절한 것은?

① 자연적 감시의 종류에는 조명·조경·가시권 확대를 위한 건물의 배치가 있다.
② 영역성의 강화는 일정한 지역에 접근하는 사람들을 정해진 공간으로 유도하거나 외부인의 출입을 통제하도록 설계함으로써 접근에 대한 심리적 부담을 증대시켜 범죄를 예방하는 원리이다.
③ 자연적 접근통제는 지역사회의 설계시 주민들이 모여서 상호의견을 교환하고 유대감을 증대할 수 있는 공공장소를 설치하고 이용하도록 함으로써 '거리의 눈'을 활용한 자연적 감시와 접근통제의 기능을 확대하는 원리이다.
④ 활동의 활성화의 종류에는 벤치·정자의 위치 및 활용성에 대한 설계, 출입구의 최소화가 있다.

34
「아동·청소년의 성보호에 관한 법률」상 아동·청소년대상 디지털 성범죄의 수사 특례에 관한 설명으로 옳지 않은 것은 모두 몇 개인가?

> ㉠ 신분위장수사의 기간은 3개월을 초과할 수 없으며, 그 수사기간 중 수사의 목적이 달성되었을 경우에는 즉시 종료하여야 한다.
> ㉡ 신분위장수사기간을 연장할 필요가 있는 경우에는 사법경찰관리는 소명자료를 첨부하여 3개월의 범위에서 수사기간의 연장을 검사에게 신청하고, 검사는 법원에 그 연장을 청구한다. 이 경우 신분위장수사의 총 기간은 6개월을 초과할 수 없다.
> ㉢ 사법경찰관리는 긴급 신분위장수사 개시 후 지체 없이 검사에게 허가를 신청하여야 하고, 사법경찰관리는 48시간 이내에 법원의 허가를 받지 못한 때에는 즉시 신분위장수사를 중지하여야 한다.
> ㉣ 국가수사본부장은 신분비공개수사가 종료된 즉시 대통령령으로 정하는 바에 따라 같은 국가경찰위원회에 수사 관련 자료를 보고하여야 한다.
> ㉤ 국가수사본부장은 대통령령으로 정하는 바에 따라 국회 소관 상임위원회에 신분비공개수사 관련 자료를 분기별로 보고하여야 한다.

① 1개　② 2개　③ 3개　④ 4개

35
「가정폭력범죄의 처벌 등에 관한 특례법」에 관한 설명으로 가장 적절하지 않은 것은?

① 피해자는 「형사소송법」 제224조에도 불구하고 가정폭력행위자가 자기 또는 배우자의 직계존속인 경우에도 고소할 수 있다.
② 피해자에게 고소할 법정대리인이나 친족이 없는 경우에 이해관계인이 신청하면 검사는 10일 이내에 고소할 수 있는 사람을 지정하여야 한다.
③ 사법경찰관은 응급조치에도 불구하고 가정폭력범죄가 재발될 우려가 있고, 긴급을 요하여 검사의 임시조치 결정을 받을 수 없을 때에는 직권 또는 피해자나 그 법정대리인의 신청에 의하여 긴급임시조치를 할 수 있다.
④ 임시조치의 청구는 긴급임시조치를 한 때부터 48시간 이내에 청구하여야 하며, 긴급임시조치결정서를 첨부하여야 한다.

36
「통합방위법」에 관한 설명으로 가장 적절한 것은?

① 중앙 통합방위협의회의 의장은 국무총리, 지역 통합방위협의회의 의장은 시·도지사, 통합방위본부장은 합동참모의장이다.
② 을종사태란 적의 침투·도발 위협이 예상되거나 소규모의 적이 침투하였을 때에 시·도경찰청장, 지역군사령관 또는 함대사령관의 지휘·통제하에 통합방위작전을 수행하여 단기간 내에 치안이 회복될 수 있는 사태를 의미한다.
③ 시·도경찰청장, 지역군사령관 또는 함대사령관은 통합방위사태가 선포된 때에는 인명·신체에 대한 위해를 방지하기 위하여 즉시 작전지역에 있는 주민이나 체류 중인 사람에게 대피할 것을 명할 수 있다.
④ 행정안전부장관 또는 국방부장관은 둘 이상의 시·도에 걸쳐 을종사태에 해당하는 상황이 발생하였을 때 즉시 국무총리를 거쳐 대통령에게 통합방위사태의 선포를 건의하여야 한다.

37
교통사고에 관한 설명으로 가장 적절하지 않은 것은? (다툼이 있는 경우 판례에 의함)

① 선행 교통사고와 후행 교통사고 중 어느 쪽이 원인이 되어 피해자가 사망에 이르게 되었는지 밝혀지지 않은 경우 후행 교통사고를 일으킨 사람의 과실과 피해자의 사망 사이에 인과관계가 인정되기 위해서는 후행 교통사고를 일으킨 사람이 주의의무를 게을리하지 않았다면 피해자가 사망에 이르지 않았을 것이라는 사실이 증명되어야 하고, 그 증명책임은 검사에게 있다.
② 피고인이 야간에 오토바이를 운전하다가 전방좌우의 주시를 게을리한 과실로 도로를 횡단하던 피해자를 충격하여 피해자로 하여금 위 도로상에 넘어지게 하고, 그로부터 약 40초 내지 60초 후에 다른 사람이 운전하던 타이탄트럭이 도로위에 전도되어 있던 피해자를 역과하여 사망하게 한 경우 피고인의 과실행위와 피해자의 사망사이에는 상당인과관계가 있다.
③ 신호위반으로 교통사고를 야기한 자가 신호위반의 범칙금을 납부하였더라도, 「교통사고처리 특례법」상 신호위반으로 인한 업무상과실치상죄의 죄책을 물을 수 있다.
④ 사고 운전자가 자신의 명함을 주고 택시 기사에게 피해자의 병원 이송을 의뢰하였으나 피해자가 경찰이 도착하기 전에는 병원에 가지 않겠다고 하여 이송을 못하고 있는 사이 사고운전자가 현장을 이탈한 경우 「특정범죄 가중처벌 등에 관한 법률」 위반(도주차량)죄에 해당하지 않는다.

38
「집회 및 시위에 관한 법률」에 관한 설명으로 가장 적절하지 않은 것은?

① 「집회 및 시위에 관한 법률」 제16조 제2항은 질서유지인의 자격에 대해 '18세 이상의 사람'을 질서유지인으로 임명할 수 있도록 규정하고 있을 뿐 그 능력이나 자격 또는 전문성에 관해 규정하고 있지 않다.
② 「제주특별자치도 설치 및 국제자유도시 조성을 위한 특별법」에 의해 제주자치도 자치경찰단과 자치경찰대는 제2조 제6호의 '경찰관서'에 해당한다.
③ 질서유지선 설정은 서면으로 고지하여야 하나 상황에 따라 새로이 설정하거나 변경하는 경우에는 집회 또는 시위의 장소에 있는 경찰관이 구두로 고지할 수 있다.
④ 집회주최자가 집회 도중 일정 수준 이상의 소음을 발생시키는 확성기, 북, 징, 꽹과리 등을 사용하는 경우 관할 경찰서장은 확성기 등에 대해 사용중지를 명하거나 일시보관 등 필요한 조치를 할 수 있다.

39

「보안관찰법」에 관한 설명으로 가장 적절하지 않은 것은?

① 보안관찰처분에 관한 결정은 보안관찰 심의위원회의 의결을 거쳐 법무부장관이 행한다.
② 법무부장관은 보안관찰 심의위원회의 의결과 다른 결정을 할 수 없다. 다만, 보안관찰처분대상자에 대하여 위원회의 의결보다 유리한 결정을 하는 때에는 그러하지 아니하다.
③ 검사는 피보안관찰자가 도주하거나 1월 이상 그 소재가 불명한 때에는 보안관찰처분의 집행중지결정을 할 수 있다. 그 사유가 소멸된 때에는 7일 이내에 그 결정을 취소하여야 한다.
④ 「보안관찰법」에 의한 법무부장관의 결정을 받은 자가 그 결정에 이의가 있을 때에는 「행정소송법」이 정하는 바에 따라 그 결정이 집행된 날부터 60일 이내에 서울고등법원에 소를 제기할 수 있다.

40

인터폴에서 발행하는 국제수배서에 관한 설명으로 가장 적절하지 않은 것은?

① 흑색수배서(가출인수배서) – 실종자 소재확인 목적 발부
② 녹색수배서(상습국제범죄자 수배서) – 우범자 정보제공 목적 발부
③ 보라색수배서(범죄수법수배서) – 범죄수법 정보제공 목적 발부
④ 청색수배서(국제정보조회수배서) – 범죄관련인 소재확인 목적 발부

제7회 동형모의고사

제한시간 /40분 점수 /100점

01
경찰개념과 형성과정에 관한 설명으로 옳지 <u>않은</u> 것은 모두 몇 개인가?

> ㉠ 1756년 독일의 후기 관방학자인 J. H. Justi의 '경찰학의 원리'라는 책에서 경찰학이라는 용어가 등장하였다.
> ㉡ 프랑스의 국가작용을 의미하는 경찰개념이 독일에 계수되어 생성된 'polizey'라는 용어는 공공복지라는 국가목적을 위하여 행하여지는 국가행정 중 내무행정을 제외한 일체의 국가행정을 의미했다.
> ㉢ 경찰국가에서는 군주주권론을 사상적 기초로 하여, 소극적 치안유지뿐만 아니라 적극적인 공공복리의 증진을 위한 강제력의 행사도 경찰의 개념에 포함되었다.
> ㉣ 프랑스에서는 1795년 경죄처벌법전 제16조에서 "자치체 경찰은 공공의 질서·안전 및 위생을 확보함을 목적으로 한다."라고 규정하였다.
> ㉤ 프로이센 경찰행정법(1931년)은 경찰의 직무를 적극적 복리증진으로 규정했다.

① 1개 ② 2개 ③ 3개 ④ 4개

02
다음 중 가장 적절하지 <u>않은</u> 것은?

① 불심검문은 대인적 즉시강제로 실질적 의미의 경찰에만 해당하나 보안경찰, 예방경찰, 질서경찰로서의 성질은 모두 가지고 있다.
② 협의의 행정경찰은 다른 행정작용에 부수하여 그 행정부문의 작용에 관하여 발생하는 장해를 방지·제거함으로써 당해 경찰 목적의 달성을 권력적으로 담보하는 특수한 경찰작용으로, 제도상으로는 경찰이라고 불리지 않는다.
③ 총포·화약류의 취급제한은 사전에 범죄와 위해의 발생을 방지하기 위한 권력적 작용으로 예방경찰에 해당한다.
④ 교통위반자에 대한 처분은 강제력을 수단으로 하는 질서경찰이다.

03
경찰의 임무를 공공의 안녕과 질서에 대한 위험의 방지라고 정의할 때, 위험에 관한 설명으로 가장 적절한 것은?

① '위험'은 보호받는 개인 및 공동의 법익에 관한 정상적 상태의 객관적 감소를 뜻한다.
② 위험에 대한 인식은 외관적 위험, 위험혐의, 추상적 위험으로 구분할 수 있다.
③ '위험혐의'란 경찰이 의무에 합당한 사려 깊은 판단을 할 때 실제로 위험의 가능성은 예측되나 불확실한 경우를 말한다.
④ 외관적 위험에 대한 경찰권 발동은 경찰상 위험에 해당하는 적법한 개입이므로 경찰관에게 민·형사상 책임을 물을 수 없고, 국가의 손실보상책임도 발생하지 않는다.

04
코헨과 펠드버그가 제시한 윤리표준에 관한 구체적 내용의 위반사례에 해당하지 <u>않는</u> 것은?

① 경찰관 甲은 순찰근무 중 정지신호를 무시하고 달아나는 10대 오토바이 운전자를 향해 권총을 발사하여 사망하게 하였다. - 공공의 신뢰
② 광역수사대 형사 乙은 수배자 A가 자기 관내에 있다는 첩보를 입수하고도 이를 팀장과 광역수사대장에게 보고하지 않고 단독으로 검거하려다 실패하였다. - 협동과 팀워크
③ 불법 오토바이를 단속한 지구대 경찰관 丙은 정지명령에 불응하는 오토바이를 향하여 과도하게 추적한 결과, 오토바이 운전자가 중앙선을 침범하여 마주오던 차량과 충돌하여 사망하였다. - 시민의 생명과 재산의 안전
④ 경찰관 丁은 혼자 순찰 중 검은 복면을 한 강도가 칼을 들고 편의점 직원을 위협하는 것을 보고 신변의 위험을 느껴 모른 척하고 지나갔다. - 객관적 자세

05
한국경찰의 역사에 관한 설명으로 가장 적절하지 않은 것은?

① 경찰사무에 관한 취극서에 의해 재한국 일본인에 대한 경찰사무의 지휘감독권을 일본관헌의 지휘를 받도록 하였다.
② 3·1운동을 계기로 헌병경찰제도에서 보통경찰제도로 전환되었지만 경찰의 직무와 권한에는 변화가 없었다.
③ 일제식민지기에는 치안수요가 많은 도시나 개항장에 헌병경찰을 주로 배치하였다.
④ 일본헌병은 최초 한성과 부산 간의 군용전신선 보호명목으로 주둔하였다.

06
각국의 경찰제도에 관한 설명으로 옳지 않은 것은 모두 몇 개인가?

> ㉠ 일본의 경찰조직은 국가경찰인 경찰청과 관구경찰국, 도도부현경찰인 동경도경시청과 도부현경찰본부 등 2중체제로 구성되어 있다.
> ㉡ 프랑스경찰은 국가경찰체제로서 내무부장관의 지휘하에 전국적인 조직을 갖고 있다.
> ㉢ 영국경찰은 직접 법관에게 영장을 청구할 수 없다.
> ㉣ 미국경찰은 일반적으로 통합적인 법집행체제를 가지고 있다.
> ㉤ 독일은 검사가 수사의 주재자이나 자체적인 집행기관이 없어 소위 팔 없는 머리라 불린다.

① 1개   ② 2개   ③ 3개   ④ 4개

07
법과 경찰활동의 관계에 관한 설명으로 옳지 않은 것은 모두 몇 개인가?

> ㉠ 법률에 일정한 행위를 일정한 요건하에 수행하도록 수권하는 근거규정이 없으면 경찰기관은 자기의 판단에 따라 독창적으로 행위를 할 수 없다는 것을 법률유보의 원칙이라 한다.
> ㉡ 경찰관이 조직법상의 직무범위 외의 행위를 하였을 경우 그것은 직무행위로 볼 수 없으며, 그 효과도 국가에 귀속되지 않는다는 것은 법률우위에 관한 설명이다.
> ㉢ 법률우위의 원칙은 모든 경찰활동에 적용된다.
> ㉣ 특별권력관계에서는 법치행정의 원리가 적용되지 않는다.
> ㉤ 법률유보의 원칙상 비권력적 수단의 경우에는 법률의 구체적이고 개별적 수권은 필요하지 않다.

① 1개   ② 2개   ③ 3개   ④ 4개

08
조리에 관한 설명으로 가장 적절한 것은?

① 운전면허취소사유에 해당하는 음주운전을 적발한 경찰관의 소속 경찰서장이 사무착오로 위반자에게 운전면허정지처분을 한 상태에서 위반자의 주소지 관할 지방경찰청장이 위반자에게 운전면허취소처분을 한 것은 선행처분에 대한 당사자의 신뢰 및 법적 안정성을 저해하는 것으로는 볼 수 없다.
② 지방자치단체장이 사업자에게 주택사업계획승인을 하면서 그 주택사업과는 아무런 관련이 없는 토지를 기부채납하도록 하는 부관을 붙인 경우에는, 기부채납한 토지 가액이 그 주택사업 계획의 100분의 1 상당의 금액에 불과하고 사업자가 이의를 제기하지 아니하다가 지방자치단체장이 업무착오로 기부채납한 토지에 대하여 보상협조요청서를 보내자 그때서야 비로소 부관의 하자를 들고 나왔다고 하더라도 그 부관은 당연무효이다.
③ 甲이 혈중알코올농도 0.140%의 주취상태로 배기량 125cc초과의 이륜자동차를 운전하였다는 이유로 甲의 자동차운전면허[제1종 대형, 제1종 보통, 제1종 특수(대형견인·구난), 제2종 소형]를 취소한 것은 甲이 음주상태에서 운전을 하지 않으면 안 되는 부득이한 사정이 없었더라도 재량권을 일탈·남용한 것이다.
④ 부당결부금지의 원칙은 현행법상 명시적인 규정은 없지만 법치국가의 원리와 자의금지의 원칙으로부터 도출되는 행정법의 일반원칙이다.

09
위임명령과 집행명령에 관한 설명으로 가장 적절하지 않은 것은?

① 위임명령과 집행명령은 모두 법규명령으로서 법규성을 가지고 있다.
② 위임명령은 새로운 입법사항의 규정이 아니므로 법률의 구체적인 수권이 없어도 가능하다.
③ 집행명령은 조직법상 일반적 수권을 근거로 제정이 가능하다.
④ 위임명령은 법률 또는 상위의 명령에서 구체적으로 범위를 정하여 위임받은 사항을 정하는 일종의 법률보충적 법규명령이다.

10
권한의 위임 및 대리에 관한 설명으로 가장 적절하지 않은 것은?

① 권한의 대리 행위에 대한 항고소송의 피고는 대리관청이다.
② 임의대리의 경우 대리자는 대리권의 행사에 있어 피대리관청의 지휘감독을 받는다.
③ 권한의 위임이 행하여진 때에 수임기관은 자기의 명의와 책임에서 그 권한을 행사한다.
④ 법정대리에서 대리권행사에 대한 책임은 전적으로 대리인 자신이 진다.

11
「국가경찰과 자치경찰의 조직 및 운영에 관한 법률」상 국가경찰위원회의 심의·의결 사항에 해당하지 않는 것은 모두 몇 개인가?

> ㉠ 국가경찰사무에 관한 인사, 예산, 장비, 통신 등에 관한 주요정책 및 경찰 업무 발전에 관한 사항
> ㉡ 국가경찰사무와 관련한 다른 국가기관으로부터의 업무협조 요청에 관한 사항
> ㉢ 제주특별자치도의 자치경찰에 대한 경찰의 지원·협조 및 협약체결의 조정 등에 관한 주요 정책사항
> ㉣ 시·도자치경찰위원회 위원 추천, 자치경찰사무에 대한 주요 법령·정책 등에 관한 사항, 시·도자치경찰위원회 의결에 대한 재의 요구에 관한 사항
> ㉤ 지방행정과 치안행정의 업무조정과 그 밖에 필요한 협의·조정

① 1개   ② 2개   ③ 3개   ④ 4개

12
「경찰 인권보호 규칙」상 경찰청 및 시·도경찰청 인권위원회에 관한 설명으로 가장 적절하지 않은 것은?

① 위촉 위원은 인권 분야에 전문적인 지식과 경험이 있고 학교에서 교원 또는 교직원으로 3년 이상 근무한 경력이 있는 사람 중에서 경찰청장 또는 시·도경찰청장이 위촉한다.
② 위원장은 경찰청장이 임명·위촉하며, 위원은 당연직 위원과 위촉 위원으로 구분한다.
③ 「공직선거법」에 따라 실시하는 선거에 의하여 취임한 공무원이거나 그 직에서 퇴직한 날부터 3년이 지나지 아니한 사람은 위원이 될 수 없다.
④ 특별한 사유 없이 연속으로 정기회의에 3회 불참 등 직무를 태만히 한 경우에는 청장은 위원회의 의견을 들어 위원을 해촉할 수 있다.

13
경찰공무원의 경과에 관한 설명으로 가장 적절하지 않은 것은?

① 임용권자 또는 임용제청권자는 경찰공무원을 신규채용할 때에 경과를 부여하여야 한다.
② 경과는 총경 이하의 모든 경찰공무원에게 부여하여야 하며, 수사경과와 보안경과는 경정이하 계급에 부여한다.
③ 수사경과 유효기간은 수사경과 발령일 또는 갱신일로부터 5년으로 하며, 수사경과자는 수사경과 유효기간 내에 언제든지 수사경과를 갱신할 수 있다.
④ 직무 관련 금품·향응 수수, 중대한 인권침해 행위로 징계처분을 받는 경우에는 수사경과를 해제할 수 있다.

14
경찰공무원의 임용에 관한 설명으로 옳지 않은 것은 모두 몇 개인가?

> ㉠ 임용은 신규채용·승진임용·전보·파견·휴직·정직·강등·직위해제·복직·면직·해임 및 파면 등을 모두 포함하는 개념이다.
> ㉡ 신규채용은 일반인과 임용권자 사이의 쌍방적 행정행위로서의 법적 성질과 상대방의 동의를 요건으로 한다는 점에서 공법상 계약으로 보는 견해가 존재한다.
> ㉢ 종전의 재직기관에서 정직 이상의 징계처분을 받은 사람은 경력경쟁채용의 결격사유에 해당한다.
> ㉣ 임용장 교부는 임명행위를 형식적으로 표시하는 선언적·공증적 효력을 가짐에 그치며 임용의 유효요건에 해당하지 않는다.
> ㉤ 경찰공무원은 임용장이나 임용통지서에 적힌 날짜에 임용된 것으로 보며, 임용일자를 소급해서는 아니 된다.

① 1개 ② 2개 ③ 3개 ④ 4개

15
「경찰공무원 임용령」 제4조(임용권의 위임)에 관한 설명으로 가장 적절하지 않은 것은?

① 경찰청장은 수사부서에서 경정을 보직하는 경우에는 국가수사본부장의 추천을 받아야 한다.
② 시·도자치경찰위원회는 임용권을 행사하는 경우에는 시·도경찰청장의 추천을 받아야 한다.
③ 시·도경찰청장 및 경찰서장은 지구대장 및 파출소장을 보직하는 경우에는 시·도자치경찰위원회의 의견을 사전에 들어야 한다.
④ 소속기관등의 장은 경감 또는 경위를 신규채용하거나 경위 또는 경사를 승진시키려면 미리 경찰청장의 승인을 받아야 한다.

16
면직에 관한 설명으로 가장 적절하지 않은 것은?

① 의원면직의 경우 면직효과의 발생시기는 사직의 명시적 의사표시가 있음으로써 성립한다.
② 직권면직은 경찰공무원 본인의 의사와는 관계없이 임용권자의 일방적인 의사에 의하여 경찰공무원 신분을 박탈하는 것을 말한다.
③ 경찰공무원이 직권면직사유에 해당하는 경우에 임용권자는 직권에 의해 면직시킬 수 있다.
④ 처분사유 설명서는 소청심사위원회에서 소청을 청구할 수 있는 기회를 부여하므로 사전적 절차로서의 의의를 갖는다.

17
「공직자윤리법」상 재산등록의무 및 재산공개의무에 관한 설명으로 가장 적절하지 않은 것은?

① 「공직자윤리법」은 총경(자치총경을 포함한다) 이상의 경찰공무원, 「공직자윤리법」 시행령은 경사(자치경사을 포함한다) 이상 경정(자치경정을 포함한다) 이하의 경찰공무원을 재산등록의무대상자로 규정하고 있다.
② 등록의무자가 등록할 재산은 본인, 배우자(사실상의 혼인관계에 있는 사람은 제외한다), 본인의 직계존속·직계비속(다만, 혼인한 직계비속인 여성과 외증조부모, 외조부모, 외손자녀 및 외증손자녀는 제외한다)의 재산(소유 명의와 관계없이 사실상 소유하는 재산, 비영리법인에 출연한 재산과 외국에 있는 재산을 포함한다)으로 한다.
③ 공직자는 등록의무자가 된 날부터 2개월이 되는 날이 속하는 달의 말일까지 등록의무자가 된 날 현재의 재산을 등록기관에 등록하여야 한다.
④ 공직자윤리위원회는 관할 등록의무자 중 치안감 이상의 경찰공무원 및 특별시·광역시·특별자치시·도·특별자치도의 시·도경찰청장에 해당하는 공직자 본인과 배우자 및 본인의 직계존속·직계비속의 재산에 관한 등록사항과 변동사항 신고내용을 등록기간 또는 신고기간 만료 후 1개월 이내에 관보 또는 공보에 게재하여 공개하여야 한다.

18

「공직자의 이해충돌 방지법」에 관한 설명으로 가장 적절하지 않은 것은?

① 사건의 수사·재판·심판·결정·조정·중재·화해 또는 이에 준하는 직무를 수행하는 공직자는 직무관련자(직무관련자의 대리인을 포함한다)가 사적 이해관계자임을 안 경우 안 날부터 14일 이내에 소속기관장에게 그 사실을 서면(전자문서를 포함한다)으로 신고하고 회피를 신청하여야 한다.
② 부동산을 직접적으로 취급하는 대통령령으로 정하는 공공기관의 공직자는 공직자 자신, 배우자가 소속 공공기관의 업무와 관련된 부동산을 보유하고 있거나 매수하는 경우 소속기관장에게 그 사실을 서면으로 신고하여야 한다.
③ 공직자(공직자가 아니게 된 날부터 3년이 경과하지 아니한 사람을 포함한다)는 직무수행 중 알게 된 비밀 또는 소속 공공기관의 미공개정보를 이용하여 재물 또는 재산상의 이익을 취득하거나 제3자로 하여금 재물 또는 재산상의 이익을 취득하게 하여서는 아니 된다.
④ 공직자는 직무관련자인 소속기관의 퇴직자(공직자가 아니게 된 날부터 3년이 지나지 아니한 사람만 해당한다)와 사적 접촉(골프, 여행, 사행성 오락을 같이 하는 행위를 말한다)을 하는 경우 소속기관장에게 신고하여야 한다. 다만, 사회상규에 따라 허용되는 경우에는 그러하지 아니하다.

19

징계에 관한 설명으로 가장 적절한 것은?

① 징계란 공무원의 의무위반이 있는 경우 또는 비행이 있는 경우 공무원 내부관계의 질서유지를 위하여 특별권력관계가 아닌 일반통치권에 의해 과해지는 제재이다.
② 「국가공무원법」이나 「국가공무원법」에 의한 명령을 위반하였을 경우, 직무상의 의무를 위반하거나 직무를 태만히 한 경우, 직무수행능력이 부족하거나 근무성적이 극히 나쁜 경우는 징계사유에 해당한다.
③ 징계사유의 발생은 고의 또는 과실을 요건으로 하는 것은 아니며, 또한 행위자뿐만 아니라 감독자도 감독의무를 태만히 한 경우 징계책임을 면치 못한다.
④ 경찰기관의 장은 소속 경찰공무원 중 징계사유가 있다고 인정한 때와 징계의결 요구의 신청을 받은 때에는 지체 없이 관할 징계위원회를 구성하여 징계의결을 요구할 수 있다.

20

「국가배상법」에 관한 설명으로 가장 적절하지 않은 것은?

① 국가배상의 요건 중 '법령을 위반하여'란 일반적으로 위법행위를 말하는 것이고, 단순한 행정적인 내부규칙을 위반하는 것은 포함하지 않는다.
② 생명·신체에 대한 침해로 인한 배상청구권은 양도하거나 압류할 수 없다.
③ 공공영조물의 관리 하자로 인한 배상책임은 관리자의 고의·과실을 필요로 한다.
④ 손실보상은 적법한 공권력의 행위로 인해 손실이 발생하여야 하며, 재산권에 대한 공용침해일 것을 요하는 것이므로 생명·신체의 침해에 대한 보상은 손실보상의 대상에 해당하지 않는다.

21

「행정심판법」 제44조(사정재결)에 관한 설명으로 가장 적절하지 않은 것은?

① 위원회는 심판청구가 이유가 있다고 인정하는 경우에도 이를 인용(認容)하는 것이 공공복리에 크게 위배된다고 인정하면 그 심판청구를 기각하는 재결을 할 수 있다.
② 사정재결의 경우 위원회는 재결의 주문(主文)에서 그 처분 또는 부작위가 위법하거나 부당하다는 것을 구체적으로 밝혀야 한다.
③ 사정재결은 공익 등을 위한 것이므로 위원회는 청구인에 대하여 상당한 구제방법을 취하거나 상당한 구제방법을 취할 것을 피청구인에게 명하지 아니한다.
④ 사정재결은 무효등확인심판에는 적용하지 아니한다.

22
「행정기본법」에 관한 설명으로 옳지 않은 것은 모두 몇 개인가?

> ㉠ 행정에 관한 나이는 다른 법령등에 특별한 규정이 있는 경우를 제외하고는 출생일을 산입하여 만(滿) 나이로 계산하고, 연수(年數)로 표시한다. 다만, 1세에 이르지 아니한 경우에는 월수(月數)로 표시할 수 있다.
> ㉡ 법령등 또는 처분에서 국민의 권익을 제한하거나 의무를 부과하는 경우 권익이 제한되거나 의무가 지속되는 기간의 계산은 기간을 일, 주, 월 또는 연으로 정한 경우에는 기간의 첫날을 산입한다.
> ㉢ 처분은 권한이 있는 기관이 취소 또는 철회하거나 기간의 경과 등으로 소멸되기 전까지는 유효한 것으로 통용된다. 다만, 무효인 처분은 처음부터 그 효력이 발생하지 아니한다.
> ㉣ 부관은 해당 처분의 목적에 위배되지 아니할 것, 해당 처분과 실질적인 관련이 있을 것, 해당 처분의 목적을 달성하기 위하여 필요한 최소한의 범위일 것의 요건에 적합하여야 한다.
> ㉤ 행정청은 위법 또는 부당한 처분의 전부에 대해 소급하여 취소할 수 있다. 그러나 일부에 대한 취소는 인정하지 않는다.

① 1개　② 2개　③ 3개　④ 4개

23
다음 중 가장 적절한 것은?

① 경찰처분은 법치주의의 원리에 입각해서 법이 주어진 범위 내에서 이루어져야 하며, '경찰권의 한계'에 관한 원칙의 적용을 받는다.
② 공정력은 행정의 실효성 확보 및 신뢰보호를 위하여 행정행위의 잠정적·일반적 통용력을 인정하는 실체법적 효력에 해당한다.
③ 불가쟁력은 절차법적 구속력인 데 대하여, 불가변력은 실체법적 구속력에 해당하고, 불가쟁력은 특정행위에 대해서만 발생하는 데 대하여, 불가변력은 모든 행정행위에 대하여 발생한다.
④ 경찰허가는 상대방의 출원에 의하여 행하여지는 것이 보통이지만 출원에 의하지 아니하는 경우도 있고, 허가 여부의 결정기준은 특별한 사정이 없는 한 원칙적으로 신청 당시의 법령에 의한다.

24
법률행위와 사실행위에 관한 설명으로 옳지 않은 것은 모두 몇 개인가?

> ㉠ 법률행위는 행정기관이 행정의 객체로서의 국민에 대하여 행하는 행위로서 국민의 권리·의무의 발생·변경·소멸, 즉 권리변동이라는 법률상의 결과(법률효과)를 발생시키는 원인행위를 말한다.
> ㉡ 사실행위란 일정한 법적 효과의 발생을 목적으로 의사표시를 요건으로 하지 않고 직접 어떠한 사실상의 효과, 결과의 실현을 목적으로 하는 행정작용을 말한다.
> ㉢ 법률행위에 의해 국민이 권리침해를 받은 경우에 대한 권리구제수단으로 행정쟁송이나 손해배상청구가 가능하다.
> ㉣ 권력적 사실행위에 의해 손해를 입은 경우에 원칙적으로 항고소송의 대상이 될 수 없으니, 손해배상 청구는 가능하다.
> ㉤ 비권력적 사실행위에 의해 손해를 입은 경우에 항고소송의 대상이 될 수 없고 손해배상 청구도 인정되지 않는다.

① 1개　② 2개　③ 3개　④ 4개

25
「행정조사기본법」에 관한 설명으로 가장 적절하지 않은 것은?

① 행정기관의 장이 조사대상자의 자발적인 협조를 얻어 행정조사를 실시하고자 하는 경우 조사대상자는 문서·전화·구두 등의 방법으로 당해 행정조사를 거부할 수 있다.
② ①에 따른 행정조사에 대하여 조사대상자가 조사에 응할 것인지에 대한 응답을 하지 아니하는 경우에는 법령등에 특별한 규정이 없는 한 그 조사를 거부한 것으로 본다.
③ 조사대상자와 조사원은 조사과정을 방해하지 아니하는 범위 안에서 행정조사의 과정을 녹음하거나 녹화할 수 있다. 이 경우 녹음·녹화의 범위 등은 상호협의하여 정하여야 한다.
④ 행정기관의 장은 법령등에 특별한 규정이 있는 경우를 제외하고는 행정조사의 결과를 확정한 날부터 10일 이내에 그 결과를 조사대상자에게 통지하여야 한다.

26
「질서위반행위규제법」에 관한 설명으로 가장 적절하지 않은 것은?

① 행정청은 의견제출절차를 마친 후에 서면으로 과태료를 부과하여야 한다.
② 과태료의 부과·징수, 재판 및 집행 등의 절차에 관한 다른 법률의 규정 중 「질서위반행위규제법」의 규정에 저촉되는 것은 「질서위반행위규제법」으로 정하는 바에 따른다.
③ 2 이상의 질서위반행위가 경합하는 경우에는 각 질서위반행위에 대하여 정한 과태료 중 가장 중한 과태료를 부과한다.
④ 자신의 행위가 위법하지 아니한 것으로 오인하고 행한 질서위반행위는 그 오인에 정당한 이유가 있는 때에 한하여 과태료를 부과하지 아니한다.

27
「경찰관 직무집행법」에 관한 설명으로 가장 적절하지 않은 것은? (다툼이 있는 경우 판례에 의함)

① 타인의 집 대문 앞에 은신하고 있다가 경찰관의 명령에 따라 순순히 손을 들고 나오면서 그대로 도주하는 범인을 경찰관이 뒤따라 추격하면서 등 부위에 권총을 발사하여 사망케 한 경우, 위와 같은 총기사용은 현재의 부당한 침해를 방지하거나 현재의 위난을 피하기 위한 상당성 있는 행위라고 볼 수 없다.
② 자전거를 이용한 날치기 사건이 발생한 직후 검문을 실시 중이던 경찰관이 범인과 흡사한 인상착의의 사람을 발견하고 앞을 가로막으며 진행을 제지한 행위는 그 목적 달성에 필요한 최소한의 범위 내에서 사회통념상 용인될 수 있는 상당한 방법으로 정지시킨 것으로 보인다.
③ 수사관이 동행에 앞서 피의자에게 동행을 거부할 수 있음을 알려 주었거나 동행한 피의자가 언제든지 자유로이 동행과정에서 이탈 또는 동행장소로부터 퇴거할 수 있었음이 인정되는 등 오로지 피의자의 자발적인 의사에 의하여 수사관서 등에의 동행이 이루어졌음이 객관적인 사정에 의하여 명백하게 입증된 경우에 한하여 임의동행의 적법성이 인정되는 것으로 봄이 상당하다.
④ 경찰관이 길이 40센티미터 가량의 칼로 반복적으로 위협하며 도주하는 차량 절도 혐의자를 추적하던 중, 도주하기 위하여 등을 돌린 혐의자의 몸쪽을 향하여 약 2미터 거리에서 실탄을 발사하여 혐의자를 복부관통상으로 사망케 하였다 하더라도 경찰관의 총기사용은 사회통념상 허용범위를 벗어나지 않은 것으로 위법하지 않다.

28
경찰조직 편성의 원리에 관한 설명으로 적절한 것은 모두 몇 개인가?

> ⊙ 분업의 원리는 경과로 구분하여 보직관리하는 원리와 관계가 있다.
> ⓒ 계층제의 장점으로 능률성과 책임의 명확성이 높아져 환경변화에 신축적인 대응이 용이하다.
> ⓒ 업무처리의 신속성과 관련이 있는 것은 통솔범위의 원리이다.
> ⓔ 명령통일의 원리를 너무 철저하게 지킨다면 실제 업무수행에 더 큰 지체와 혼란을 야기할 수 있다.
> ⓜ 조정과 통합의 원리는 갈등을 조정하고 조직의 목표를 향해 모든 원리와 활동을 통합해 가는 것이다.

① 1개 ② 2개 ③ 3개 ④ 4개

29
다음은 동기부여이론에 관한 설명이다. 해당 설명과 학자가 가장 적절하게 연결된 것은?

> ⊙ 인간은 자신의 욕구를 충족시키기 위해서 노력하며 하위 단계의 욕구가 충족되어야 다음 단계로 발전되는 순차적 특성을 갖는다.
> ⓒ Y이론적 인간형은 부지런하고, 책임과 자율성 및 창의성을 발휘하기를 좋아하고, 스스로 통제와 발전이 가능하기 때문에 민주적이고 인간적인 동기유발 전략이 필요한 유형이다.
> ⓒ 인간의 개인적 성격과 성격의 성숙과정을 '미성숙에서 성숙으로'라고 보고, 관리자는 조직 구성원을 최대의 성숙상태로 실현시켜야 한다고 하였다.
> ⓔ 위생요인을 제거해주는 것은 불만을 줄여주는 소극적 효과일 뿐이기 때문에, 근무태도 변화에 단기적 영향을 주어 사기는 높여줄 수 있으나 생산성을 높여주지는 못한다. 만족요인이 충족되면 자기실현욕구를 자극하여, 적극적 만족을 유발하고 동기유발에 장기적 영향을 준다.

① ⊙ 매슬로우(Maslow) ⓒ 맥그리거(McGregor)
　ⓒ 아지리스(Argyris) ⓔ 허즈버그(Herzberg)
② ⊙ 매슬로우(Maslow) ⓒ 아지리스(Argyris)
　ⓒ 맥그리거(McGregor) ⓔ 허즈버그(Herzberg)
③ ⊙ 매슬로우(Maslow) ⓒ 맥그리거(McGregor)
　ⓒ 허즈버그(Herzberg) ⓔ 아지리스(Argyris)
④ ⊙ 맥그리거(McGregor) ⓒ 아지리스(Argyris)
　ⓒ 허즈버그(Herzberg) ⓔ 매슬로우(Maslow)

30
예산의 집행에 관한 설명으로 가장 적절한 것은?

① 국회를 통과하여 예산이 확정되면 해당 예산이 배정되지 않은 상태에서도 지출원인행위를 할 수 있다.
② 기획재정부장관은 예산배정요구서에 따라 월별 예산배정계획을 작성하여 국무회의의 심의를 거친 후 대통령의 승인을 얻어야 한다.
③ 기획재정부장관은 각 중앙관서의 장에게 예산을 배정한 때에는 국회에 통지하여야 한다.
④ 기획재정부장관은 예산집행의 효율성을 높이기 위하여 매년 예산집행에 관한 지침을 작성하여 각 중앙관서의 장에게 통보하여야 한다.

31
「경찰장비관리규칙」상 무기고·탄약고의 설치에 관한 설명으로 가장 적절하지 않은 것은?

① 탄약고는 무기고와 분리되어야 하며 가능한 본 청사와 같은 건물에 설치하여야 한다.
② 무기·탄약고 비상벨은 상황실과 숙직실 등 초동조치 가능장소와 연결하고, 외곽에는 철조망장치와 조명등 및 순찰함을 설치하여야 한다.
③ 무기고와 탄약고는 견고하게 만들고 환기·방습장치와 방화시설 및 총가시설 등이 완비되어야 한다.
④ 무기·탄약고 비상벨은 상황실과 숙직실 등 초동조치 가능장소와 연결하고, 외곽에는 철조망장치와 조명등 및 순찰함을 설치하여야 한다.

32
다음은 관할지역 내 범죄문제 해결을 위해 경찰서별로 실시하고 있는 활동들이다. 각 활동들의 근거가 되는 범죄원인론을 가장 적절하게 연결한 것은?

> ㉠ A경찰서는 관내에서 음주소란과 폭행 등으로 적발된 청소년들을 형사입건하는 대신 지역사회 축제에서 실시되는 행사에 보안요원으로 봉사할 수 있는 기회를 제공하였다.
> ㉡ B경찰서는 지역사회에 만연해 있는 경미한 주취소란에 대해서도 예외 없이 엄격한 법집행을 실시하였다.
> ㉢ C경찰서는 관내 자전거 절도사건이 증가하자 관내 자전거 소유자들을 대상으로 자전거에 일련번호를 각인해 주는 서비스를 제공하였다.
> ㉣ D경찰서는 관내 청소년 비행 문제가 증가하자 청소년들을 대상으로 폭력 영상물의 폐해에 관한 교육을 실시하고, 해당유형의 영상물에 대한 접촉을 삼가도록 계도하였다.

① ㉠ 낙인이론　　　　　　㉡ 깨진 유리창 이론
　㉢ 상황적 범죄예방 이론　㉣ 차별적 동일시 이론
② ㉠ 낙인이론　　　　　　㉡ 깨진 유리창 이론
　㉢ 상황적 범죄예방 이론　㉣ 차별적 접촉 이론
③ ㉠ 상황적 범죄예방 이론　㉡ 깨진 유리창 이론
　㉢ 낙인이론　　　　　　㉣ 차별적 접촉 이론
④ ㉠ 상황적 범죄예방 이론　㉡ 낙인이론
　㉢ 깨진 유리창 이론　　　㉣ 차별적 동일시 이론

33
지역경찰활동에 관한 설명으로 가장 적절한 것은?

① 「지역경찰의 조직 및 운영에 관한 규칙」상 관리팀원 및 순찰팀원에 대한 일일근무 지정 및 지휘·감독은 지역경찰관서장의 업무이다.
② 치안센터는 24시간 상시운영을 원칙으로 하되, 경찰서장은 지역 치안 여건 및 인원 여건을 고려, 운영시간을 탄력적으로 조정할 수 있다.
③ 「지역경찰의 조직 및 운영에 관한 규칙」상 비상 및 작전사태 등 발생시 차량, 선박 등의 통행 통제는 순찰근무에 해당한다.
④ 치안센터의 관할구역의 크기는 설치 목적, 배치 인원 및 장비, 교통·지리적 요건 등을 고려하여 시·도경찰청장이 정한다.

34

「성매매알선 등 행위의 처벌에 관한 법률」에 관한 설명으로 옳지 <u>않은</u> 것은 모두 몇 개인가?

> ㉠ '성매매알선 등 행위'에는 성매매를 알선, 권유, 유인 또는 강요하는 행위와 성매매의 장소를 제공하는 행위, 성매매에 제공되는 사실을 알면서 자금, 토지 또는 정보통신망을 제공하는 행위를 포함한다.
> ㉡ 「성매매알선 등 행위의 처벌에 관한 법률」에 규정된 행위의 미수는 처벌이 가능하나 성매매의 미수는 처벌하지 않는다.
> ㉢ 「성매매알선 등 행위의 처벌에 관한 법률」에 의하면 성매매피해자의 성매매는 필요적 감면으로 한다.
> ㉣ 법원은 신고자등의 사생활이나 신변을 보호하기 위하여 필요하면 결정으로 심리를 공개하지 아니할 수 있다.
> ㉤ 「성매매알선 등 행위의 처벌에 관한 법률」에 규정된 죄를 범한 사람이 수사기관에 신고하거나 자수한 경우에는 형을 감경하거나 면제하여야 한다.

① 1개 ② 2개 ③ 3개 ④ 4개

35

「아동학대범죄의 처벌 등에 관한 특례법」상 응급조치에 관한 설명으로 가장 적절하지 <u>않은</u> 것은?

① 아동이란 18세 미만인 사람을 말한다.
② 사법경찰관리나 아동보호전문기관의 직원은 피해아동을 분리·인도하여 보호하는 경우 지체 없이 피해아동을 인도받은 보호시설·의료시설을 관할하는 특별시장·광역시장·특별자치시장·도지사·특별자치도지사 또는 시장·군수·구청장에게 그 사실을 통보하여야 한다.
③ 응급조치는 48시간을 넘을 수 없다.
④ 사법경찰관리 또는 아동보호전문기관의 직원이 응급조치를 한 경우에는 즉시 응급조치결과보고서를 작성하여야 하며, 아동보호전문기관의 직원이 응급조치를 한 경우 아동보호전문기관의 장은 작성된 응급조치결과보고서를 지체 없이 관할 경찰서장에게 송부하여야 한다.

36

다음이 설명하는 다중범죄의 정책적 치료법은?

> ㉠ 다중범죄의 징후가 있어서 국민의 관심을 집중시킬 수 있는 큰 규모의 행사를 개최하여 원래의 이슈가 상대적으로 약화시켰다.
> ㉡ A지역의 재건축과 관련하여 일부 세입자들이 이주비 보상 및 영구임대아파트 보장을 요구하며 시위를 벌이려고 한다는 첩보가 입수되어 A경찰서 정보과에서 구청장 및 재건축 조합장과의 면담을 주선하여 대화에 의한 타협을 보았다.

	㉠	㉡
①	경쟁행위법	지연정화법
②	지연정화법	경쟁행위법
③	전이법	경쟁행위법
④	전이법	선수승화법

37

교통과에 근무하는 경찰관 甲이 교통사고를 처리할 때 각 유형별 법률 적용이 가장 적절하지 <u>않은</u> 것은?

① 운전자 A가 치사사고를 발생시켰을 경우 「교통사고처리 특례법」을 적용하여 형사입건 처리하였다.
② 운전자 B가 치상사고를 발생시켜 피해자가 중상해를 입은 경우 피해자와 합의가 되지 않아 「교통사고처리 특례법」을 적용하여 형사입건 처리하였다.
③ 운전자 C가 필로폰을 복용하여 정상적인 운전이 곤란한 상태에서 자동차를 운전하여 사람을 상해한 경우 「특정범죄 가중처벌 등에 관한 법률」을 적용하여 형사입건 처리하였다.
④ 운전자 D가 단순 물적 피해를 야기한 경우라도 도주하였다가 검거된 경우에는 「특정범죄 가중처벌 등에 관한 법률」을 적용하여 형사입건 처리하였다.

38
정보의 배포수단에 관한 설명으로 옳지 않은 것은 모두 몇 개인가?

> ㉠ 전신(전화)은 돌발적이고 긴급한 정보의 배포를 위하여 이용되는 수단으로, 흔히 해외에서 주재하는 기관이나 요원에게 최근의 상황을 신속하게 전달하는 데 효과가 있다.
> ㉡ 메모는 정보분석관이 가장 많이 활용하는 방법으로 정기간행물에 포함하는 것이 적절하지 못한 긴급한 정보, 즉 현용정보를 전달하는 데 주로 사용되며 신속성이 중요시된다.
> ㉢ 일일 정보보고서는 매일 24시간에 걸친 정치·경제·사회·문화 등 제반 정세의 변화를 중점적으로 망라한 보고서로 사전에 고안된 양식에 의해 매일 작성되며 제한된 범위에서 배포된다.
> ㉣ 브리핑은 정보사용자 개인 또는 다수에 대하여 정보분석관이 정보의 내용을 요약하여 구두로 설명하는 방법이다.
> ㉤ 특별보고서는 축적된 정보가 다수의 사람이나 기관이 이해관계 또는 가치를 가지는 것일 때 발행한다.

① 1개 ② 2개 ③ 3개 ④ 없다.

39
남북교류협력에 관한 설명으로 가장 적절하지 않은 것은?

① 재외국민이 외국에서 북한을 왕래할 때에는 통일부장관이나 재외공관의 장에게 신고하여야 한다.
② 남한의 주민이 북한을 방문하거나 북한의 주민이 남한을 방문하려면 대통령령으로 정하는 바에 따라 통일부장관의 방문승인을 받아야 하며, 통일부장관이 발급한 증명서를 소지하여야 한다.
③ 남한 주민이 북한을 방문하고자 하는 경우 방문 10일 전까지 통일부장관에게 '방문승인 신청서'를 제출해야 한다.
④ 「남북교류협력에 관한 법률」은 남북교류협력을 목적으로 하는 행위에 관하여는 이 법률의 목적 범위에서 다른 법률에 우선하여 이 법을 적용한다.

40
「출입국관리법」상 외국인등록에 관한 설명으로 가장 적절하지 않은 것은?

① 외국인은 원칙적으로 입국한 날로부터 90일을 초과하여 대한민국에 체류하는 경우 외국인등록을 하여야 한다.
② 체류자격 변경허가를 받은 자로서 그 변경허가일로부터 90일을 초과하여 체류하게 되는 외국인은 외국인등록을 하여야 한다.
③ 체류자격을 받는 사람으로서 그 날부터 90일을 초과하여 체류하게 되는 사람은 체류자격을 받는 때에 외국인등록을 하여야 한다.
④ 「출입국관리법」상 외국인등록 의무를 위반한 자로서 대한민국에 영주할 수 있는 체류자격이 없는 외국인은 강제퇴거의 대상이다.

제8회 동형모의고사

01
대륙법계 국가의 경찰개념에 관한 설명으로 가장 적절하지 않은 것은?

① 1794년 '프로이센 일반란트법' 제10조에서 경찰관청은 공공의 평온, 안녕 및 질서를 유지하고, 또한 공중 및 그의 개개 구성원들에 대한 절박한 위험을 방지하기 위하여 필요한 기관이라고 규정하였다.
② 1795년 프랑스 '죄와 형벌법전' 제16조에서 경찰은 공공의 질서를 유지하고 개인의 자유와 재산 및 안전을 유지하기 위한 기관이라고 규정하였다.
③ 1882년 프로이센 고등행정법원은 크로이쯔베르크(Kreuzberg) 판결을 통해 경찰관청이 일반수권 규정에 근거하여 법규명령을 발할 수 있는 분야는 위험방지 분야에 한정된다고 판시하였다.
④ 1884년 프랑스 '지방자치법전' 제97조는 경찰의 직무범위에서 협의의 행정경찰적 사무를 제외시킴으로써 경찰의 직무를 소극목적에 한정하였다.

02
형식적 의미의 경찰과 실질적 의미의 경찰에 관한 설명으로 옳지 않은 것은 모두 몇 개인가?

㉠ 형식적 의미의 경찰은 실정법상 보통 경찰기관의 직무와 관련이 있으며, 실질적 의미의 경찰은 본질적으로 타인의 자유와 행동을 제한하고 규제하는 것과 관련이 있다.
㉡ 형식적 의미의 경찰은 소극적 질서유지에 관한 사항뿐 아니라 적극적 서비스작용도 포함하고 있다.
㉢ 일반행정기관에서도 '경찰기능'을 담당한다고 할 때의 '경찰기능'은 '일반행정기관'이라는 조직적 측면에서 바라본 형식적 경찰개념을 의미한다.
㉣ 실질적 의미의 경찰은 국민에게 명령·강제하는 권력작용과 비권력작용을 모두 포함한다.
㉤ 특별권력관계에 기초한 내부적 명령도 권력적 작용에 해당하므로 실질적 의미의 경찰에 해당한다.

① 1개 ② 2개 ③ 3개 ④ 4개

03
경찰의 위험방지임무에서 말하는 '위험'에 관한 설명으로 옳지 않은 것은 모두 몇 개인가?

㉠ 경찰상의 위험이란 보호받는 개인 및 공동의 법익에 관한 정상적 상태의 객관적 감소를 뜻하며, 보호법익에 대한 현저한 침해행위가 있어야만 성립한다.
㉡ 경찰개입 요소로서의 위험에 대한 판단은 정상적인 평균적 인간의 판단으로 볼 때 손해나 더 나아가서는 위험의 한계를 넘었다고 보여질 때 경찰의 개입이 가능하다.
㉢ 경찰권 개입으로서의 위험의 개념은 일종의 예측, 즉 사실에 기인하여 향후 발생할 사건의 진행에 관한 주관적 추정만으로도 충분하다.
㉣ 법익의 위험이 인간의 행동에 의한 것인가, 또는 단순히 자연력의 결과에 의한 것인가는 문제되지 않는다.
㉤ 위험의 존재는 경찰개입의 최소요건에 해당한다.

① 1개 ② 2개 ③ 3개 ④ 4개

04
다음 설명 중 가장 적절하지 않은 것은?

① 사회공공의 안녕과 질서를 유지하기 위하여 다른 행정작용을 수반하지 아니하고 오로지 경찰작용만으로 행정의 일부분을 구성하는 경찰작용을 협의의 행정경찰이라고 한다.
② 정보경찰의 활동은 실질적 의미의 경찰개념보다는 형식적 의미의 경찰개념과 관련이 깊다.
③ 행정경찰과 사법경찰의 구분은 삼권분립사상이 투철했던 프랑스에서 확립된 것으로 죄와형벌법전 제18조에서 행정경찰은 공공질서유지, 범죄예방 목적이다.
④ 영미법계의 경찰개념은 경찰은 무엇인가라는 문제보다는 경찰활동은 무엇인가와 관련이 깊다.

05
경찰 전문직업화에 관한 설명으로 가장 적절하지 않은 것은?

① 경찰의 전문직업화는 경찰의 높은 사회적 지위를 위해 오거스트 볼머 등에 의해 추진되었다.
② 전문직업화에 따른 윤리적 문제로는 전문직업적 부권주의, 공적인 이익을 위한 이용, 소외, 차별 등이 해당한다.
③ 관료제의 엄격한 규칙적용은 전문직업화를 저해한다.
④ 소외는 나무는 보고 숲은 보지 못하듯 자신의 국지적인 분야만 보고 전체적인 맥락을 보지 못하는 것을 말한다.

06
갑오경장 이후의 경찰에 관한 설명으로 옳지 않은 것은 모두 몇 개인가?

> ㉠ 갑오경장 때의 경무청의 장(長)인 경무관은 한성부 내의 경찰사무뿐만 아니라 감옥사무까지도 총괄하였다.
> ㉡ 경부경찰체제는 관장범위가 한성 및 각 개항시장의 경찰사무 및 감옥사무로 제한되고, 지방에는 총순(總巡)을 두어 관찰사를 보좌토록 하는 등 이원적인 체제로 운영되었다.
> ㉢ 1908년 지방관제의 결과로 도관찰사, 경찰부, 경찰서의 지휘체계가 확립되었고 이는 현재의 지방경찰청의 원형이 된다.
> ㉣ 미군정기에는 6인의 위원으로 구성된 중앙경찰위원회가 설치되어 민주적 요소가 도입되었다.
> ㉤ 1991년 경찰법의 제정 이후에 경찰위원회와 치안행정협의회의 설립이 있었으며, 해양경찰업무는 해양수산부로 이관되었다.

① 1개   ② 2개   ③ 3개   ④ 4개

07
법원(法源)과 행정규칙에 관한 설명으로 옳지 않은 것은 모두 몇 개인가?

> ㉠ 경찰법의 법원에는 행정청의 권력적 법집행도 포함되며, 조례로써 주민의 권리 제한에 관한 사항이나 벌칙을 정할 때에는 법률의 구체적 위임이 있어야 한다.
> ㉡ 대륙법계 국가에서의 대법원 판례 및 헌법재판소의 위헌결정은 당해 사건에 한정되므로 법원성을 갖지 못한다.
> ㉢ 위임명령과 집행명령은 모두 법규명령이며, 집행명령은 새로운 입법사항의 규정이 아니므로 법률의 구체적 수권이 없어도 가능하다.
> ㉣ 훈령은 경찰기관의 구성원이 변경·교체되어도 여전히 유효하며, 훈령은 하급경찰관청의 권한행사에 대한 대집행권을 포함한다.
> ㉤ 법규명령은 공포를 요하나, 행정규칙은 공포를 요하지 않는다.

① 1개   ② 2개   ③ 3개   ④ 4개

08
훈령에 관한 설명으로 옳지 않은 것은 모두 몇 개인가?

> ㉠ 훈령은 법조(法條)의 형식을 취하더라도 법규로 볼 수 없다.
> ㉡ 하급관청의 법적행위가 훈령에 위반된 경우에는 그 행위는 위법이며 행위 자체는 무효가 된다.
> ㉢ 훈령을 발하려면 국민의 권리와 의무에 영향을 미치지 않아도 법률상 근거가 필요하다.
> ㉣ 훈령의 실질적 요건으로는 훈령권이 있는 상급관청이 발한 것일 것, 하급관청의 권한 내의 사항에 관한 것일 것, 하급관청의 직무상 독립성이 보장되지 않은 사항일 것이 있다.
> ㉤ 서로 모순되는 두 개 이상의 상급관청의 훈령이 경합할 때에 하급관청은 주관상급관청, 직근상급관청의 훈령에 따라야 한다.

① 1개   ② 2개   ③ 3개   ④ 4개

09
권한의 위임에 관한 설명으로 가장 적절하지 않은 것은?

① 권한의 위임으로 위임된 권한에 관한 쟁송시 수임관청 자신이 당사자가 된다. 단, 위임사무 처리에 소요되는 인력·예산 등은 수임자 부담이 원칙이다.
② 수임기관의 사무처리가 위법·부당하다고 인정될 때 위임기관의 취소·정지가 가능하다.
③ ②의 경우에 위임기관은 수임기관에 대하여 사전승인을 받거나 협의할 필요 없다.
④ 대결과 위임전결은 권한 자체의 귀속에 있어서 변경을 가져오지 않고 본래의 경찰관청의 이름으로 행해지는 내부적 사실행위라는 점에서 경찰관청의 권한귀속의 변동을 가져오는 권한위임과 구별된다.

10
「국가경찰과 자치경찰의 조직 및 운영에 관한 법률」에 관한 설명으로 옳지 않은 것은 모두 몇 개인가?

> ㉠ 「국가경찰과 자치경찰의 조직 및 운영에 관한 법률」은 경찰의 민주적인 관리·운영과 효율적인 임무수행을 위하여 경찰의 기본조직 및 직무 범위와 그 밖에 필요한 사항을 규정함을 목적으로 한다.
> ㉡ 경찰은 그 직무를 수행할 때 「헌법」과 법률에 따라 국민의 자유와 권리 및 모든 개인이 가지는 불가침의 기본적 인권을 보호하고, 국민 전체에 대한 봉사자로서 공정·중립을 지켜야 하며, 부여된 권한을 남용하여서는 아니 된다.
> ㉢ 경찰공무원은 상관의 지휘·감독을 받아 직무를 수행하고, 그 직무수행에 관하여 서로 협력하여야 한다.
> ㉣ 경찰공무원은 구체적 사건수사와 관련된 지휘·감독의 적법성 또는 정당성에 대하여 이견이 있을 때에는 이의를 제기하여야 한다.
> ㉤ 시·도자치경찰위원회는 합의제 행정기관으로서 그 권한에 속하는 업무를 시·도지사와 협의하여 수행한다.

① 1개 ② 2개 ③ 3개 ④ 4개

11
「국가경찰과 자치경찰의 조직 및 운영에 관한 법률」상 시·도경찰청장에 관한 설명으로 가장 적절하지 않은 것은?

① 시·도경찰청에 시·도경찰청장을 두며, 시·도경찰청장은 치안정감·치안감(治安監) 또는 경무관(警務官)으로 보한다.
② 시·도경찰청장은 시·도자치경찰위원회의 동의와 행정안전부장관의 제청으로 국무총리를 거쳐 대통령이 임용한다.
③ 시·도경찰청장은 국가경찰사무에 대해서는 경찰청장의 지휘·감독을, 수사에 관한 사무에 대해서는 국가수사본부장의 지휘·감독을 받아 관할구역의 소관 사무를 관장하고 소속 공무원 및 소속 경찰기관의 장을 지휘·감독한다.
④ 시·도자치경찰위원회는 자치경찰사무에 대해 심의·의결을 통하여 시·도경찰청장을 지휘·감독한다.

12
「국가경찰과 자치경찰의 조직 및 운영에 관한 법률」상 시·도자치경찰위원회에 관한 설명으로 옳지 않은 것은 모두 몇 개인가?

> ㉠ 시·도자치경찰위원회 비상임 위원은 특정 성(性)이 10분의 6을 초과하지 아니하여야 한다.
> ㉡ 시·도자치경찰위원회의 회의는 정기적으로 개최하여야 한다. 다만 위원장이 필요하다고 인정하는 경우, 위원 2명 이상이 요구하는 경우 및 시·도지사가 필요하다고 인정하는 경우에는 임시회의를 개최할 수 있다.
> ㉢ 시·도자치경찰위원회 위원은 정치적 중립을 지켜야 하며, 권한을 남용하여서는 아니 되며, 공무원이 아닌 위원에 대해서는 「국가공무원법」 제52조 및 제57조를 준용한다.
> ㉣ 시·도자치경찰위원회 위원장이 부득이한 사유로 직무를 수행할 수 없을 때에는 상임위원, 시·도자치경찰위원회 위원 중 연장자순으로 그 직무를 대행한다.
> ㉤ 보궐위원의 임기는 전임자 임기의 남은 기간으로 하되, 전임자의 남은 임기가 6개월 미만인 경우 그 보궐위원은 한 차례만 연임할 수 있다.

① 1개 ② 2개 ③ 3개 ④ 4개

13

「경찰 인권보호 규칙」에 관한 설명으로 가장 적절하지 않은 것은?

① 진정사건을 이첩받은 경찰청 소속 국·관 또는 소속기관의 장은 필요한 경우 별지 제3호의 서식에 따라 조사 촉탁서를 기록에 첨부하여 관련 부서의 장에게 사건의 조사를 촉탁할 수 있다.
② 조사를 촉탁받은 관련 부서의 장은 사건을 신속히 조사하여 1개월 이내에 그 조사 결과를 촉탁한 장에게 송부하여야 하고, 조사기간이 1개월이 초과되는 경우에는 그 사건 조사의 진행 경과를 통보하여야 한다.
③ 진정의 원인이 된 사실이 공소시효, 징계시효 및 민사상 시효 등이 모두 완성된 경우는 진정의 기각사유에 해당한다.
④ 사건 해결과 진상 규명에 핵심적인 중요 참고인의 소재를 알 수 없는 경우는 조사중지사유에 해당한다.

14

「경찰공무원법」에 관한 설명으로 가장 적절하지 않은 것은?

① 「경찰공무원법」은 경찰공무원의 책임 및 직무의 중요성과 신분 및 근무조건의 특수성에 비추어 그 임용, 교육훈련, 복무(服務), 신분보장 등에 관하여 「국가공무원법」에 대한 특례를 규정함을 목적으로 한다.
② 수사, 정보, 외사, 보안, 자치경찰사무 등 특수 부문에 근무하는 경찰공무원으로서 대통령령으로 정하는 바에 따라 지정을 받은 사람은 총경 및 경정의 경우에는 4년의 범위에서 대통령령으로 정하는 바에 따라 계급정년을 연장할 수 있다.
③ 경찰청장 또는 해양경찰청장은 전시·사변이나 그 밖에 이에 준하는 비상사태에서는 2년의 범위에서 계급정년을 연장할 수 있다.
④ 시·도지사는 위임받은 권한의 일부를 대통령령으로 정하는 바에 따라 「국가경찰과 자치경찰의 조직 및 운영에 관한 법률」 제18조에 따른 시·도자치경찰위원회, 경찰서장에게 다시 위임할 수 있다.

15

「경찰공무원법」에 규정된 승진에 관한 설명으로 옳지 않은 것은 모두 몇 개인가?

㉠ 심사승진은 경무관 이하의 계급에의 승진에 있어서 사용되는 방법이다.
㉡ 승진심사를 위하여 경찰청과 해양경찰청에 중앙승진심사위원회를 두고, 경찰청·해양경찰청·시·도경찰청과 대통령령으로 정하는 경찰기관·지방해양경찰관서에 보통승진심사위원회를 둔다.
㉢ 경찰공무원을 근속승진임용하는 경우에는 인사교류 기간 중에 있거나 인사교류 경력이 있는 경찰공무원·인사교류 기간의 2분의 1에 해당하는 기간을 근속승진 기간에서 단축할 수 있다.
㉣ 경찰공무원으로서 직무 수행 중 현저한 공적을 세운 사람에 대하여는 1계급 특별승진시킬 수 있다. 다만, 경감 이하의 경찰공무원으로서 모든 경찰공무원의 귀감이 되는 공을 세우고 전사하거나 순직한 사람에 대하여는 2계급 특별승진시킬 수 있다.
㉤ 시험승진은 경정 이하의 계급 중에서 시험일 현재 승진소요 최저근무연수에 달한 자 중에서 성적순에 따라 선발하는 방법이다.

① 1개 ② 2개 ③ 3개 ④ 4개

16

「국가공무원법」상 직위해제에 관한 설명으로 옳지 않은 것은 모두 몇 개인가?

㉠ 임용권자는 신체·정신상의 장애로 장기 요양이 필요한 자에게 직위를 부여하지 아니할 수 있다.
㉡ 임용권자는 직무수행 능력이 부족하거나 근무성적이 극히 나빠 직위해제된 자에게 3개월의 범위에서 대기를 명한다.
㉢ 「국가공무원법」 제73조의3 제1항에 따라 직위를 부여하지 아니한 경우에 그 직위해제 사유가 소멸되면 임용권자는 직위를 부여할 수 있다.
㉣ 임용권자 또는 임용제청권자는 제3항에 따라 대기 명령을 받은 자에게 능력 회복이나 근무성적의 향상을 위한 교육훈련 또는 특별한 연구과제의 부여 등 필요한 조치를 하여야 한다.
㉤ 직위해제되면 출근의무도 없다.

① 1개 ② 2개 ③ 3개 ④ 4개

17

「국가공무원법」상 공무원의 의무에 관한 설명으로 옳지 않은 것은 모두 몇 개인가?

> ㉠ 공무원은 노동운동이나 그 밖에 공무 외의 일을 위한 집단 행위를 하여서는 아니 된다. 다만, 사실상 노무에 종사하는 공무원은 예외로 한다.
> ㉡ 사실상 노무에 종사하는 공무원으로서 노동조합에 가입된 자가 조합 업무에 전임하려면 소속기관장의 허가를 받아야 한다.
> ㉢ 공무원은 공무 외에 영리를 목적으로 하는 업무에 종사하지 못하며 소속기관장의 허가 없이 다른 직무를 겸할 수 없다.
> ㉣ 공무원은 직무상의 관계가 있든 없든 직접적이든 간접적이든 사례·증여 또는 향응을 주거나 받을 수 없다.
> ㉤ 공무원은 재직 중은 물론 퇴직 후에도 직무상 알게 된 비밀을 엄수(嚴守)하여야 한다.

① 1개 ② 2개 ③ 3개 ④ 4개

18

「경찰청 공무원 행동강령」에 관한 설명으로 가장 적절하지 않은 것은?

① 공무원은 직무관련자나 직무관련공무원에게 경조사를 알려서는 아니 된다. 다만, 친족(「민법」 제767조에 따른 친족을 말한다)에게 알리는 경우 경조사를 알릴 수 있다.
② 공무원은 직무 관련 여부 및 기부·후원·증여 등 그 명목에 관계없이 동일인으로부터 1회에 100만 원 또는 매 회계연도에 300만 원을 초과하는 금품등을 받거나 요구 또는 약속해서는 아니 된다.
③ 공무원은 직무와 관련하여 대가성 여부를 불문하고 1회에 100만 원 또는 매 회계연도에 300만 원 이하의 금품등을 받거나 요구 또는 약속해서는 아니 된다.
④ 공무원은 특별히 장기적·지속적인 친분관계를 맺고 있는 자가 직무관련자 또는 직무관련공무원으로서 금품등을 제공하는 경우에는 미리 소속기관의 장의 허가를 받아야 한다.

19

경찰공무원의 징계에 관한 설명으로 옳지 않은 것은 모두 몇 개인가? (다툼이 있는 경우 판례에 의함)

> ㉠ 공무원인 피징계자에게 징계사유가 있어서 징계처분을 하는 경우 어떠한 처분을 할 것인가는 징계권자의 재량에 맡겨진 것이고, 다만 징계권자가 재량권의 행사로서 한 징계처분이 사회통념상 현저하게 타당성을 잃어 징계권자에게 맡겨진 재량권을 남용한 것이라고 인정되는 경우에 한하여 그 처분을 위법하다고 할 수 있다.
> ㉡ 징계위원회의 회의는 위원장과 징계위원회가 설치된 경찰기관의 장이 회의마다 지정하는 4명 이상 6명 이하의 위원으로 성별을 고려하여 구성하되, 민간위원의 수는 위원장을 포함한 위원 수의 2분의1 이상이어야 한다.
> ㉢ 징계사유가 「성폭력범죄의 처벌 등에 관한 특례법」에 따른 성폭력범죄, 「양성평등기본법」에 따른 성희롱에 해당하는 징계사건이 속한 징계위원회의 회의를 구성하는 경우에는 피해자와 같은 성별의 위원이 위원장을 포함한 위원 수의 3분의1 이상 포함되어야 한다.
> ㉣ 징계위원회는 징계등 의결을 하였을 때에는 지체 없이 징계대상자에게 의결서 정본(正本)을 보내어 통지하여야 한다.
> ㉤ 징계등 의결 요구를 받은 징계위원회는 그 요구서를 받은 날부터 30일 이내에 징계등에 관한 의결을 하여야 하나, 부득이한 사유가 있을 때에는 해당 징계등 의결을 요구한 경찰기관의 장의 승인을 받아 30일 이내의 범위에서 그 기한을 연기할 수 있다.

① 1개 ② 2개 ③ 3개 ④ 4개

20

다음 설명 중 가장 적절하지 않은 것은?

① 경찰공무원 고충심사위원회의 심사를 거친 고충심사와 경위 이상의 경찰공무원의 고충심사는 「국가공무원법」에 의하여 설치된 중앙고충심사위원회에서 심사한다.
② 고충심사는 원칙적으로 직무와 관련한 모든 문제를 대상으로 한다.
③ 경찰공무원이 징계처분·강임·휴직·직위해제·면직처분의 경우에는 처분사유설명서를 교부받은 날로부터 30일 이내에 소청심사위원회에 심사청구 가능하다.
④ 대우공무원으로 선발되기 위해서는 총경과 경정은 7년 이상, 경감 이하는 5년 이상 근무하여야 한다.

21
「행정기본법」 제31조(이행강제금의 부과)에 관한 설명으로 가장 적절하지 않은 것은?

① 이행강제금 부과의 근거가 되는 법률에 의해 이행강제금을 부과하며 그 금액을 가중하거나 감경할 수 없다.
② 행정청은 이행강제금을 부과하기 전에 미리 의무자에게 적절한 이행기간을 정하여 그 기한까지 행정상 의무를 이행하지 아니하면 이행강제금을 부과한다는 뜻을 문서로 계고(戒告)하여야 한다.
③ 행정청은 의무자가 제3항에 따른 계고에서 정한 기한까지 행정상 의무를 이행하지 아니한 경우 이행강제금의 부과 금액·사유·시기를 문서로 명확하게 적어 의무자에게 통지하여야 한다.
④ 행정청은 의무자가 행정상 의무를 이행할 때까지 이행강제금을 반복하여 부과할 수 있다. 다만, 의무자가 의무를 이행하면 새로운 이행강제금의 부과를 즉시 중지하되, 이미 부과한 이행강제금은 징수하여야 한다.

22
대통령령인 「적극행정 운영규정」에 관한 설명으로 가장 적절하지 않은 것은?

① 자체감사 대상기관의 장은 소속 공무원이 인가·허가·등록·신고 등과 관련한 규제나 불명확한 법령 등으로 인해 업무를 적극적으로 추진하기 곤란한 경우에는 감사기구의 장에게 해당 업무의 처리 방향 등에 관한 의견의 제시를 요청할 수 있다.
② 의견 제시 요청을 받은 감사기구의 장이 사안이 중대하거나 둘 이상의 기관이 관련되어 있는 등의 사유로 의견을 제시하기 곤란한 경우에는 해당 감사기구의 장이 감사원에 업무의 처리 방향 등에 관한 의견의 제시를 요청할 수 있다.
③ 중앙행정기관의 장은 적극행정 실행계획을 매년 수립·시행해야 한다.
④ 인사혁신처장은 중앙행정기관의 적극행정 추진사항을 정기적으로 평가하고, 평가 결과를 국무회의에 보고해야 한다.

23
다음 설명 중 옳지 않은 것은 모두 몇 개인가?

> ㉠ 크로이츠베르크 판결에 의해서 일반수권규정에 근거하여 법규명령을 발할 수 있는 분야는 소극목적에 한정된다고 확립되었다.
> ㉡ 경찰공공의 원칙이란 경찰권은 사회공공의 안녕질서를 유지하기 위해서만 발동될 수 있는 것이며, 사회공공의 안녕질서에 직접 관계되지 아니하는 생활관계는 경찰권 발동의 대상이 되지 아니하는 원칙이다.
> ㉢ 사생활이라도 사회공공의 안녕질서에 직접적인 관계가 있는 것은 예외적으로 경찰권 발동의 대상이 된다.
> ㉣ 비례의 원칙은 경찰권 발동의 조건과 정도에 관한 원칙으로 초기에는 권력적 작용에서만 요구되었으나 현재는 모든 경찰작용에 적용된다.
> ㉤ 경찰권 행사의 편의주의 원칙상 경찰관청이 현존하는 위험에 대하여 개입하지 않더라도 반드시 위법한 것은 아니나 학설과 판례는 예외적인 상황하에서는 오직 하나의 결정(조치)만이 의무에 합당한 재량권행사로 인정된다고 본다.

① 1개   ② 2개   ③ 3개   ④ 없다.

24
행정행위에 관한 설명으로 가장 적절하지 않은 것은? (다툼이 있는 경우 판례에 의함)

① 허가란 일반적 금지를 특정한 경우에 해제해 주는 것으로 건축허가, 대중음식점 영업허가, 운전면허, 자동차학원의 설립허가, 의사면허 등이 있다.
② 특허란 특정인에 대하여 권리 등 새로운 법률상의 힘을 발생시키는 행위를 말하는 것으로 반드시 신청이 필요하다.
③ 공용수면 매립면허, 도로점용허가, 어업면허, 광업허가, 재단법인의 정관변경허가 등은 특허에 해당한다.
④ 인가란 행정청이 제3자의 법률행위를 보충하여 법률행위의 효력을 완성시켜 주는 보충행위로 구 「국토이용관리법」상 규제구역 내의 토지등의 거래계약허가, 하천공사권리의무양수도에 관한 허가 등이 있다.

25

「경찰관 직무집행법 시행령」상 손실보상의 지급절차 및 방법에 관한 설명으로 옳지 않은 것은 모두 몇 개인가?

> ㉠ 경찰관의 적법한 직무집행으로 인하여 발생한 손실을 보상받으려는 사람은 보상금 지급 청구서에 손실내용과 손실금액을 증명할 수 있는 서류를 첨부하여 손실보상청구 사건 발생지를 관할하는 손실보상심의위원회에 제출하여야 한다.
> ㉡ 보상금 지급 청구서를 받은 경찰청장등은 손실보상심의위원회의 심의·의결에 따라 보상 여부 및 보상금액을 결정하되, 청구인이 같은 청구 원인으로 보상 신청을 하여 보상금 지급 여부에 대하여 결정을 받은 경우에는 그 청구를 기각하는 결정을 하여야 한다.
> ㉢ 경찰청장등은 보상 여부 및 보상금액의 결정일부터 10일 이내에 통지서에 결정 내용을 적어서 청구인에게 통지하여야 한다.
> ㉣ 보상금은 다른 법률에 특별한 규정이 있는 경우를 제외하고는 현금으로 지급하여야 한다.
> ㉤ 보상금은 일시불로 지급하되, 예산 부족 등의 사유로 일시금으로 지급할 수 없는 특별한 사정이 있는 경우에는 청구인의 동의를 받아 분할하여 지급할 수 있다.
> ㉥ 보상금을 지급받은 사람은 보상금을 지급받은 원인과 동일한 원인으로 인한 부상이 악화되거나 보상원인이 새로 발견되는 경우에는 보상금의 추가 지급을 청구할 수 있다.

① 1개   ② 2개   ③ 3개   ④ 4개

26

A경찰서에서는 절도범을 가장 많이 검거하는 형사 1개 반을 선정하여 반원들 모두에게 포상휴가를 주기로 결정하였다. 형사 甲은 포상휴가를 가는 것보다는 동료가 절도범을 열심히 검거하는 것을 보고, 형사 甲도 같은 반원으로서 함께 노력하여 소속감을 느끼고자 한다면 이는 메슬로우의 인간욕구 중에서 어떤 욕구를 충족하기 위한 것인가?

① 자아실현의 욕구   ② 존경의 욕구
③ 사회적 욕구   ④ 안전의 욕구

27

다음은 경찰예산의 과정을 순서 없이 나열한 것이다. 과정의 순서를 바르게 나열한 것은?

> ㉠ 경찰청장은 다음 연도의 세입세출예산·계속비·명시이월비 및 국고 채무부담행위 요구서를 작성하여 기획재정부장관에게 제출한다.
> ㉡ 기획재정부장관은 대통령의 승인을 받은 국가결산보고서를 감사원에 제출하여야 한다.
> ㉢ 정부는 국가결산보고서를 국회에 제출하여야 한다.
> ㉣ 경찰청장은 예산배정요구서를 기획재정부장관에게 제출하여야 한다.
> ㉤ 기획재정부장관은 국무회의 심의를 거쳐 대통령의 승인을 얻은 다음 연도의 예산편성지침을 경찰청장에게 통보한다.
> ㉥ 정부는 대통령의 승인을 얻은 예산안을 국회에 제출하고 국회는 심의와 의결을 거쳐 예산안을 확정한다.

① ㉤-㉠-㉣-㉥-㉢-㉡
② ㉠-㉤-㉥-㉣-㉢-㉡
③ ㉤-㉠-㉥-㉣-㉡-㉢
④ ㉣-㉤-㉠-㉥-㉡-㉢

28

「경찰장비관리규칙」상 차량관리에 관한 설명으로 가장 적절하지 않은 것은?

① 차량은 용도별로 전용·지휘용·업무용·순찰용·특수용 차량으로 구분한다.
② 차량교체를 위한 불용 대상차량은 부속기관 및 지방경찰청에 배정되는 수량의 범위 내에서 내용연수 경과 여부 등 차량사용기간을 최우선적으로 고려하여 선정한다.
③ 각 경찰기관의 업무용 차량은 운전요원의 부족 등 불가피한 사유가 없는 한 분산관리를 원칙으로 한다.
④ 차량운행시 책임자는 1차 운전자, 2차 선임탑승자, 3차 경찰기관의 장으로 한다.

29

「보안업무규정」상 비밀보호에 관한 설명으로 가장 적절하지 않은 것은?

① 비밀은 그 취급자 또는 관리자에게 경고하고 비밀취급인가를 받지 아니한 사람의 접근을 방지하기 위하여 분류(재분류를 제외한다)와 동시에 등급에 따라 구분된 표시를 하여야 한다.
② 각급기관의 장은 비밀의 작성·분류·접수·발송 및 취급 등에 필요한 모든 관리사항을 기록하기 위하여 비밀관리기록부를 작성하여 갖추어 두어야 한다. 다만, Ⅰ급비밀관리기록부는 따로 작성하여 갖추어 두어야 하며, 암호자재는 암호자재 관리기록부로 관리한다.
③ 비밀관리기록부와 암호자재 관리기록부에는 모든 비밀과 암호자재에 대한 보안책임 및 보안관리 사항이 정확히 기록·보존되어야 한다.
④ 서약서철, 비밀접수증철, 비밀관리기록부는 비밀의 보호기간이 만료된 후 5년간 보존하여야 한다.

30

경찰에 대한 통제 유형을 내부통제와 외부통제로 구분할 때, 외부적 통제방법에 해당하는 것은 모두 몇 개인가?

> ㉠ 청문감사인권관   ㉡ 국가경찰위원회
> ㉢ 소청심사위원회   ㉣ 국회의 입법권
> ㉤ 감사원   ㉥ 행정쟁송
> ㉦ 훈령과 직무명령   ㉧ 언론기관

① 3개   ② 4개   ③ 5개   ④ 6개

31

「경찰 감찰 규칙」에 관한 설명으로 옳지 않은 것은 모두 몇 개인가?

> ㉠ 경찰기관의 장은 감찰관 보직공모에 응모한 지원자 및 3인 이상의 동료로부터 추천받은 자를 대상으로 적격심사를 거쳐 감찰관을 선발한다.
> ㉡ 직무와 관련한 금품 및 향응 수수, 공금횡령·유용, 성폭력범죄로 징계처분을 받은 사람은 감찰관이 될 수 없다.
> ㉢ 직무와 관련한 금품 및 향응 수수, 공금횡령·유용, 성폭력범죄 이외의 사유로 징계처분을 받아 말소기간이 경과하지 아니한 사람은 감찰관이 될 수 없다.
> ㉣ 감찰부서장은 감찰관이 결격사유에 해당되는 것으로 밝혀졌을 경우와 징계사유 등에 해당하는 경우를 제외하고는 2년 이내에 본인의 의사에 반하여 전보하여서는 아니 된다. 다만, 승진 등 인사관리상 필요한 경우에는 그러하지 아니하다.
> ㉤ 경찰기관의 장은 1년 이상 성실히 근무한 감찰관에 대해서는 희망부서를 고려하여 전보한다.
> ㉥ 경찰기관의 장은 소속 감찰관에 대하여 감찰관 보직 후 2년마다 적격심사를 실시하여 인사에 반영하여야 한다.

① 1개   ② 2개   ③ 3개   ④ 4개

32

「행정절차법」상 청문에 관한 설명으로 가장 적절하지 않은 것은?

① 행정청은 청문을 하려면 청문이 시작되는 날부터 10일 전까지 당사자등에게 통지하여야 한다.
② 청문은 당사자가 공개를 신청하거나 청문 주재자가 필요하다고 인정하는 경우 공개할 수 있다. 다만, 공익 또는 제3자의 정당한 이익을 현저히 해칠 우려가 있는 경우에는 공개하여서는 아니 된다.
③ 행정청이 처분을 할 때 다른 법령등에서 특별한 규정이 없는 경우에는 청문을 한다.
④ 행정청은 청문이 시작되는 날부터 7일 전까지 청문 주재자에게 청문과 관련한 필요한 자료를 미리 통지하여야 한다.

33
범죄개념에 관한 설명으로 가장 적절하지 않은 것은?

① 사이크스(G. M. Sykes)에 의하면 범죄는 도덕적이고 윤리적인 의미는 포함하지 않는다고 본다.
② 허먼과 슈벤딩거는 범죄란 인간의 기본적 인권을 침해하는 행위라고 규정하였다.
③ 레이몬드 J. 미카로우스키는 범죄의 범주에 불법적인 행위는 물론이고 이와 유사하지만 법적으로는 개념화되지 않은 사회적 해악행위도 포함시켜야 한다고 주장한다.
④ 서덜랜드는 화이트칼라 범죄에 대해 사회의 지도적·관리적 입장에 있는 사람이 직무상 지위를 이용해 저지르는 범죄를 의미하는 것으로 넓은 뜻으로는 살인·강도 등 강력범죄도 포함된다.

34
「지역경찰의 조직 및 운영에 관한 규칙」에 관한 설명으로 가장 적절하지 않은 것은?

① '지역경찰관서'란 「국가경찰과 자치경찰의 조직 및 운영에 관한 법률」 제30조 제3항 및 「경찰청과 그 소속기관 직제」 제43조에 규정된 지구대 및 파출소를 말한다.
② 경찰서장은 지역경찰의 정원을 다른 부서에 우선하여 충원하여야 한다.
③ 지역경찰 동원은 근무자 동원을 원칙으로 하되, 불가피한 경우에 한하여 비번자, 휴무자 순으로 동원할 수 있다.
④ 관리팀 및 순찰팀의 인원은 지역 치안수요 및 인력여건 등을 고려하여 시·도경찰청장이 결정한다.

35
「아동·청소년의 성보호에 관한 법률」에 관한 설명으로 가장 적절하지 않은 것은?

① 사법경찰관리는 19세 이상의 사람이 성적 착취를 목적으로 정보통신망을 통하여 아동·청소년에게 성적 욕망이나 수치심 또는 혐오감을 유발할 수 있는 대화를 지속적 또는 반복적으로 하거나 그러한 대화에 지속적 또는 반복적으로 참여시키는 행위를 한 범죄에 대하여 신분을 비공개하고 범인으로 추정되는 자들에게 접근하여 범죄행위의 증거 및 자료 등을 수집할 수 있다.
② 사법경찰관리가 디지털 성범죄에 대한 신분위장수사를 할 때 신분을 위장하기 위한 문서, 도화 및 전자기록 등의 작성, 변경 또는 행사 및 아동·청소년성착취물을 소지, 판매 또는 광고할 수 있다.
③ 13세 미만의 사람 및 신체적인 또는 정신적인 장애가 있는 사람에 대하여 강간, 강제추행, 준강간, 준강제추행, 강간등 상해·치상 또는 강간등 살인·치사의 죄를 범한 경우에는 공소시효를 적용하지 아니한다.
④ 법원은 아동·청소년대상 성범죄를 범한 「소년법」 제2조의 소년에 대하여 형의 선고를 유예하는 경우에는 보호관찰을 명할 수 있다.

36
「국민보호와 공공안전을 위한 테러방지법」에 관한 설명으로 가장 적절한 것은?

① 대테러활동에 관한 정책의 중요사항을 심의·의결하기 위하여 국가테러대책위원회를 두고, 위원장은 법무부장관으로 한다.
② '테러위험인물'이란 테러를 실행·계획·준비하거나 테러에 참가할 목적으로 국적국이 아닌 국가의 테러단체에 가입하거나 가입하기 위하여 이동 또는 이동을 시도하는 내국인·외국인을 말한다.
③ 관계기관의 장은 외국인테러전투원으로 출국하려 한다고 의심할 만한 상당한 이유가 있는 내·외국인에 대해 국가정보원장에게 일시 출국금지 요청이 가능하다.
④ 관계기관의 대테러활동으로 인한 국민의 기본권 침해 방지를 위해 대책위원회 소속으로 대테러 인권보호관 1명을 둔다.

37
다음 설명 중 가장 적절하지 <u>않은</u> 것은? (다툼이 있는 경우 판례에 의함)

① 교차로 직전의 횡단보도에 따로 차량보조등이 설치되어 있지 아니한 경우, 교차로 차량신호등이 적색이고 횡단보도 보행등이 녹색인 상태에서 횡단보도를 지나 우회전하다가 사람을 다치게 한 경우 「교통사고처리 특례법」상 특례조항인 신호위반에 해당한다.
② 신호위반으로 교통사고를 야기한 자가 신호위반의 범칙금을 납부하였다면, 「교통사고처리 특례법」상 신호위반으로 인한 업무상과실치상죄의 죄책을 물을 수 없다.
③ 부득이한 사정으로 중앙선을 침범하여 교통사고를 야기한 경우 중앙선침범에 해당되지 않는다.
④ 횡단보도의 신호가 적색인 상태에서 반대차선에 정지 중인 차량 뒤에서 보행자가 건너올 것까지 예상하여 주의의무를 다하여야 한다고 할 수 없다.

38
「집회 및 시위에 관한 법률」에 관한 설명으로 가장 적절하지 <u>않은</u> 것은?

① 주최자는 신고한 옥외집회 또는 시위를 하지 아니하게 된 경우에는 신고서에 적힌 집회 일시 24시간 전에 그 철회사유 등을 적은 철회신고서를 관할 경찰관서장에게 제출할 수 있다.
② 관할 경찰관서장은 집회 또는 시위의 시간과 장소가 중복되는 2개 이상의 신고가 있는 경우 그 목적으로 보아 서로 상반되거나 방해가 된다고 인정되면 각 옥외집회 또는 시위 간에 시간을 나누거나 장소를 분할하여 개최하도록 권유하는 등 각 옥외집회 또는 시위가 서로 방해되지 아니하고 평화적으로 개최·진행될 수 있도록 노력하여야 한다.
③ 관할 경찰관서장은 ②에 따른 권유가 받아들여지지 아니하면 뒤에 접수된 옥외집회 또는 시위에 대하여 그 집회 또는 시위의 금지를 통고할 수 있다.
④ ③에 따라 뒤에 접수된 옥외집회 또는 시위가 금지 통고된 경우 먼저 신고를 접수하여 옥외집회 또는 시위를 개최할 수 있는 자는 집회 시작 1시간 전에 관할 경찰관서장에게 집회 개최 사실을 통지하여야 한다.

39
「국가보안법」에 관한 설명으로 가장 적절하지 <u>않은</u> 것은?

① 「국가보안법」 제5조 제2항의 금품수수죄는 국가의 존립·안전이나 자유민주적 기본질서를 위태롭게 한다는 정을 알면서 반국가단체의 구성원 또는 그 지령을 받은 자로부터 금품을 수수함으로써 성립하는 죄이며, 반국가단체의 구성원이나 그 지령을 받은 자도 본죄의 주체가 된다.
② 「국가보안법」 제6조 제2항의 특수 잠입·탈출죄는 국가의 존립·안전이나 자유민주적 기본질서를 위태롭게 한다는 정을 알면서 반국가단체의 지배하에 있는 지역으로부터 잠입하거나 그 지역으로 탈출함으로써 성립하는 죄이며, 주체에는 아무런 제한이 없다.
③ 「국가보안법」 제8조 제1항 회합·통신죄에서 '회합·통신 기타의 방법으로 연락'이라고 함은 반국가단체의 구성원 또는 그 지령을 받은 자를 직접 상대방으로 하는 경우는 물론이고 제3자를 이용하여 통신 기타의 방법으로 연락하는 것을 말한다.
④ 「국가보안법」 제10조의 불고지죄는 반국가단체의 구성·가입·가입권유죄, 목적수행죄, 자진지원죄를 범한 자라는 정을 알면서 수사기관 또는 정보기관에 고지하지 아니함으로써 성립하는 죄이며, 본범과 친족관계가 있는 때에는 그 형을 감경 또는 면제한다.

40
범죄인 인도에 관한 설명으로 가장 적절한 것은?

① 자국민 불인도의 원칙이란 범죄인 인도대상이 자국민일 경우 청구국에 인도하지 않는다는 원칙으로, 우리나라는 절대적 거절사유로 규정하고 있다.
② 군사범 불인도의 원칙이란 군사적 의무관계에서 기인하는 범죄자는 인도하지 않는다는 원칙으로, 우리나라는 군사범 불인도의 원칙을 명문으로 규정하고 있다.
③ 우리나라는 정치범 불인도 원칙을 명문으로 규정하고 있으나, 국가원수나 그 가족의 살해범에 대해서는 정치범 불인도 원칙이 적용되지 않는다.
④ 유용성의 원칙이란 어느 정도 중요성을 띤 범죄만 인도한다는 원칙으로, 우리나라는 명문으로 규정하고 있다.

제9회 동형모의고사

제한시간 / 40분   점수 / 100점

01
대륙법계 경찰개념에 관한 설명으로 옳지 않은 것은 모두 몇 개인가?

> ⊙ 국왕의 절대적 권력으로부터 유래하는 경찰권을 전제로 한다.
> ⓒ 고대의 경찰개념은 도시국가(polis)에 관한 일체의 정치, 특히 국가·「헌법」 또는 국가활동 등을 의미하는 다의적 개념에 해당하였다.
> ⓒ 17세기 경찰국가시대의 경찰개념은 외교·국방·재정·사법을 제외한 내무행정 전반을 의미했다.
> ⓔ 18세기 계몽철학의 영향으로 경찰의 개념이 소극적 위험방지 분야로 한정되었다.
> ⓜ 1794년 프로이센 일반란트법은 "공공의 평온·안녕 및 질서를 유지하고, 또한 공중 및 그의 개개 구성원들에 대한 절박한 위험을 방지하기 위하여 필요한 조치를 취하는 것은 경찰의 직무이다."라고 규정하였다.

① 1개   ② 2개   ③ 3개   ④ 없다.

02
형식적 의미의 경찰과 실질적 의미의 경찰에 관한 설명으로 가장 적절하지 않은 것은?

① 경찰기관이 행하는 경찰활동 중에서 성질상 형식적 의미의 경찰작용으로 볼 수 없는 것이 포함되어 있다.
② 사법경찰은 일반경찰기관이 담당하고 있으므로 형식적 의미의 경찰에 해당하나, 실질적 의미에서는 사법작용에 해당하기에 실질적 의미의 경찰에는 해당하지 않는다.
③ 실질적 의미의 경찰과 형식적 의미의 경찰의 범위는 서로 일치하는 개념은 아니다.
④ 실질적 의미의 경찰은 사회공공의 안녕, 질서유지와 같은 소극적 목적을 위한 작용이다.

03
경찰권 행사에 관한 설명으로 가장 적절하지 않은 것은?

① 공공의 안녕은 법질서의 불가침성, 국가존립과 기능성의 불가침성, 개인의 권리와 법익의 보호로 구성되며, 경찰은 사회공공과 관련하여 국가의 존립과 기능을 보호할 의무가 있다.
② 공공질서와 관련하여 경찰이 개입할 것인가의 여부는 경찰의 결정에 맡겨져 있더라도 「헌법」상 과잉금지원칙이 준수되어야 한다.
③ 개인적 법익에 대한 침해가 동시에 공법규범 위반에 해당하는 경우에 경찰은 그러한 행위에 대해서 직접 개입해야 한다.
④ 오늘날 공공질서 개념을 사용하여 경찰권을 행사하는 분야는 점점 증가하고 있다.

04
다음 설명 중 옳지 않은 것은 모두 몇 개인가?

> ⊙ 경찰의 수사임무는 「형사소송법」에 의하여 발생하는 것으로 위험방지 임무와 별개의 것이다.
> ⓒ 국민의 자유와 권리를 제한하고 의무를 과하는 모든 활동은 법률로서만 가능하다.
> ⓒ 민주주의에 의할 때 경찰의 활동은 원칙적으로 공개되어야 하며 조직 내부적으로도 권한의 분배가 이루어져야 한다.
> ⓔ 로크에 의할 경우 자연상태에서는 자연법을 자신의 이익을 위해 편견을 가지고 해석하며, 공동의 합의에 의해 도출된 공동의 척도가 없다고 보았다.
> ⓜ 로크의 사회계약설은 국가가 최소한의 정부로서 국민의 생명과 재산을 보호하는 것이 주임무라고 본다.

① 1개   ② 2개   ③ 3개   ④ 4개

05
다음 설명 중 가장 적절하지 않은 것은?

① 지구대에 근무하는 경찰관 A는 순찰 도중 동네 슈퍼마켓 주인으로부터 음료수를 얻어 마시면서 친분을 유지하다가 나중에는 폭행사건처리 무마 청탁을 받고 큰 돈까지 받게 되었다면 '썩은 사과가설'의 한 예로 볼 수 있다.
② 경찰의 부패의 원인 중 '전체경찰 중 일부 부패할 가능성이 있는 경찰을 모집단계에서 배제하지 못하여 이들이 조직에 흡수되어 전체가 부패할 가능성이 있다'는 이론은 '썩은 사과 가설'이다.
③ 경찰관의 동료나 상사의 부정부패에 대하여 휘슬블로잉과 정반대의 태도를 취하는 것은 '침묵의 규범'이다.
④ 지구대에 근무하는 B순경이 절도범을 추격하던 중 달아나는 범인의 등 뒤에서 권총을 쏘아 범인을 사망케 하였다면, 이것은 민주경찰이 지향해야 할 '공공의 신뢰'에 위배된다고 볼 수 있다.

06
한국경찰에 관한 설명으로 옳지 않은 것은 모두 몇 개인가?

㉠ 고려시대의 경찰기능은 어느 한 기관에서 독립적으로 수행하였다.
㉡ 조선시대 의금부에서는 왕족의 범죄를 포함한 국사범, 사헌부탄핵사건 등 중요한 특별사법사무를 담당하였다.
㉢ 갑오경장 당시의 경무청은 영업, 시장, 회사에 관한 사무를 비롯하여 위생에 관한 일체의 사무를 담당하는 등 매우 광범한 영역의 사무를 담당하고 있었다.
㉣ 일제의 헌병경찰은 첩보의 수집, 의병의 토벌 등의 임무를 담당하고 민사소송의 조정이나 부업의 장려 등은 보통경찰이 담당하였다.
㉤ 미군정기인 1946년 경찰서장의 즉결처분 및 훈계방면권은 사법부에 정식으로 이관되었다.
---

① 1개   ② 2개   ③ 3개   ④ 4개

07
경찰조직에 관한 설명으로 가장 적절하지 않은 것은?

① 경찰행정기관에게는 법률에 의하여 일정 범위의 권한과 책임이 주어지며, 경찰행정기관이 그 권한의 범위 내에서 행하는 행위의 효과는 법률상 오로지 행정주체인 국가와 지방자치단체에 귀속된다.
② 행정주체의 법률상 의사를 결정하여 외부에 표시하는 권한을 가지는 기관을 의결기관이라 하고, 의결기관은 징계위원회가 있다.
③ 경찰자문기관으로 경찰공무원인사위원회, 경찰청 및 시·도경찰청 인권위원회 등이 있고, 자문기관의 자문은 법적으로 행정관청을 구속하지 못한다.
④ 경찰행정관청이 참여기관의 의결을 거치지 아니하고 행위한 경우에는 무권한의 행위가 되며 무효에 해당한다.

08
「국가경찰과 자치경찰의 조직 및 운영에 관한 법률」상 경찰청장에 관한 설명으로 옳지 않은 것은 모두 몇 개인가?

㉠ 경찰청장의 임기는 2년으로 하며 중임할 수 없으며, 경찰청장이 직무집행에 있어서 「헌법」이나 법률을 위배한 때에는 국회의 탄핵소추의결을 받을 수 있다.
㉡ 경찰청장은 퇴직일로부터 2년 이내에 정당의 발기인이 되거나 당원이 될 수 없다.
㉢ 경찰청장은 국민의 생명·신체·재산 또는 공공의 안전 등에 중대한 위험을 초래하는 긴급하고 중요한 사건의 수사에 있어서 경찰의 자원을 대규모로 동원하는 등 통합적으로 현장 대응할 필요가 있다고 판단할 만한 상당한 이유가 있는 때에는 직접 개별 사건의 수사에 대하여 구체적으로 지휘·감독할 수 있다.
㉣ 경찰청장이 개별 사건의 수사에 대한 구체적 지휘·감독을 개시한 때에는 이를 국가경찰위원회에 보고하여야 한다.
㉤ 경찰청장은 국가수사본부장이 개별 사건의 수사에 대한 구체적 지휘사유가 해소되었다고 판단하여 개별 사건의 수사에 대한 구체적 지휘·감독의 중단을 건의하는 경우 특별한 이유가 없으면 이를 승인할 수 있다.
---

① 1개   ② 2개   ③ 3개   ④ 4개

09

「국가경찰과 자치경찰의 조직 및 운영에 관한 법률」상 국가경찰위원회에 관한 설명으로 옳지 않은 것은 모두 몇 개인가?

> ⊙ 국가경찰행정에 관한 사항을 심의·의결하기 위하여 행정안전부에 국가경찰위원회를 둔다.
> ⓒ 국가경찰위원회는 위원장 1명을 포함한 7명의 위원으로 구성하되, 위원장 및 5명의 위원은 비상임(非常任), 1명의 위원은 상임(常任)으로 하고, 위원장은 정무직으로 한다.
> ⓒ 국가경찰위원회의 사무는 경찰청에서 수행하고, 이 법에 규정된 것 외에 국가경찰위원회의 운영 및 심의·의결 사항의 구체적 범위, 재의 요구 등에 필요한 사항은 위원장이 정한다.
> ② 위원의 임기는 3년으로 하며, 연임(連任)할 수 없다. 보궐위원의 임기는 전임자 임기의 남은 기간으로 하되, 전임자의 남은 임기가 1년 미만인 경우 그 보궐위원은 한 차례만 연임할 수 있다.
> ⓜ 위원 중 1명은 인권문제에 관하여 전문적인 지식과 경험이 있는 사람이 임명될 수 있도록 노력하여야 한다.

① 1개   ② 2개   ③ 3개   ④ 4개

10

「경찰공무원법」과 「국가공무원법」상 공통된 임용결격사유가 아닌 것은?

① 피성년후견인 또는 피한정후견인
② 파산선고를 받고 복권되지 아니한 사람
③ 공무원으로 재직기간 중 직무와 관련하여 「형법」 제355조(횡령, 배임) 및 제356조(업무상의 횡령과 배임)에 규정된 죄를 범한 자로서 300만 원 이상의 벌금형을 선고받고 그 형이 확정된 후 2년이 지나지 아니한 사람
④ 「성폭력범죄의 처벌 등에 관한 특례법」 제2조(성폭력범죄)에 규정된 죄를 범한 사람으로서 100만 원 이상의 벌금형을 선고받고 그 형이 확정된 후 3년이 지나지 아니한 사람

11

시보임용에 관한 설명으로 옳지 않은 것은 모두 몇 개인가?

> ⊙ 경정 이하의 경찰공무원을 신규채용할 때에는 1년간 시보(試補)로 임용하고, 그 기간이 만료된 날에 정규 경찰공무원으로 임용한다.
> ⓒ 시보기간 중에는 신분보장 및 승진임용이 되지 않는다.
> ⓒ 휴직기간·직위해제기간 및 징계에 의한 정직, 감봉 또는 견책처분을 받은 기간은 시보임용 기간에 산입하지 아니한다.
> ② 시보임용 중에 있는 경찰공무원은 근무성적이나 교육훈련성적이 현저히 불량하고, 앞으로 경찰공무원으로 근무하기에 부적당한 때에는 징계절차를 거쳐야만 면직시킬 수 있다.
> ⓜ 경찰대학을 졸업한 사람 또는 경찰간부후보생으로 정하여진 교육을 마친 사람을 경위로 임용하는 경우에는 시보임용의 예외사유에 해당한다.
> ⓑ 임용권자 또는 임용제청권자는 시보임용예정자가 교육훈련성적이 만점의 6할 미만이거나 생활기록이 극히 불량할 때에는 시보임용을 하지 아니할 수 있다.

① 1개   ② 2개   ③ 3개   ④ 4개

12

경찰공무원에 관한 설명으로 가장 적절하지 않은 것은?

① 경찰공무원은 임용장 또는 임용통지서에 기재된 일자에 임용된 것으로 본다. 다만, 사망으로 인한 면직은 사망한 다음 날에 면직된 것으로 본다.
② 경찰공무원이 임용의 결격사유에 해당하게 된 경우에는 당연히 퇴직한다. 다만, 자격정지 이상의 형의 선고유예를 선고받고 그 유예기간 중에 있는 사람의 경우에는 그러하지 아니하다.
③ 경찰공무원은 그 신분 등이 위법·부당하게 침해된 경우 이를 구제하기 위한 행정소송의 경우 임용권자가 피고가 된다.
④ 경찰공무원의 보수에 관한 법령으로 대통령령인 공무원보수규정이 있다.

13

「경찰공무원법」 제7조(임용권자) 및 「경찰공무원임용령」 제4조(임용권의 위임)에 관한 설명으로 가장 적절하지 않은 것은?

① 총경 이상 경찰공무원은 경찰청장 또는 해양경찰청장의 추천을 받아 행정안전부장관 또는 해양수산부장관의 제청으로 국무총리를 거쳐 대통령이 임용한다. 다만, 총경의 전보, 휴직, 직위해제, 강등, 정직 및 복직은 경찰청장 또는 해양경찰청장이 한다.
② 경정 이하의 경찰공무원은 경찰청장 또는 해양경찰청장이 임용한다. 다만, 경정으로의 신규채용, 승진임용 및 면직은 경찰청장 또는 해양경찰청장의 제청으로 국무총리를 거쳐 대통령이 한다.
③ 경찰청장은 국가수사본부장에게 국가수사본부 안에서의 총경 이하에 대한 전보권을 위임한다.
④ 경찰청장은 경찰대학·경찰인재개발원·중앙경찰학교·경찰수사연수원·경찰병원 및 시·도경찰청의 장에게 그 소속 경찰공무원 중 경정의 전보·파견·휴직·직위해제 및 복직에 관한 권한과 경감 이하의 임용권을 위임한다.

14

「경찰공무원 승진임용 규정」에 관한 설명으로 가장 적절하지 않은 것은?

① 공무상 질병 또는 부상으로 인하여 「국가공무원법」 제71조 제1항 제1호(신체·정신상의 장애로 장기 요양이 필요할 때)에 따라 휴직한 경우에 그 휴직 기간은 승진소요 최저근무연수에 포함된다.
② 둘째 자녀 이후에 대하여 휴직을 하는 경우에는 그 휴직 기간 전부 다 승진소요 최저근무연수에 포함된다.
③ 제2 평정 요소에 따른 근무성적 평정은 평정대상자의 계급별로 평정 결과가 수 20퍼센트, 우 40퍼센트, 미 30퍼센트, 양 10퍼센트의 분포비율에 맞도록 하여야 한다.
④ 휴직·직위해제 등의 사유로 해당 연도의 평정기관에서 6개월 이상 근무하지 아니한 경찰공무원에 대해서는 근무성적을 평정하지 아니한다.

15

경찰공무원의 신분상 의무에 관한 설명으로 가장 적절하지 않은 것은?

① 경찰공무원이 위법함을 알고도 상사의 명령에 복종하였으면 이에 복종한 경찰공무원에게도 책임이 있다.
② 경찰공무원은 재직 중은 물론 퇴직 후에도 직무상 지득한 비밀을 엄수하여야 한다.
③ 경찰공무원이 외국정부로부터 영예나 증여를 받는 경우에는 대통령의 허가를 받아야 한다.
④ 경찰공무원은 정당 기타 정치단체의 결성에 관여하거나 가입하여서는 아니 된다.

16

「부정청탁 및 금품등 수수의 금지에 관한 법률」 및 동법 시행령상 외부강의등의 사례금 수수 제한에 관한 설명으로 가장 적절하지 않은 것은?

① 공직자등은 법 제10조 제1항에 따른 금액을 초과하는 사례금을 받은 경우에는 법 제10조 제5항에 따라 초과 사례금을 받은 사실을 안 날부터 2일 이내에 서면으로 소속기관장에게 신고하여야 한다.
② 「국가공무원법」 또는 「지방공무원법」에 따른 공무원과 그 밖에 다른 법률에 따라 공무원으로 인정된 사람, 공직유관단체 및 기관의 장과 그 임직원은 외부강의의 대가로 40만 원을 초과하는 사례금을 받아서는 아니 된다.
③ ②의 공직자등은 1시간을 초과하여 강의 등을 하는 경우에 사례금 총액은 시간당 상한액의 100분의 150에 해당하는 금액을 초과하지 못한다.
④ 공직자등은 상한액을 초과하는 사례금을 받은 경우에는 대통령령으로 정하는 바에 따라 소속기관장에게 신고하고, 제공자에게 그 초과금액을 지체 없이 반환하여야 한다.

17
경찰공무원의 징계에 관한 설명으로 가장 적절하지 않은 것은?

① 위원장이 부득이한 사유로 직무를 수행할 수 없거나 위원장이 필요하다고 인정하는 경우에는 출석한 위원 중 최상위 계급 또는 이에 상응하는 직급에 있거나 최상위 계급 또는 이에 상응하는 직급에 먼저 승진임용된 공무원이 위원장이 된다.
② 동료 경찰관에 대한 성희롱을 이유로 징계에 의하여 해임처분을 받은 경찰관은 해임처분을 받은 때부터 3년이 지나도 경찰공무원에 임용될 수 없다.
③ 징계위원회가 징계사건을 심의할 때에는 당해 공무원 또는 대리인에게 반드시 진술의 기회를 부여해야 하고, 이를 거치지 않은 징계는 무효이다.
④ 경찰·검찰 기타 수사기관에서 수사 중인 사건에 대하여는 징계절차를 진행시킬 수 없다.

18
행정심판에 관한 설명으로 가장 적절하지 않은 것은?

① 대통령의 처분 또는 부작위에 대하여는 다른 법률에서 행정심판을 청구할 수 있도록 정한 경우 외에는 행정심판을 청구할 수 없다.
② 행정심판의 종류에는 취소심판, 무효등확인심판, 부작위 위법확인심판이 있다.
③ 행정심판은 처분이 있음을 알게 된 날부터 90일 이내에 청구하여야 한다.
④ 행정심판청구기간 규정은 무효등확인심판청구와 부작위에 대한 의무이행심판청구에는 적용하지 아니한다.

19
「행정기본법」에 관한 설명으로 옳지 않은 것은 모두 몇 개인가?

> ㉠ 공익 또는 제3자의 이익을 현저히 해칠 우려가 있는 경우에도 행정청이 장기간 권한을 행사하지 아니하여 국민이 그 권한이 행사되지 아니할 것으로 믿을 만한 정당한 사유가 있는 경우에는 그 권한을 행사해서는 아니 된다.
> ㉡ '제재처분'이란 법령등에 따른 의무를 위반하거나 이행하지 아니하였음을 이유로 당사자에게 의무를 부과하거나 권익을 제한하는 처분을 말한다.
> ㉢ 법령등(훈령·예규·고시·지침 등을 포함한다)의 시행일을 정하거나 계산할 때에는 법령등을 공포한 날부터 일정 기간이 경과한 날부터 시행하는 경우 법령등을 공포한 날을 첫날에 산입하지 아니한다.
> ㉣ 법령등을 위반한 행위의 성립과 이에 대한 제재처분은 법령등에 특별한 규정이 있는 경우를 제외하고는 제재처분 당시의 법령등에 따른다.
> ㉤ 행정청은 처분을 철회하려는 경우에는 철회로 인하여 당사자가 입게 될 불이익을 철회로 달성되는 공익과 비교·형량하여야 한다.

① 1개   ② 2개   ③ 3개   ④ 4개

20
「경찰청 적극행정 면책제도 운영규정」상 사전컨설팅 감사에 관한 설명으로 가장 적절하지 않은 것은?

① 사전컨설팅 대상 기관등의 장은 사전컨설팅 감사가 필요하다고 인정되는 경우 충분한 자체 검토를 거친 후 별지 제6호 서식에 따른 신청서를 작성하여 감사관에게 제출할 수 있다.
② 산하 공직유관단체의 장이 감사관에게 사전컨설팅을 신청하는 경우에는 자체감사기구의 장의 의견 및 관련 자료를 첨부하여야 한다.
③ 감사관은 관련 공무원 등이 업무처리 과정에서 기본적으로 지켜야 할 의무를 다하지 않았거나 금품수수, 고의·중과실, 무사안일 및 직무태만의 경우에는 사전컨설팅 감사 신청서를 반려하여야 한다.
④ 사전컨설팅 감사는 구두 또는 서면감사를 원칙으로 하되, 현지 확인 등 실지감사를 함께 할 수 있다.

21
경찰책임의 원칙에 관한 설명으로 가장 적절하지 <u>않은</u> 것은?

① 경찰책임의 주체는 모든 자연인이 될 수 있다. 또한 권리능력 유무에 관계없이 모든 사법인도 경찰책임자가 될 수 있다.
② 경찰이 경찰긴급권에 의하여 예외적으로 경찰책임이 없는 자에게 경찰권을 발동함으로써 제3자에게 손실을 입히는 경우에는 그 손실을 보상하여야 한다.
③ 다수인의 행위 또는 다수인이 지배하는 물건의 상태로 인하여 하나의 질서위반상태가 발생한 경우, 일부 또는 전체에 대하여 경찰권 발동이 가능하다.
④ 타인을 보호 감독할 지위에 있는 자가 피지배자의 행위로 발생한 경찰위반에 대하여 경찰책임을 지는 경우, 자기의 지배범위 내에서 발생한 데에 대한 대위책임이다.

22
경찰작용의 형식으로서의 경찰허가에 관한 설명으로 옳은 것은 모두 몇 개인가?

> ㉠ 경찰허가는 법률상의 경찰금지를 해제하는 데 그치며, 다른 법률상의 경찰금지 또는 경찰이외의 목적을 위해 금지를 해제하는 것은 아니다.
> ㉡ 허가는 출원이 없어도 가능하며 무허가행위의 경우 행위 자체의 효력은 유효하다.
> ㉢ 경찰관청의 허가는 판단에 따라 허가를 유보할 수 있다.
> ㉣ 부담은 단독한 행정행위가 되며 부담만이 항고소송의 대상이 될 수 있다.
> ㉤ 부담에 의해 부과된 의무불이행으로 부담부행정행위가 당연히 효력을 상실하는 것은 아니며 당해 의무불이행은 부담부행정행위의 철회사유가 될 뿐이다.

① 1개   ② 2개   ③ 3개   ④ 4개

23
경찰작용에 관한 설명으로 가장 적절하지 <u>않은</u> 것은?

① 경찰상 조사에는 권력적 조사작용과 비권력적 조사작용을 포함한다.
② 행정조사의 일반적인 근거법으로 「행정조사기본법」이 존재하고, 경찰조사도 경찰관련 법규에 특별한 규정이 없는 한 원칙적으로는 「행정조사기본법」을 따른다.
③ 행정상 즉시강제는 권력적 사실행위로서 행정쟁송의 대상인 '처분'에 해당하지 않아 행정소송에 의한 구제는 즉시강제의 성질상 적합하지 아니하다
④ 공표 그 자체로는 아무런 법적 효과도 발생하지 않는 사실행위에 불과하다.

24
「질서위반행위규제법」에 관한 설명으로 가장 적절하지 <u>않은</u> 것은?

① 과태료 부과에 불복하여 이의제기가 있는 경우에도 행정청의 과태료 부과처분은 법원의 과태료 판결이 있기 전까지는 효력이 유지된다.
② 질서위반행위의 성립과 과태료 처분은 행위시의 법률에 따르는 것을 원칙으로 하며, 14세가 되지 아니한 자의 질서위반행위는 과태료를 부과하지 않는다.
③ 심신장애로 인하여 행위의 옳고 그름을 판단할 능력이 없거나 그 판단에 따른 행위를 할 능력이 없는 자의 질서위반행위는 과태료를 부과하지 않는다.
④ 행정청은 질서위반행위가 종료된 날부터 5년이 경과한 경우에는 해당 질서위반행위에 대하여 과태료를 부과함이 불가하다.

25
「경찰관 직무집행법」에 관한 설명으로 가장 적절하지 않은 것은?

① 살수차, 분사기, 최루탄 또는 무기를 사용하는 경우 그 책임자는 사용 일시·장소·대상, 현장책임자, 종류, 수량 등을 기록하여 보관하여야 한다.
② 경찰청장과 해양경찰청장은 경찰관이 제2조 각 호에 따른 직무의 수행으로 인하여 민·형사상 책임과 관련된 소송을 수행할 경우 변호인 선임 등 소송 수행에 필요한 지원을 할 수 있다.
③ 경찰관이 범인을 제압하는 과정에서 총기를 사용하여 범인을 사망에 이르게 한 사안에서, 경찰관이 총기사용에 이르게 된 동기나 목적, 경위 등을 고려하여 형사사건에서 무죄판결이 확정되었더라도 당해 경찰관의 과실의 내용과 그로 인하여 발생한 결과의 중대함은 상호 인과관계가 인정된다면 민사상 불법행위책임을 인정할 수 있다.
④ 위해를 수반하는 무기사용의 한계 중 정당방위와 대간첩작전 수행시에는 보충성이 필요하다.

26
다음은 「경찰관 직무집행법」 제11조의5(직무 수행으로 인한 형의 감면)의 내용이다. 밑줄의 내용 중 옳은 것은?

> 제11조의5(직무 수행으로 인한 형의 감면) 다음 각 호의 범죄가 행하여지려고 하거나 행하여지고 있어 ㉠ 타인의 생명·신체·재산에 대한 위해 발생의 우려가 명백하고 긴급한 상황에서, 경찰관이 그 위해를 예방하거나 진압하기 위한 행위 또는 범인의 검거 과정에서 경찰관을 향한 ㉡ 직·간접적인 유형력 행사에 대응하는 행위를 하여 그로 인하여 타인에게 피해가 발생한 경우, 그 경찰관의 직무수행이 불가피한 것이고 필요한 최소한의 범위에서 이루어졌으며 ㉢ 해당 경찰관에게 고의 또는 중대한 과실이 없는 때에는 그 정상을 참작하여 형을 감경하거나 면제할 수 있다.
> 1. 「형법」 제2편 제24장 살인의 죄, 제25장 상해와 폭행의 죄, 제32장 강간과 추행의 죄 중 강간에 관한 범죄, 제38장 절도와 강도의 죄 중 강도에 관한 범죄 및 이에 대하여 다른 법률에 따라 가중처벌하는 범죄
> 2. ㉣ 「성폭력범죄의 처벌 등에 관한 특례법」에 따른 성폭력범죄, 「아동학대범죄의 처벌 등에 관한 특례법」에 따른 아동학대범죄

① ㉠ ② ㉡ ③ ㉢ ④ ㉣

27
계급제와 직위분류제에 관한 설명으로 가장 적절하지 않은 것은?

① 계급제는 사람중심, 직위분류제는 직무중심이며 계급제는 충원방식에서 폐쇄형을 직위분류제는 개방형을 채택하고 있고, 계급제는 인사배치의 신축성이 있으나 직위분류제는 보다 비융통적이다.
② 중간계급에의 진입을 허용하지 않는 계급제가 공직을 평생직장으로 이해하는 직업공무원제도의 정착에 보다 유리하다.
③ 계급제와 직위분류제의 관계는 양립될 수 없는 상호배타적인 관계가 아니라 서로의 결함을 시정할 수 있는 상호보완적인 관계에 있다고 볼 수 있다.
④ 직위분류제는 전직이 제한되고 행정의 전문화가 곤란하며 권한과 책임의 한계가 불명확하고 신분보장이 미흡하다는 단점이 있다.

28
예산의 분류 및 예산제도에 관한 설명으로 가장 적절하지 않은 것은?

① 경찰예산의 대부분은 일반회계에 속한다.
② 추가경정예산은 예산의 과정상 분류에 속하며, 준예산은 예산의 형식상 분류에 속한다.
③ 계획예산제도는 종래의 관리중심의 예산기능을 지양하고 상대적으로 경시되어 왔던 예산편성에 있어서의 계획기능을 중시하는 예산제도이다.
④ 영기준예산제도는 예산편성을 할 때 전년도 예산을 기준으로 하여 점증적으로 예산액을 책정하는 폐단을 시정하려는 데서 나온 예산제도이다.

29

비밀의 보관기준 및 관리에 관한 설명으로 옳지 않은 것은 모두 몇 개인가?

> ⊙ Ⅰ급비밀은 반드시 금고에 보관하여야 하며, 다른 비밀과 혼합하여 보관하여서는 아니 된다.
> ⓒ Ⅱ급비밀 및 Ⅲ급비밀은 금고 또는 이중 철제캐비닛 등 잠금장치가 있는 안전한 용기에 보관하여야 하며, 보관책임자가 Ⅱ급비밀 취급 인가를 받은 때에는 Ⅱ급비밀과 Ⅲ급비밀을 같은 용기에 혼합하여 보관할 수 있다.
> ⓒ Ⅱ급이나 Ⅲ급 비밀과 대외비는 구분된 관리번호를 사용하여 동일관리기록부를 사용할 수 있다.
> ⓔ Ⅰ급비밀 관리기록부는 따로 작성하여 갖추어 두어야 하며, 암호자재는 암호자재 관리기록부로 관리한다.
> ⓜ Ⅰ급비밀(Ⅱ급과 Ⅲ급 비밀을 제외)은 작성 및 접수 순서에 따라 관리번호를 부여하여야 한다.
> ⓗ 비밀열람기록전은 그 비밀파기시에 같이 파기하도록 한다.

① 1개 ② 2개 ③ 3개 ④ 4개

30

「경찰 감찰 규칙」에 관한 설명으로 가장 적절하지 않은 것은?

① 감찰관은 소속공무원의 의무위반사실에 대한 민원을 접수한 경우 접수일로부터 2개월 내에 신속히 처리하여야 한다. 다만, 부득이한 사유로 민원을 기한 내에 처리할 수 없을 때에는 소속 경찰기관의 감찰부서장에게 보고하여 그 처리 기간을 연장할 수 있다.
② 감찰관은 민원사건을 접수한 경우 접수 후 매 1개월이 경과한 때와 감찰조사를 종결하였을 때에 민원인 또는 피해자에게 사건처리 진행상황을 통지하여야 한다. 다만, 진행상황에 대한 통지가 감찰조사에 지장을 주거나 피해자 또는 사건관계인의 명예와 권리를 부당히 침해할 우려가 있는 때에는 통지하지 않을 수 있다.
③ 감찰관은 다른 경찰기관 또는 검찰, 감사원 등 다른 행정기관으로부터 통보받은 소속공무원의 의무위반행위에 대해서는 통보받은 날로부터 1개월 이내에 신속히 처리하여야 한다.
④ 감찰관은 검찰·경찰, 그 밖의 수사기관으로부터 수사개시 통보를 받은 경우에는 징계의결요구권자의 결재를 받아 해당 기관으로부터 수사결과의 통보를 받을 때까지 감찰조사, 징계의결요구 등의 절차를 진행하지 아니할 수 있다.

31

「공공기관의 정보공개에 관한 법률」에 관한 설명으로 가장 적절하지 않은 것은?

① 모든 국민은 정보의 공개를 청구할 권리를 가지며, 외국인의 정보공개 청구에 관하여는 대통령령으로 정한다.
② 공공기관은 정보공개의 청구를 받으면 그 청구를 받은 날부터 10일 이내에 공개 여부를 결정하여야 한다.
③ 공공기관은 부득이한 사유로 제1항에 따른 기간 이내에 공개 여부를 결정할 수 없을 때에는 그 기간이 끝나는 날의 다음 날부터 기산(起算)하여 10일의 범위에서 공개 여부 결정기간을 연장할 수 있다.
④ 공공기관은 공개 청구된 공개 대상 정보의 전부 또는 일부가 제3자와 관련이 있다고 인정할 때에는 그 사실을 제3자에게 3일 이내에 통지하여야 하며, 필요한 경우에는 그의 의견을 들을 수 있다.

32

「행정절차법」상 행정상 입법예고에 관한 설명으로 가장 적절하지 않은 것은?

① 법령등을 제정·개정 또는 폐지(이하 '입법'이라 한다)하려는 경우에는 해당 입법안을 마련한 행정청은 이를 예고하여야 한다.
② 행정청은 대통령령을 입법예고하는 경우 국회 소관 상임위원회에 이를 제출하여야 한다.
③ 누구든지 예고된 입법안에 대하여 의견을 제출할 수 있다.
④ 입법예고기간은 예고할 때 정하되, 특별한 사정이 없으면 20일(자치법규는 10일) 이상으로 한다.

33

백화점을 쇼핑 중인 A는 보석상에서 "⊙ 내가 반지를 훔치는 것은 남편이 돈을 잘 벌어 주지 못하기 때문이고, ⓒ 내가 반지를 훔쳐도 주인은 돈이 워낙 많기 때문에 피해가 없을 것이다."라고 결론짓고 다이아 반지를 절취하였다. ⊙와 ⓒ에 부합하는 중화기술의 방법이 가장 적절하게 연결된 것은?

	⊙	ⓒ
①	책임의 회피	피해자의 부정
②	책임의 회피	가해의 부정
③	가해의 부정	책임의 회피
④	가해의 부정	피해자의 부정

34
지역경찰의 개념정리 중 지역중심의 경찰활동에 관한 설명으로 가장 적절한 것은?

① 지역조직은 거주자들에게 지역에 관한 정보를 제공하며 경찰과 협동해서 범죄를 억제하는 기능을 수행한다.
② 경찰과 지역사회가 마약, 범죄와 범죄에 대한 두려움, 사회적·물리적 무질서 그리고 전반적인 지역의 타락과 같은 당대의 문제들을 확인하고 우선순위를 정하여 해결하고자 함께 노력한다.
③ 지역사회의 문제를 해결하기 위한 여러 가지 방안을 중점으로 우선순위를 재평가, 각각의 문제에 따른 형태별 대응을 강조한다.
④ 일선경찰관에 대한 문제해결 권한과 필요한 시간을 부여하고 범죄분석 자료를 제공하고, 대중정보와 비평을 적극적으로 수용한다.

35
「지역경찰의 조직 및 운영에 관한 규칙」에 관한 설명으로 옳지 않은 것은 모두 몇 개인가?

> ㉠ 경찰서장은 지역경찰관서의 시설·장비·예산 및 소속 지역경찰의 근무에 관한 제반 사항을 지휘·감독한다.
> ㉡ 치안센터는 지역경찰관서장의 소속하에 두며, 치안센터의 인원, 장비, 예산 등은 지역경찰관서와 별도로 관리한다.
> ㉢ 치안센터 관할구역의 크기는 설치목적, 배치 인원 및 장비, 교통·지리적 요건 등을 고려하여 시·도경찰청장이 정한다.
> ㉣ 치안센터는 24시간 상시 운영을 원칙으로 하되, 지역경찰관서장은 지역 치안여건 및 인원여건을 고려, 운영시간을 탄력적으로 조정할 수 있다.
> ㉤ 출장소형 치안센터는 지리적 여건·치안수요 등을 고려하여 필요한 경우 직주일체형으로 운영할 수 있다.

① 1개　② 2개　③ 3개　④ 4개

36
「경범죄 처벌법」상 20만 원 이하의 벌금, 구류 또는 과료의 형으로 처벌하는 죄책에 해당하는 것은 모두 몇 개인가?

> ㉠ 있지 아니한 범죄나 재해 사실을 공무원에게 거짓으로 신고한 사람
> ㉡ 술에 취한 채로 관공서에서 몹시 거친 말과 행동으로 주정하거나 시끄럽게 한 사람
> ㉢ 여러 사람에게 물품을 팔거나 나누어 주거나 일을 해주면서 다른 사람을 속이거나 잘못 알게 할 만한 사실을 들어 광고한 사람
> ㉣ 못된 장난 등으로 다른 사람, 단체 또는 공무수행 중인 자의 업무를 방해한 사람
> ㉤ 상대방의 명시적 의사에 반하여 지속적으로 접근을 시도하여 면회 또는 교제를 요구하거나 지켜보기, 따라다니기, 잠복하여 기다리기 등의 행위를 반복하여 하는 사람
> ㉥ 공공장소에서 승차·승선, 입장·매표 등을 위한 행렬에 끼어들거나 떠밀거나 하여 그 행렬의 질서를 어지럽힌 사람
> ㉦ 흥행장, 경기장, 역, 나루터, 정류장, 그 밖에 정하여진 요금을 받고 입장시키거나 승차 또는 승선시키는 곳에서 웃돈을 받고 입장권·승차권 또는 승선권을 다른 사람에게 되판 사람

① 1개　② 2개　③ 3개　④ 4개

37
행사안전경비 근무시 군중정리의 원칙에 관한 설명으로 가장 적절하지 않은 것은?

① 대규모 군중이 모이는 장소는 사전에 블록화하였다.
② 군중들은 자기 위치와 갈 곳을 잘 알지 못하므로 여러 방향으로 이동시켜 주위의 상황을 파악할 수 있는 여건을 조성하였다.
③ 남보다 먼저 가려고 하는 경쟁적 사태의 발생시 차분한 목소리로 안내방송을 하였다.
④ 사태가 혼잡할 경우 계속적이고도 자세한 안내방송으로 지시를 철저히 하여 혼잡한 사태를 정리하였다.

38

「교통사고처리 특례법」 제3조 제2항 단서규정에 해당하지 <u>않는</u> 것은 모두 몇 개인가?

> ㉠ 차의 운전자가 업무상과실치상죄 또는 중과실치상죄를 범하고도 피해자를 사고 장소로부터 옮겨 유기(遺棄)하고 도주한 경우
> ㉡ 앞지르기의 방법·금지시기·금지장소 또는 끼어들기의 금지를 위반하거나 고속도로에서의 앞지르기 방법을 위반하여 운전한 경우
> ㉢ 운전면허 또는 건설기계조종사면허를 받지 아니하거나 국제운전면허증을 소지하지 아니하고 운전한 경우
> ㉣ 자동차의 화물이 떨어지지 아니하도록 필요한 조치를 하지 아니하고 운전한 경우
> ㉤ 제한속도를 시속 10킬로미터 초과하여 운전한 경우

① 1개 ② 2개 ③ 3개 ④ 4개

39

보안관찰처분 심의위원회에 관한 설명으로 옳지 <u>않은</u> 것은 모두 몇 개인가?

> ㉠ 보안관찰처분에 관한 사안을 심의·의결하기 위하여 법무부에 보안관찰처분심의위원회를 둔다.
> ㉡ 위원회는 위원장 1인과 6인의 위원으로 구성되고, 위원장은 법무부차관이 되고, 위원 중 과반수는 변호사의 자격이 있는 자이어야 한다.
> ㉢ 위원은 법무부장관의 제청으로 대통령이 임명 또는 위촉하며, 위촉된 위원의 임기는 3년으로 한다.
> ㉣ 위원장이 사고가 있을 때에는 미리 그가 지정한 위원이 그 직무를 대행한다.
> ㉤ 위원회의 회의는 위원장을 제외한 재적위원 과반수의 출석으로 개의하고 출석위원 과반수의 찬성으로 의결한다.

① 1개 ② 2개 ③ 3개 ④ 4개

40

「범죄인 인도법」에 관한 설명으로 가장 적절하지 <u>않은</u> 것은?

① 검사는 법무부장관의 인도심사청구명령이 있을 때에는 지체 없이 법원에 인도심사를 청구하여야 한다. 다만, 범죄인의 소재(所在)를 알 수 없는 경우에는 그러하지 아니하다.
② 검사는 범죄인이 인도구속영장에 의하여 구속되었을 때에는 구속된 날부터 2일 이내에 인도심사를 청구하여야 한다.
③ 법원은 인도심사의 청구를 받았을 때에는 지체 없이 인도심사를 시작하여야 한다.
④ 법원은 범죄인이 인도구속영장에 의하여 구속 중인 경우에는 구속된 날부터 2개월 이내에 인도심사에 관한 결정(決定)을 하여야 한다.

제10회 동형모의고사

01
경찰개념의 발달과정에 관한 설명으로 가장 적절한 것은?

① 14세기 말 독일의 경찰개념이 프랑스에 계수되어 양호한 질서를 포함한 국가행정 전반을 포괄하는 의미로 사용되었다.
② 1884년 프랑스 지방자치법전은 자치체경찰이 공공의 질서·안전 및 위생을 확보함을 목적으로 한다고 규정하였다.
③ 18세기 계몽철학의 등장으로 법치주의 시대가 도래하면서 적극적인 복지증진을 위하여 경찰권의 발동이 가능하였다.
④ 1931년 프로이센 경찰행정법에서 '경찰관청은 공공의 평온, 안녕 및 질서를 유지하고 또한 공중 및 그의 개개 구성원들에 대한 절박한 위험을 방지하기 위하여 필요한 기관이다'라고 규정하였다.

02
경찰개념에 관한 설명으로 가장 적절한 것은?

① 경찰기관이 실질적 의미의 경찰작용을 하는 경우가 있듯이 일반행정기관에서도 형식적 의미의 경찰작용을 하는 경우가 있다.
② 형식적 의미의 경찰개념은 각국의 전통이나 현실적 환경에 따라 다른 것으로 현재의 법규정상 경찰이 담당하도록 규정된 사항은 그것이 소극적 질서유지에 관한 사항이던, 적극적 성격을 띠었던 모두 형식적 의미의 경찰업무에 해당한다.
③ 실질적 의미의 경찰은 사회공공의 안녕, 질서유지와 같은 소극적 목적을 위한 작용으로 경찰의 임무도 실질적 의미의 경찰개념에서 형성된 것이다.
④ 총포·화약류의 취급제한은 범죄와 위해의 진압을 위한 권력적 작용으로 진압경찰에 해당한다.

03
국가경찰제도와 비교할 때 지방자치경찰제도에 관한 설명으로 가장 적절한 것은?

① 조직이 비대화되고 관료화될 우려가 크다는 단점이 있다.
② 각 지방의 특수성이 반영되지 않고 창의성이 저해될 수 있다는 단점이 있다.
③ 다른 지방자치경찰과의 협조가 원활하다는 장점이 있다.
④ 주민의견 수렴이 용이하여 주민들의 지지를 받기가 쉽다는 장점이 있다.

04
다음 설명 중 옳지 않은 것은 모두 몇 개인가?

> ㉠ 공법규범에 대하여는 보호받는 법익의 위태 또는 침해가 객관적으로 존재하느냐뿐만 아니라 주관적 구성요건의 실현, 유책성 및 구체적 가벌성까지 요한다.
> ㉡ 경찰은 경찰책임자에 의해 야기되지 않는 위험도 방지해야 할 의무가 있다.
> ㉢ 공공의 안녕과 질서에 대한 위험의 방지는 국민의 생명·신체 및 재산의 보호를 포함하는 상위 개념이다.
> ㉣ 경찰책임의 원칙은 경찰위반이 되는지의 문제에 있어서 경찰책임자가 객관적으로 존재하는 위험상황을 실제로 인식하였는지가 중요하다.
> ㉤ 경찰의 임무 중 공공의 안녕과 질서확보를 위한 전제는 법규범이 침해되지 않도록 하는 것이다.

① 1개   ② 2개   ③ 3개   ④ 4개

05
경찰의 일탈과 부패에 대한 설명으로 가장 적절하지 않은 것은?

① 펠드버그는 경찰이 시민의 작은 호의를 받았다고 해서 반드시 큰 부패를 범하는 것은 아니라고 하였다.
② 경제팀 수사관 A가 기소중지자의 신병인수차 출장을 가면서 사실은 1명이 갔으면서도 2명분의 출장비를 수령하였다면, 그 원인은 행정내부의 '법규 및 예산과 현실의 괴리' 때문이라고도 볼 수 있다.
③ 정직하고 청렴하였던 신임형사 A가 자신의 조장인 B로부터 관내 유흥업소 업자들을 소개받고, 이후 B와 함께 활동을 해가면서 B가 유흥업소 업자들로부터 월정금을 받는 것을 보고 점점 그 방식 등을 답습하였다면 '구조원인 가설'로 설명할 수 있다.
④ 셔먼의 '미끄러지기 쉬운 경사로이론'은 부패에 해당하는 작은 선물 등의 사소한 호의를 허용하면 나중에는 엄청난 부패로 이어진다는 이론이다.

06
다음은 민주경찰의 윤리적·사상적 토대가 되는 경찰활동의 기준이다. 옳지 않은 것은 모두 몇 개인가?

> ㉠ 공공의 신뢰는 경찰이 직무수행과정에서 엄정한 법집행을 하면서도, 시민의 신뢰에 부합하도록 적법절차와 최소한의 물리력을 사용하는 것이다.
> ㉡ 경찰관이 사회의 일부분이 아닌 사회 전체의 이익을 염두에 두어야 한다는 것은 공정한 접근에 해당한다.
> ㉢ 경찰관이 냉정을 잃게 되는 경우는 과도한 개입과 무관심이다.
> ㉣ 경찰부패의 원인을 설명하는 이론 중 선배경찰의 부패행태로부터 신임경찰이 차츰 사회화되어 신임경찰도 기존 경찰처럼 부패로 물들게 된다는 이론은 구조원인 가설이다.
> ㉤ 인간관 중 Y이론에 의한 관리가 냉소주의를 극복하는 방안이 된다.

① 0개   ② 1개   ③ 2개   ④ 3개

07
갑오경장 이후의 경찰에 대한 설명으로 옳지 않은 것은 모두 몇 개인가?

> ㉠ 갑오경장 때의 경무청의 장(長)인 경무관은 한성부 내의 경찰사무뿐만 아니라 감옥사무까지도 총괄하였다.
> ㉡ 경부경찰체제는 관장범위가 한성 및 각 개항시장의 경찰사무 및 감옥사무로 제한되고, 지방에는 총순(摠巡)을 두어 관찰사를 보좌토록 하는 등 이원적인 체제로 운영되었다.
> ㉢ 1908년 지방관제의 결과로 도관찰사, 경찰부, 경찰서의 지휘체계가 확립되었고 이는 현재의 지방경찰청의 원형이 된다.
> ㉣ 미군정기에서는 6인의 위원으로 구성된 중앙경찰위원회가 설치되어 민주적 개혁이 이루어졌다.
> ㉤ 1991년 경찰법의 제정 이후에 경찰위원회와 치안행정협의회의 설립이 있었으며, 해양경찰업무는 해양수산부로 이관되었다.

① 1개   ② 2개   ③ 3개   ④ 4개

08
외국경찰에 관한 설명으로 가장 적절한 것은?

① 영국의 내무부장관은 자치체 경찰을 전국적으로 조정하는 기관이다.
② 미국의 주(州)경찰은 소속 시, 군경찰을 지휘한다.
③ 독일의 연방국경경비대는 반국가단체에 대한 정보수집 등을 담당한다.
④ 프랑스의 보조경찰은 우리나라와 달리 직업경찰이다.

09
법원과 행정규칙에 관한 설명으로 옳지 <u>않은</u> 것은 모두 몇 개인가?

> ⊙ 경찰법의 법원에는 행정청의 권력적 법집행도 포함되며, 조례로써 주민의 권리제한에 관한 사항이나 벌칙을 정할 때에는 법률의 구체적 위임이 있어야 한다.
> ⓒ 대륙법계 국가에서의 대법원 판례 및 헌법재판소의 위헌결정은 당해사건에 한정되므로 법원성을 갖지 못한다.
> ⓒ 위임명령과 집행명령은 모두 법규명령이며, 집행명령은 새로운 입법사항의 규정이 아니므로 법률의 구체적 수권이 없어도 가능하다.
> ⓔ 훈령은 경찰기관의 구성원이 변경·교체되어도 여전히 유효하며, 훈령은 하급경찰관청의 권한행사에 대한 대집행권을 포함한다.
> ⓜ 법규명령은 공포를 요하나, 행정규칙은 공포를 요하지 않는다.

① 1개 ② 2개 ③ 3개 ④ 4개

10
경찰조직에 관한 설명으로 가장 적절한 것은?

① 행정청이 참여기관의 의결을 거치지 않은 행위는 권한 없는 행위가 되며 무효이다.
② 경찰행정관청은 경찰행정상의 의무를 국민이 이행하지 아니하는 경우에 강제집행을 하거나, 위법한 상황을 배제하기 위하여 긴급의 필요가 있는 경우에 즉시 강제를 행하는 등의 기관이다.
③ 감사기관은 행정의 적부를 감사하는 기관으로 우리나라에서는 경찰기관의 내부통제를 위하여 감사원을 두고 있다.
④ 경찰행정관청에는 경찰청장, 시도경찰청장, 경찰서장, 지구대장 등이 해당한다.

11
「행정권한의 위임 및 위탁에 관한 규정」에 관한 설명으로 가장 적절하지 <u>않은</u> 것은? (다툼이 있는 경우 판례에 의함)

① 행정기관의 장은 행정권한을 위임 및 위탁할 때에는 위임 및 위탁하기 전에 단순한 사무인 경우를 제외하고는 수임 및 수탁기관에 대하여 수임 및 수탁사무 처리에 필요한 교육을 하여야 하며, 수임 및 수탁사무의 처리지침을 통보하여야 한다.
② 수임 및 수탁사무의 처리가 부당한지 여부의 판단은 위법성 판단과 달리 합목적적·정책적 고려도 포함되므로, 위임 및 위탁기관이 그 사무처리에 관하여 일반적인 지휘·감독을 하는 경우는 물론이고 나아가 수임 및 수탁사무의 처리가 부당하다는 이유로 그 사무처리를 취소하는 경우에도 광범위한 재량이 허용된다고 보아야 한다.
③ 권한의 위임은 경찰관청의 권한의 일부에 한해서만 가능하고, 권한의 전부위임 또는 주요부분의 위임은 허용되지 않는다.
④ 위임 및 위탁기관은 수임 및 수탁기관의 수임 및 수탁사무 처리에 대하여 지휘·감독하고, 그 처리가 위법하다고 인정될 때에만 이를 취소하거나 정지시킬 수 있다.

12
「국가경찰과 자치경찰의 조직 및 운영에 관한 법률」에 관한 내용으로 옳지 <u>않은</u> 것은 모두 몇 개인가?

> ⊙ 경찰청장은 국가경찰위원회의 동의를 받아 행정안전부장관의 제청으로 국무총리를 거쳐 대통령이 임명한다. 이 경우 국회의 인사청문을 거쳐야 한다.
> ⓒ 시·도경찰청장은 지구대와 파출소의 설치 및 폐지권자가 된다.
> ⓒ 시·도경찰청장은 경찰청장이 시·도자치경찰위원회와 협의하여 추천한 사람 중에서 행정안전부장관과 국무총리를 거쳐 대통령이 임용한다.
> ⓔ 국가수사본부장을 경찰청 외부를 대상으로 모집하여 임용하는 경우 정당의 당원이거나 당적을 이탈한 날부터 3년이 지나지 아니한 사람은 국가수사본부장이 될 수 없다.
> ⓜ 국가수사본부장이 직무를 집행하면서 「헌법」이나 법률을 위배하였을 때에는 국회는 대통령에게 해임을 건의할 수 있다.
> ⓑ 국가수사본부장은 치안정감으로 보하며, 임기는 2년으로 하며, 중임할 수 없다.

① 1개 ② 2개 ③ 3개 ④ 4개

13

「국가경찰과 자치경찰의 조직 및 운영에 관한 법률」상 시·도자치경찰위원회의 소관 사무와 관련한 설명으로 옳지 않은 것은 모두 몇 개인가?

> ㉠ 시·도경찰청장의 임용과 관련한 경찰청장과의 협의, 경찰서장의 자치경찰사무 수행에 관한 평가 및 결과 통보
> ㉡ 행정안전부장관, 경찰청장이 중요하다고 인정하여 시·도자치경찰위원회의 회의에 부친 사항에 대한 심의·의결
> ㉢ 국가경찰사무·자치경찰사무의 협력·조정과 관련하여 경찰청장과 협의
> ㉣ 자치경찰사무 담당 공무원의 임용, 평가 및 인사위원회 운영
> ㉤ 자치경찰사무 담당 공무원에 대한 징계요구

① 1개　② 2개　③ 3개　④ 4개

14

「경찰인권보호규칙」에 관한 설명으로 가장 적절하지 않은 것은?

① '경찰관등'이란 경찰청과 그 소속기관의 경찰공무원, 일반직공무원, 무기계약근로자 및 기간제근로자, 의무경찰을 의미한다.
② 위원장은 위원회에서 호선(互選)하며, 위원은 당연직 위원과 위촉 위원으로 구분한다. 이때 당연직 위원은 경찰청은 감사관, 시·도경찰청은 청문감사인권담당관으로 한다.
③ 위촉 위원에 결원이 생긴 경우 새로 위촉할 수 있고, 이 경우 새로 위촉된 위원의 임기는 위촉된 날부터 기산한다.
④ 위원장이 일시적인 사유로 그 직무를 수행할 수 없을 경우에는 위원 중에서 당연직 위원, 위촉위원 중 연장자 순으로 대행한다.

15

「경찰공무원 임용령」에 관한 설명으로 가장 적절하지 않은 것은?

① 임용권을 위임받은 소속기관등의 장은 경감 또는 경위를 신규채용하거나 경위 또는 경사를 승진시키려면 미리 경찰청장의 승인을 받아야 한다.
② 경찰공무원은 임용장이나 임용통지서에 적힌 날짜에 임용된 것으로 보며, 임용일자를 소급해서는 아니 된다.
③ 종전의 재직기관에서 정직 이상의 징계처분을 받은 사람은 경력경쟁채용등의 대상이 될 수 없다.
④ 임용권자 또는 임용제청권자는 소속 경찰공무원이 해당 직위에 임용된 날부터 1년 이내(감사업무를 담당하는 경찰공무원의 경우에는 2년 이내)에 다른 직위에 전보할 수 없다.

16

「경찰공무원 승진임용 규정」에 대한 설명으로 가장 적절하지 않은 것은?

① 휴직 기간, 직위해제 기간, 징계처분 기간 및 승진임용 제한기간은 승진소요 최저근무연수 기간에 포함하지 아니한다.
② 경찰공무원의 승진심사는 계급별로 하되, 경찰청장 또는 해양경찰청장이 필요하다고 인정할 때에는 경과별 또는 특수분야별로 구분하여 실시할 수 있다.
③ 중앙승진심사위원회의 회의는 경찰청장이 소집하며, 보통승진심사위원회의 회의는 해당 경찰기관의 장이 경찰청장의 승인을 받아 소집한다.
④ 승진심사위원회의 회의는 재적위원 과반수의 찬성으로 의결하고 승진심사위원회의 회의는 공개로 한다.

17

「국가공무원법」상의 공무원의 의무에 관한 설명으로 옳지 <u>않은</u> 것은 모두 몇 개인가?

> ㉠ 공무원은 노동운동이나 그 밖에 공무 외의 일을 위한 집단 행위를 하여서는 아니 된다. 다만, 사실상 노무에 종사하는 공무원은 예외로 한다.
> ㉡ 사실상 노무에 종사하는 공무원으로서 노동조합에 가입된 자가 조합 업무에 전임하려면 소속기관장의 허가를 받아야 한다.
> ㉢ 공무원은 공무 외에 영리를 목적으로 하는 업무에 종사하지 못하며 소속기관장의 허가 없이 다른 직무를 겸할 수 없다.
> ㉣ 공무원은 직무상의 관계가 있든 없든 직접적이든 간접적이든 사례·증여 또는 향응을 주거나 받을 수 없다.
> ㉤ 공무원은 재직 중은 물론 퇴직 후에도 직무상 알게 된 비밀을 엄수(嚴守)하여야 한다.

① 1개 ② 2개 ③ 3개 ④ 4개

18

「경찰공무원 징계령」 제4조(징계위원회의 관할)에 관한 설명으로 가장 적절하지 <u>않은</u> 것은?

① 중앙징계위원회는 총경 및 경정에 대한 징계 또는 「국가공무원법」 제78조의2에 따른 징계부가금 부과 사건을 심의·의결한다.
② 보통징계위원회는 해당 징계위원회가 설치된 경찰기관 소속 경감 이하 경찰공무원에 대한 징계등 사건을 심의·의결한다.
③ 총경 이상의 경찰공무원을 장으로 하는 경찰서, 경찰기동대·해양경찰서 등 총경 이상의 경찰공무원을 장으로 하는 경찰기관 및 정비창에 설치된 보통징계위원회는 소속 경위 이하의 경찰공무원에 대한 징계등 사건을 심의·의결한다.
④ 의무경찰대 및 경비함정 등 경찰청장 또는 해양경찰청장이 지정하는 경감 이상의 경찰공무원을 장으로 하는 경찰기관에 설치된 보통징계위원회는 소속 경사 이하의 경찰공무원에 대한 징계등 사건을 심의·의결한다.

19

행정심판 및 행정소송에 관한 설명으로 가장 적절하지 <u>않은</u> 것은?

① 행정청의 부당한 처분은 행정소송의 대상이 되지 않으나 행정심판의 대상은 된다.
② 행정청의 위법한 처분은 행정소송의 대상은 되나 행정심판의 대상은 되지 않는다.
③ 행정소송에 있어 행정청의 위법한 처분을 취소 또는 변경하는 소송의 경우는 행정심판을 거치지 아니하고 제기할 수 있다.
④ 행정소송의 수행에 있어서는 행정청의 장은 법무부장관의 지휘를 받아야 한다.

20

다음 중 옳지 <u>않은</u> 것은 모두 몇 개인가?

> ㉠ 경찰책임의 원칙의 예외로 경찰긴급권에 의한 조치는 형법상의 긴급피난과 동일한 법리에 의한 것이다.
> ㉡ 경찰책임의 원칙의 예외는 제1차적 경찰책임자에 대한 경찰권의 발동으로는 경찰상의 장애를 제거할 수 없을 때에만 보충적으로 허용된다.
> ㉢ 경찰책임의 원칙의 예외는 긴급한 상황에 의한 것이므로 그로 인하여 제3자가 손실을 받은 경우에는 보상을 요하지 않는다.
> ㉣ 경찰관청의 허가는 판단에 따라 허가를 유보할 수 있다.
> ㉤ 경찰비례의 원칙을 위반한 경찰권의 발동은 전면적인 사법심사의 대상이 된다.

① 1개 ② 2개 ③ 3개 ④ 4개

21
다음은 재량권에 대한 설명이다. 가장 적절하지 않은 것은?

① 재량행위와 기속행위의 구별의 일차적 기준은 법률규정이며, 다만 법률규정의 문리적 표현뿐만 아니라 관련규정, 입법취지 등을 종합적으로 고려하여야 한다.
② 재량권의 행사가 개별적인 사안마다 행하여지는 경우에는 재량권 행사가 자의적으로 행해질 위험이 있어 재량준칙을 정하여 재량권을 행사하도록 하는 경우가 많다.
③ 무하자 재량행사청구권은 공권의 확대경향과는 무관하다.
④ 비례원칙에 위반한 재량권의 행사는 재량의 남용에 해당한다.

22
허가에 관한 설명으로 가장 적절하지 않은 것은?

① 경찰허가는 일반적 금지를 특정한 경우에 해제하는 행위이므로 언제나 구체적인 경찰관청의 행정행위(경찰처분)의 형식으로 행하여지고, 일반적 금지를 직접 허가하는 법규허가는 있을 수 없다.
② 경찰허가는 당사자의 신청을 필요로 하는 쌍방적 행정행위이지만, 예외적으로 신청(출원) 없이도 가능하고 이 경우에는 불특정 다수인에게 효과가 발생한다.
③ 일반적 금지가 해제됨으로써 피허가자는 적법하게 허가된 행위를 할 수 있게 되지만 타 법상의 제한까지 해제되는 것은 아니다.
④ 경찰허가인 때에는 허가내용이 신청내용과 일치하여야 하며 신청내용의 일부를 변경하거나 부관을 붙여 허가하는 것은 허용되지 않는다.

23
행정지도에 관한 설명으로 가장 적절하지 않은 것은?

① 행정지도란 행정주체가 일정한 행정목적의 실현을 위하여 상대방의 임의적 협력 또는 동의하에 일정한 행정질서의 형성을 유도하는 비권력적 사실행위를 말한다.
② 행정지도는 비권력적 행위로 행정지도에 임의성의 원칙이 적용됨을 의미하는데 「행정절차법」에 명시적 규정이 있는 것은 아니다.
③ 행정지도는 단순한 사실행위에 불과하므로 법적 효과가 발생하지 아니한다.
④ 행정지도는 반드시 문서로 하여야 하는 것은 아니며 구술로도 이루어질 수 있다.

24
「범죄피해자 보호법」에 관한 설명으로 가장 적절한 것은?

① "범죄피해자"란 타인의 범죄행위로 피해를 당한 사람과 그 배우자(사실상의 혼인관계는 제외한다), 직계친족 및 형제자매를 말한다.
② 구조금은 유족구조금·장해구조금 및 중상해구조금으로 구분하며, 분할하여 지급할 수 있다.
③ 국가는 범죄피해자가 요청하더라도 가해자에 대한 수사 결과, 공판기일, 재판 결과, 형 집행 및 보호관찰 집행 상황 등 형사절차 관련 정보 등은 제공할 수 없다.
④ "범죄피해자 보호·지원"이란 범죄피해자의 손실 복구, 정당한 권리 행사 및 복지 증진에 기여하는 행위를 말한다. 다만, 수사·변호 또는 재판에 부당한 영향을 미치는 행위는 포함되지 아니한다.

25
「경찰관 직무집행법」상 경찰장비사용에 관한 설명으로 가장 적절하지 않은 것은?

① 경찰관은 자신이나 다른 사람의 생명·신체의 방어 및 보호의 직무를 수행하기 위하여 필요하다고 인정되는 상당한 이유가 있을 때에는 그 사태를 합리적으로 판단하여 필요한 한도에서 경찰장구를 사용할 수 있다.
② 경찰관은 공무집행에 대한 항거(抗拒) 제지의 직무를 수행하기 위하여 부득이한 경우에는 현장책임자가 판단하여 필요한 최소한의 범위에서 분사기 또는 최루탄을 사용할 수 있다.
③ 경찰관은 범인의 체포, 범인의 도주 방지, 자신이나 다른 사람의 생명·신체의 방어 및 보호, 공무집행에 대한 항거의 제지를 위하여 필요하다고 인정되는 상당한 이유가 있을 때에는 그 사태를 합리적으로 판단하여 필요한 한도에서 무기를 사용할 수 있다.
④ 대간첩·대테러 작전 등 국가안전에 관련되는 작전을 수행할 때에는 개인화기(個人火器) 외에 공용화기(共用火器)를 사용할 수 있다.

26
동기부여 이론에 관한 설명으로 가장 적절하지 <u>않은</u> 것은?

① 허즈버그는 만족을 느끼게 하는 요인을 높은 업적향상을 위한 동기부여의 유효차원에서 동기유발요인이라 불렀으며, 불만을 느끼게 하는 요인을 불만의 제거 및 예방차원에서 위생요인이라 하였다.
② 맥클랜드는 권력동기 ⇨ 친화동기 ⇨ 성취동기로 인간 동기가 발전한다고 하였고, 권력동기가 높을수록 생산성이 높아진다고 하였다.
③ 아담스의 형평성 이론에서 인간은 서로 비교하는 특성이 있으므로 업무에서 동일하게 취급받으려는 욕구가 행동유발의 동기를 갖게 된다고 하였다.
④ 브룸(Vroom)은 기대이론에서 동기의 강도는 자신의 노력이 성과로 이어질 거라는 기대, 성과가 보상을 가져올 것이라는 믿음, 보상에 대한 자신의 선호도에 달려 있다고 주장하였다.

27
경찰예산에 대한 설명으로 가장 적절한 것은?

① 영기준예산의 핵심은 프로그램 예산형식을 따르는 것으로서, 기획(planning), 사업구조화(programming), 예산(budgeting)을 연계시킨 시스템적 예산제도이다.
② 전년도 예산을 기준으로 하여 점증적으로 예산액을 책정하는 폐단을 시정한다는 것은 품목별 예산제도의 장점에 해당한다.
③ 준예산의 지출용도는 헌법에 규정되어 있는 내용이다.
④ 예산제도에 있어서 일몰법이란 특정의 행정기관이나 사업이 일정기간 경과하면 의무적·자동적으로 폐지되게 하는 것으로 모든 사업에 적용된다.

28
「경찰장비관리규칙」상 무기관리에 관한 설명으로 옳지 <u>않은</u> 것은 모두 몇 개인가?

㉠ 집중무기·탄약고의 열쇠관리는 일과시간의 경우 무기 관리부서의 장(정보화장비과장, 운영지원과장, 총무과장, 경찰서 경무과장 등), 일과시간 후 또는 토요일·공휴일의 경우 당직 업무(청사방호) 책임자(상황관리관 등 당직근무자)가 보관 관리한다.
㉡ 지구대 등 간이무기고의 열쇠관리는 지역경찰관리자가 보관 관리한다.
㉢ 무기·탄약을 대여하고자 할 때에는 무기·탄약 대여신청서에 따라 경찰관서장의 사전허가를 받은 후 감독자의 입회하에 대여하고 무기탄약출납부, 무기탄약 출·입고서에 이를 기재하여야 한다.
㉣ 상황실 등의 간이무기고에 대여 또는 배정받은 무기탄약을 입출고할 때에는 휴대 사용자의 대여 신청에 따라 소속부서 책임자의 허가를 받아 무기탄약 출·입고부에 기록한 후 관리책임자 입회하에 입출고하여야 한다.
㉤ 지구대 등의 간이무기고의 경우는 소속 경찰관에 한하여 무기를 지급하되 감독자 입회(감독자가 없을 경우 반드시 자기 선임 경찰관 입회)하에 무기탄약 입출고부에 기재한 뒤 입출고하여야 한다. 다만, 긴급상황 발생시 경찰서장의 사전허가를 받은 경우의 대여는 예외로 한다.

① 1개 ② 2개 ③ 3개 ④ 4개

29
「보안업무규정」에 관한 설명으로 옳지 <u>않은</u> 것은 모두 몇 개인가?

㉠ 국가정보원장은 비밀의 분류·취급·유통 및 이관 등의 모든 과정에서 비밀이 누설되거나 유출되지 아니하도록 보안대책을 수립하여 시행하여야 한다.
㉡ 국가정보원장은 비밀 소통용 암호자재를 제작하여 필요한 기관에 공급한다. 다만, 국가정보원장이 필요하다고 인정하는 암호자재의 경우 그 암호자재를 사용하는 기관은 국가정보원장이 인가하는 암호체계의 범위에서 암호자재를 제작할 수 있다.
㉢ 비밀은 해당 등급의 비밀취급 인가를 받은 사람만 취급할 수 있다.
㉣ 비밀취급 인가를 받은 사람은 인가받은 비밀 및 그 이하 등급 비밀의 분류권을 가진다.
㉤ 각급기관의 장은 연 1회 비밀 소유 현황을 조사하여 국가정보원장에게 통보하여야 한다.

① 1개 ② 2개 ③ 3개 ④ 4개

30
「경찰 감찰 규칙」에 관한 설명으로 가장 적절하지 않은 것은?

① 감찰관은 감찰활동 결과 소속공무원의 의무위반행위, 불합리한 제도·관행, 선행·수범 직원 등을 발견한 경우 이를 소속 경찰기관의 장에게 보고하여야 한다.
② 경찰기관의 장은 소속 감찰관에 대하여 감찰관 보직 후 2년마다 적격심사를 실시하여 인사에 반영하여야 한다.
③ 경찰기관의 장은 소속 경찰기관의 장의 지시에 따라 소속 감찰관으로 하여금 일정기간 동안 다른 경찰기관 소속 직원의 복무실태, 업무추진 실태 등을 점검하게 할 수 있다.
④ 감찰관은 감찰관 본인이 의무위반행위로 인해 감찰대상이 된 때에는 당해 감찰직무(감찰조사 및 감찰업무에 대한 지휘를 포함한다)에서 제척된다.

31
「행정절차법」상 공청회를 개최하는 경우에 해당하지 않는 것은?

① 다른 법령등에서 공청회를 개최하도록 규정하고 있는 경우
② 해당 처분의 영향이 광범위하여 널리 의견을 수렴할 필요가 있다고 행정청이 인정하는 경우
③ 국민생활에 큰 영향을 미치는 처분으로서 대통령령으로 정하는 처분에 대하여 대통령령으로 정하는 수 이상의 당사자등이 공청회 개최를 요구하는 경우
④ 인허가 등의 취소, 신분·자격의 박탈, 법인이나 조합 등의 설립허가의 취소처분을 하는 경우

32
범죄통제이론에 대한 설명으로 가장 적절하지 않은 것은?

① 치료 및 갱생이론은 범죄자를 대상으로 하므로 일반예방효과에는 한계가 있다.
② 깨진 유리창 이론은 경미한 범죄 및 무질서 행위에 대해 무관용원칙을 주장한다.
③ 억제이론에서는 범죄에 대한 책임은 전적으로 사회에 있다고 강조한다.
④ 일상활동이론에서 범죄의 3가지 요인으로는 동기가 부여된 잠재적 범죄자, 적절한 대상, 보호자(감시자)의 부재이다.

33
지역경찰의 근무형태에 관한 설명으로 가장 적절하지 않은 것은?

① 상황근무를 지정받은 지역경찰은 지역경찰관서 및 치안센터 내에서 시설·장비의 관리 및 예산의 집행업무를 수행한다.
② 행정근무를 지정받은 지역경찰은 지역경찰관서 내에서 각종 현황, 통계, 자료, 부책 관리업무를 수행한다.
③ 순찰근무를 지정받은 지역경찰은 지정된 근무구역에서 각종 사건사고 발생시 초동조치 및 보고, 전파업무를 수행한다.
④ 경계근무를 지정받은 지역경찰은 지정된 장소에서 범법자 등을 단속·검거하기 위한 통행인 및 차량, 선박 등에 대한 검문검색 및 후속조치업무를 수행한다.

34
「실종아동등 및 가출인 업무처리 규칙」에 대한 설명으로 가장 적절하지 않은 것은?

① '발견지'란 실종아동등 또는 가출인을 발견하여 보호 중인 장소를 말하며, 발견한 장소와 보호 중인 장소가 서로 다른 경우에는 보호 중인 장소를 말한다.
② 실종아동등 프로파일링시스템에 입력하는 대상자는 실종아동등, 가출인, 보호시설 입소자 중 보호자가 확인되지 않는 사람(보호시설 무연고자)이 있다.
③ '발생지'란 실종아동등 및 가출인이 실종·가출 전 최종적으로 목격되었거나 목격되었을 것으로 추정하여 신고자 등이 진술한 장소를 말하며, 신고자 등이 최종 목격장소를 진술하지 못하거나, 목격되었을 것으로 추정되는 장소가 대중교통시설 등일 경우 또는 실종·가출 발생 후 1개월이 경과한 때에는 실종아동등 및 가출인의 실종 전 최종 주거지를 말한다.
④ 경찰서장은 장기실종아동등에 대해 수배일로부터 1월까지는 10일에 1회, 1월이 경과한 후에는 반기별 1회 보호자에게 추적진행 사항을 통보 및 귀가여부를 확인한다.

35
마약류에 관한 설명으로 가장 적절한 것은?

① 페이요트(Peyote)는 미국의 텍사스나 멕시코 북부지역에서 자생하는 선인장인 메스카린에서 추출·합성한 향정신성의약품이다.
② L.S.D의 복용 후 나타나는 신체의 현상으로 동공확대, 심박동 및 혈압의 감소, 수전증, 오한 등이 있다.
③ 카이소프토롤(S정)은 과다복용시 치명적으로 인사불성, 혼수쇼크, 호흡저하를 가져오며 사망까지 이를 수 있다.
④ 한외마약에는 코데날, 코데인, 코데잘, 코데솔 등이 있다.

36
「국민보호와 공공안전을 위한 테러방지법」에 관한 설명으로 가장 적절하지 않은 것은?

① 관계기관의 대테러활동으로 인한 국민의 기본권 침해 방지를 위하여 대책위원회 소속으로 대테러 인권보호관 1명을 둔다.
② 테러로 인하여 신체 또는 재산의 피해를 입은 국민은 관계기관에 즉시 신고하여야 한다. 다만, 인질 등 부득이한 사유로 신고할 수 없을 때에는 법률관계 또는 계약관계에 의하여 보호의무가 있는 사람이 이를 알게 된 때에 즉시 신고하여야 한다.
③ 「여권법」 제17조 제1항 단서에 따른 외교부장관의 허가를 받지 아니하고 방문 및 체류가 금지된 국가 또는 지역을 방문·체류한 사람이 테러로 인해 생명의 피해를 입은 경우, 그 사람의 유족에 대해 특별위로금을 지급할 수 있다.
④ 테러로 인하여 생명의 피해를 입은 사람의 유족 또는 신체상의 장애 및 장기치료가 필요한 피해를 입은 사람에 대해서는 그 피해의 정도에 따라 등급을 정하여 특별위로금을 지급할 수 있다.

37
다음 설명 중 옳은 것은 모두 몇 개인가? (다툼이 있는 경우 판례에 의함)

㉠ 연속된 교통사고로 피해자가 사망한 경우 후행 교통사고 운전자에게 책임을 물으려면 후행 교통사고를 일으킨 사람이 주의의무를 게을리하지 않았다면 피해자가 사망에 이르지 않았을 것이라는 사실이 입증되어야 한다.
㉡ 아파트단지 내 통행로가 왕복 4차선의 외부도로와 직접 연결되어 있고, 외부차량의 통행에 제한이 없으며, 별도의 주차관리인이 없다면 구 「도로교통법」상 도로에 해당한다.
㉢ 화물차를 주차한 상태에서 적재된 상자 일부가 떨어지면서 지나가던 피해자에게 상해를 입힌 경우, 교통사고로 볼 수 있다.
㉣ 음주로 인한 특정범죄 가중처벌 등에 관한 법률위반(위험운전 치사상)죄와 「도로교통법」 위반(음주운전)죄는 실체적 경합관계에 있다.
㉤ 횡단보도 보행신호등의 녹색등화가 점멸할 때에는 보행자의 횡단을 금지하고 있으므로 보행자가 녹색등화의 점멸신호 이후에 횡단을 시작하였다면 설사 녹색등화가 점멸 중이더라도 횡단보도에서의 보행자 보호의무의 대상으로 보기 어렵다.
㉥ 무면허에 음주를 하고 운전을 하였다면 이는 실체적 경합관계에 있다고 할 수 있다.

① 1개   ② 2개   ③ 3개   ④ 4개

38
「집회 및 시위에 관한 법률」에 대한 설명으로 가장 적절한 것은?

① 집회 또는 시위의 주최자는 집회 또는 시위의 질서유지에 관하여 자신을 보좌하도록 19세 이상의 사람을 질서유지인으로 임명할 수 있다.
② 집회 또는 시위의 주최자는 금지통고를 받은 날로부터 10일 이내에 금지통고를 한 경찰관서장에게 이의신청을 해야 한다.
③ 금지통고에 따른 이의신청을 받은 경찰관서의 장은 접수일시를 적은 접수증을 이의신청인에게 즉시 내주고 접수한 때부터 24시간 이내에 재결을 하여야 한다. 이 경우 접수한 때부터 24시간 이내에 재결서를 발송하지 아니하면 관할 경찰관서장의 금지통고는 소급하여 그 효력을 잃는다.
④ 집회·시위의 주최자가 금지통고에 불복하여 행정소송을 제기하는 경우에는 재결청이 피고가 된다.

39

「보안관찰법」상 보안관찰에 관한 설명으로 가장 적절한 것은?

① 보안관찰처분집행중지는 관할경찰서장의 신청에 의해 법무부장관이 심의를 거쳐 보안관찰처분의 집행중지를 결정하며 이 결정은 검사가 집행지휘한다.
② 보안관찰처분대상자란 보안관찰해당범죄 또는 이와 경합된 범죄로 금고 이상의 형의 선고를 받고 그 형기 합계가 1년 이상인 자로서 형의 전부의 집행을 받은 사실이 있는 자를 말한다.
③ 보안관찰처분심의위원회의 위원장은 법무부장관이다.
④ 보안관찰처분심의위원회는 보안관찰처분 또는 그 기각의 결정, 면제 또는 그 취소결정, 보안관찰처분의 취소 또는 기간의 갱신결정을 심의·의결한다.

40

「언론중재 및 피해구제 등에 관한 법률」상 언론중재위원회에 관한 설명으로 가장 적절하지 않은 것은?

① 중재위원회는 40명 이상 90명 이내의 중재위원으로 구성하며, 중재위원은 문화체육관광부장관이 위촉한다.
② 중재위원회에 위원장 1명과 2명 이내의 부위원장 및 2명 이내의 감사를 두며, 위원장, 부위원장, 감사는 각각 문화체육관광부장관이 위촉한다.
③ 위원장·부위원장·감사 및 중재위원의 임기는 각각 3년으로 하며, 한 차례만 연임할 수 있다.
④ 중재위원회의 회의는 재적위원 과반수의 출석과 출석위원 과반수의 찬성으로 의결한다.

제11회 동형모의고사

01
영·미법계 국가의 경찰개념에 대한 설명으로 가장 적절하지 <u>않은</u> 것은?

① 영·미법계 국가의 경찰개념은 경찰을 사회공동체의 구성원이자 문제해결사로 간주하여 기능과 봉사를 강조하는 견해에 해당한다.
② 영·미법계 국가의 경찰개념은 당위성을 전제로 권리·자유·행동을 제한하는 소극적 기능을 담당하는 기관으로 본다.
③ 영·미법계 국가의 경찰개념은 수단과 방법이 반드시 권력작용에 한정하는 것이 아니라, 비권력적인 서비스 제공에 크게 의존하는 공공서비스 제공자의 기능을 담당한다.
④ 영·미법계 국가의 경찰개념은 경찰이 주권자인 시민을 위해서 수행하는 기능 또는 역할을 중심으로 경찰개념이 형성되었고 '경찰은 무엇을 하는가' 또는 '경찰활동이란 무엇인가'라는 문제로 논의된다.

02
경찰의 기본적 임무 중 '공공의 안녕과 질서에 대한 위험의 방지' 중 위험에 관한 설명으로 가장 적절하지 <u>않은</u> 것은?

① 경찰의 범죄예방 및 위험방지 행위의 준비는 추상적 위험이 존재하는 경우에도 가능하다.
② 추정적 위험 및 구체적 위험의 존재, 위험의 실제적 발생, 법익의 침해는 경찰개입의 요건에 해당한다.
③ 경찰개입의 대상이 되는 위험은 행위책임에 기인한 것일 수도 있고 상태책임에 기인한 것일 수도 있다.
④ 가벌성의 범위 내에 이르지 않았더라도 국민의 자유와 권리를 침해하지 않는 범위 내에서 기본적인 경찰활동이 가능하다.

03
경찰의 분류에 관한 설명으로 가장 적절하지 <u>않은</u> 것은?

① 협의의 행정경찰은 다른 행정 작용에 부수하여 그 행정부문의 작용에 관하여 발생하는 장해를 방지·제거함으로써 당해 경찰 목적의 달성을 권력적으로 담보하는 특수한 경찰작용으로, 제도상으로는 경찰이라고 불리지 않는다.
② 총포·화약류의 취급제한은 사전에 범죄와 위해의 발생을 방지하기 위한 권력적 작용으로 예방경찰에 해당한다.
③ 불심검문은 보안경찰, 예방경찰, 질서경찰로서의 성질을 모두 가지고 있는 작용이다.
④ 국가경찰과 비교할 때 자치경찰은 집행력과 기동성이 약하고 규모가 작아 정부정책 수행에 이용될 가능성이 많다.

04
다음 중 옳지 <u>않은</u> 것은 모두 몇 개인가?

> ㉠ 협의의 경찰권의 발동은 경찰책임자에게만 가능한 것이 원칙이나 예외적으로 법령상 근거가 있고 긴급한 필요가 있는 경우에는 경찰책임자가 아닌 자에게도 가능하다.
> ㉡ 법원의 법정경찰권과 같이 부분사회의 내부질서유지를 목적으로 하는 경우에는 원칙적으로 일반경찰권이 법정경찰권에 우선한다.
> ㉢ 통설은 다른 행정기관이나 행정주체가 일반사인과 마찬가지로 사법적 활동을 하는 경우에는 경찰권의 발동이 허용된다.
> ㉣ 경찰상 장애의 존재는 협의의 경찰권의 발동 대상이 될 수 없으나, 수사상 단서가 존재하는 경우에도 협의의 경찰권이 발동될 수 있다.
> ㉤ 협의의 경찰권은 대륙법계의 실질적 의미의 경찰에 속한다.

① 1개   ② 2개   ③ 3개   ④ 4개

05
코헨과 펠드버그가 제시한 사회계약설로부터 도출되는 경찰 활동의 표준에 관한 설명으로 가장 적절하지 않은 것은?

① 공적기관에 의한 수사와 공소의 제기는 공공의 신뢰를 확보하기 위한 수단에 해당한다.
② 협동은 경찰이 대외적으로 지켜야할 의무일 뿐만 아니라 내부적으로도 지켜야 하는 의무이다.
③ 경찰관은 사회의 일부분이 아닌 사회전체의 이익을 염두에 두고 시민들에게 객관적인 자세로 활동하여야 하는 것은 공정한 접근의 보장을 확보하기 위한 수단이다.
④ 경찰의 법집행은 사회의 질서와 평화를 유지하는 데 사용되는 하나의 수단이라는 것은 생명과 재산의 안전보호에 관한 설명이다.

06
다음 중 갑오경장 이후의 경찰에 관한 설명으로 옳지 않은 것은 모두 몇 개인가?

> ㉠ 1894년 일본각의의 결정에 따라, 김홍집내각은 '각아문관제'에서 처음으로 경찰이라는 용어를 사용하고, 동년 7월 14일(음력) '경무청관제직장'과 '행정경찰장정'을 제정하였다.
> ㉡ 1896년 한성과 부산 간의 군용전신선의 보호를 명목으로 일본의 헌병대가 주둔하게 되었는데, 헌병은 군사경찰을 포함한 사법경찰·행정경찰을 겸하였다.
> ㉢ 1910년 '조선주차헌병조령'에 의해 헌병이 일반치안을 담당할 법적 근거를 마련하였으며, 헌병경찰은 군사경찰상 필요한 지역 또는 의병활동 지역에 배치되어 치안업무 외에도 광범위한 업무를 수행하였다.
> ㉣ 1919년 3·1운동을 계기로 국내에서는 치안유지법을 제정하여 단속체제는 한층 강화되었으며, 일본에서 1925년에 제정된 정치범처벌법도 우리나라에 적용되는 등 탄압의 지배체제는 한층 강화되었다.
> ㉤ 법률 제1호인 정부조직법에서 기존의 경무부를 내무부의 일국인 치안국에서 인수하도록 함으로써 경찰 조직은 부에서 국으로 격하되었는데, '국'체제는 치안본부 개편(1975) 후 1991년 경찰청(내부무 외청)이 독립할 때까지 유지되었다.

① 1개 ② 2개 ③ 3개 ④ 4개

07
일본의 도도부현 경찰에 대한 설명 중 가장 적절하지 않은 것은?

① 도도부현 경찰에는 동경도 경시청과 도부현 경찰본부가 있으며, 경찰관리기관으로 지사의 소할하에 도도부현 공안위원회를 설치, 운영하고 있다.
② 동경도 경시청의 경시총감은 국가공안위원회가 도공안위원회의 동의를 얻어 임면한다.
③ 도부현 경찰본부장은 국가공안위원회가 도부현 공안위원회의 동의를 얻어 임면한다.
④ 도도부현 지사는 공안위원회를 소할하에 두고 경찰의 운영에 관해 위원회를 지휘, 감독할 권한을 갖는다.

08
경찰의 법원 중 불문법원에 관한 설명으로 가장 적절하지 않은 것은?

① 행정청은 법령등의 해석 또는 행정청의 관행이 일반적으로 국민들에게 받아들여졌을 때에는 공익 또는 제3자의 정당한 이익을 현저히 해칠 우려가 있는 경우를 제외하고는 새로운 해석 또는 관행에 따라 소급하여 불리하게 처리하여서는 아니 된다는 「행정절차법」 제4조 제2항은 행정선례법을 명문으로 인정하고 있는 것이다.
② 행정의 자기구속의 원리는 평등의 원칙과 신뢰보호의 원칙에 근거한 것으로 행정의 자기구속은 재량권이 인정되는 모든 행정작용에 적용된다.
③ 같은 정도의 비위를 저지른 자들 사이에 있어서 그 직무의 특성, 비위의 성격 및 정도를 고려하여 징계종류의 선택과 양정을 차별적으로 취급하는 것은 평등원칙에 반하는 위법이다.
④ 조리는 법령해석상 의문이 있는 경우에 그 해석의 기본원리로서 작용하고, 재량권 행사의 기준이 되는 '최후의 보충적 법원'으로서 중요한 의미를 갖는다.

09
경찰조직에 관한 설명으로 옳지 않은 것은 모두 몇 개인가?

> ㉠ 치안에 관한 사무를 관장하게 하기 위하여 행정안전부 소속으로 경찰청을 둔다.
> ㉡ 경찰청장 소속하에 경찰대학·경찰인재개발원·중앙경찰학교 및 경찰수사연수원을 두고 책임운영기관으로 국립과학수사원구원을 둔다.
> ㉢ 경찰청의 사무를 지역적으로 분담하여 수행하게 하기 위하여 경찰청장 소속으로 시도경찰청을 두고, 시도경찰청장 소속으로 경찰서를 둔다.
> ㉣ 인구, 행정구역, 면적, 지리적 특성, 교통 및 그 밖의 조건을 고려하여 시·도지사 소속으로 2개의 시도경찰청을 둘 수 있다.
> ㉤ 시도경찰청장은 치안정감·치안감(治安監) 또는 경무관(警務官)으로 보한다.
> ㉥ 경찰서에 경찰서장을 두며, 경찰서장은 경무관, 총경(總警) 또는 경정(警正)으로 보한다.

① 1개 ② 2개 ③ 3개 ④ 4개

10
국가경찰위원회와 시·도자치경찰위원회에 대한 비교설명으로 가장 적절하지 않은 것은?

① 국가경찰위원회 위원장은 비상임위원 중에서 호선하고, 시·도자치경찰위원회 위원장은 위원회의 의결로서 결정한다.
② 국가경찰위원회는 위원장 및 5명의 위원은 비상임, 1명의 위원은 상임으로 구성되고 시·도자치경찰위원회는 위원장과 1명의 위원은 상임으로 하고, 5명의 위원은 비상임으로 구성된다.
③ 국가경찰위원회 임시회의 요구는 위원 3인 이상과 행정안전부장관 또는 경찰청장이 위원장에게 요구하고 시·도자치경찰위원회 임시회의는 위원 2명 이상이 요구하는 경우 및 시·도지사가 필요하다고 인정하는 경우에 개최된다.
④ 국가경찰위원회와 시·도자치경찰위원회 위원의 임기는 3년으로 하며, 연임할 수 없다.

11
경찰공무원의 임용에 관한 설명으로 옳지 않은 것은 모두 몇 개인가?

> ㉠ 총경 이상 경찰공무원의 임용은 경찰청장의 추천으로 행정안전부장관이 제청하여 국무총리를 거쳐 대통령이 임용한다.
> ㉡ 임용권의 위임을 받은 소속기관 등의 장은 경감 또는 경위를 신규채용하거나 경위 또는 경사를 승진시키고자 할 때에는 미리 경찰청장의 승인을 얻어야 한다.
> ㉢ 경찰청장으로부터 임용권을 위임받은 시·도지사는 경위 또는 경사로의 승진임용에 관한 권한을 제외한 임용권을 시·도자치경찰위원회에 다시 위임한다.
> ㉣ 시·도자치경찰위원회는 임용권을 행사하는 경우에는 시·도지사의 추천을 받아야 한다.
> ㉤ 경찰청장은 수사부서에서 총경을 보직하는 경우에는 국가수사본부장의 추천을 받아야 한다.

① 1개 ② 2개 ③ 3개 ④ 4개

12
경찰공무원 임용의 결격사유에 관한 설명으로 가장 적절한 것은?

① 피성년후견인 또는 피한정후견인은 경찰공무원 임용의 결격사유이며, 국가공무원 임용의 결격사유에 해당한다.
② 자격정지 이상의 형의 선고유예를 선고받고 그 유예기간 중에 있는 사람은 경찰공무원 임용의 결격사유에는 해당하나 당연퇴직사유에는 해당하지 않는다.
③ 공무원으로 재직기간 중 음주운전의 죄를 범한 사람으로서 300만 원 이상의 벌금형을 선고받고 그 형이 확정된 후 2년이 지나지 아니한 사람은 경찰공무원 임용의 결격사유에 해당한다.
④ 미성년자에 대한 성폭력 범죄를 저질러 100만 원 이상의 벌금형을 선고받고 그 형이 확정된 후 3년이 지나지 아니한 사람은 경찰공무원 임용의 결격사유에만 해당한다.

13

「경찰공무원 승진임용 규정」 제7조(근무성적 평정)에 대한 설명으로 가장 적절하지 않은 것은?

① 총경 이하의 경찰공무원에 대해서는 매년 근무성적을 평정하여야 하며, 근무성적 평정의 결과는 승진 등 인사관리에 반영하여야 한다.
② 근무성적은 제1 평정 요소(경찰업무 발전에 대한 기여도, 포상 실적, 그 밖에 행정안전부령으로 정하는 평정 요소)와 제2 평정 요소(근무실적, 직무수행능력, 직무수행태도)에 따라 평정한다.
③ 총경의 근무성적은 제2 평정 요소(근무실적, 직무수행능력, 직무수행태도)로만 평정한다.
④ 근무성적 평정 결과는 공개하도록 한다. 그리고 경찰청장은 근무성적 평정이 완료되면 평정 대상 경찰공무원에게 해당 근무성적 평정 결과를 통보하여야 한다.

14

경찰공무원의 복무와 관련된 설명으로 가장 적절하지 않은 것은?

① 경찰공무원은 신규채용·승진·전보·파견·출장·연가·교육훈련기관에의 입교 기타 신분관계 또는 근무관계 또는 근무관계의 변동이 있는 때에는 소속 상관에게 신고를 하여야 한다.
② 경찰공무원은 상사의 허가를 받거나 그 명령에 의한 경우를 제외하고는 직무와 관계없는 장소에서 직무수행을 하여서는 안 된다.
③ 경찰공무원은 근무시간 중 음주를 하여서는 안 된다. 다만, 특별한 사정이 있는 경우에는 예외로 하되, 이 경우 주기가 있는 상태에서 직무를 수행하여서는 안 된다.
④ 경찰공무원은 휴무일 또는 근무시간 외에 공무 아닌 사유로 2시간 이내에 직무에 복귀하기 어려운 지역으로 여행을 하고자 할 때에는 소속기관의 장의 허가를 받아야 한다.

15

「공직자의 이해충돌 방지법」과 「부정청탁 및 금품등 수수의 금지에 관한 법률」에 관한 설명으로 가장 적절한 것은?

① 「공직자의 이해충돌 방지법」상 부동산을 직접 또는 간접으로 취급하는 대통령령으로 정한 공공기관의 공직자가 소속 공공기관의 업무와 관련된 부동산을 보유하고 있거나 매수하는 경우 소속기관장에게 그 사실을 구두 또는 서면으로 신고하여야 한다.
② 「부정청탁 및 금품등 수수의 금지에 관한 법률」상 '공직자등'이 부정청탁을 받았을 때에는 부정청탁을 한 자에게 부정청탁임을 알리고 이를 거절하는 의사를 명확히 표시하여야 하며, 이러한 조치를 하였음에도 불구하고 동일한 부정청탁을 다시 받은 경우에는 이를 소속기관장에게 구두 또는 서면(전자서면을 포함)으로 신고하여야 한다.
③ 「부정청탁 및 금품등 수수의 금지에 관한 법률」에 따르면 ○○경찰서 소속 경찰관 甲이 모교에서 자신의 직무와 관련된 강의를 요청받아 1시간 동안 강의를 하고 50만 원의 사례금을 받았다면 대통령령이 정하는 바에 따라 소속기관장에게 신고하고 그 초과금액을 소속기관장에게 지체 없이 반환하여야 한다.
④ 사교·의례 등 목적으로 제공되는 음식물·경조사비 등의 가액 범위는 음식물은 3만 원, 축의금·조의금은 5만 원(다만, 축의금·조의금을 대신하는 화환·조화는 10만 원으로 한다), 일체의 물품, 상품권 및 그 밖에 이에 준하는 것은 5만 원. 다만, 농수산물 및 농수산가공품과 농수산물·농수산가공품 상품권은 15만 원(제17조 제2항에 따른 기간 중에는 30만 원)으로 한다.

16
경찰공무원의 징계에 관한 설명 중 틀린 내용은 모두 몇 개인가?

> ㉠ 임명권자의 재량권은 징계요건에 대해서는 재량이 인정되지 아니하고, 징계할 경우에 어떠한 처분을 선택할 것인가에 재량이 있다.
> ㉡ 징계 사유를 통지받은 경찰기관의 장은 타당한 이유가 없으면 통지를 받은 날부터 30일 이내에 제9조에 따라 관할 징계위원회에 징계등 의결을 요구하거나 그 상급 경찰기관의 장에게 징계등 의결의 요구를 신청하여야 한다.
> ㉢ 경찰공무원 징계위원회의 위원은 징계심의 대상자보다 상위계급의 경감 이상의 소속 경찰공무원 중에서 당해 경찰기관의 장이 임명한다.
> ㉣ 경찰공무원 징계위원회의 위원장은 위원회의 사무를 총괄하며 위원회를 대표하지만, 표결권을 가지지 아니한다.
> ㉤ 경찰기관의 장은 소속 경찰공무원 중 징계사유가 있다고 인정되거나 징계의결 요구의 신청을 받은 때에는 관할 징계위원회를 구성하여 징계의결을 요구할 수 있다.

① 2개　② 3개　③ 4개　④ 5개

17
「국가배상법」상 배상책임의 요건에 관한 설명으로 가장 적절하지 않은 것은?

① 「국가배상법」상 공무원의 범위에는 공무원의 신분을 가진 자는 물론이고 널리 공무를 위탁받아 행사하는 자 및 사실상 공무원관계에 있는 자도 포함된다.
② 「국가배상법」상 직무의 범위에 관하여 통설과 판례는 권력작용뿐 아니라 비권력적 관리작용까지도 포함되지만 사경제작용은 제외된다.
③ 공무원의 고의 또는 과실로 개인에게 손해를 끼친 경우 개인은 국가 또는 가해공무원에게 손해배상을 선택적으로 청구가 가능하다.
④ 공무원의 가해행위로부터 발생한 일체의 손해로서 재산상 손해, 비재산상 손해 그리고 정신적 손해를 가리지 않고 모두 포함한다. 다만 반사적 이익의 침해는 손해에 포함되지 않는다.

18
행정심판과 행정소송의 공통점에 해당하지 않는 것은 모두 몇 개인가?

> ㉠ 집행부정지 원칙의 채택
> ㉡ 개괄주의
> ㉢ 쟁송대상
> ㉣ 쟁송형태
> ㉤ 불이익변경금지 원칙
> ㉥ 사정판결·사정재결의 인정

① 1개　② 2개　③ 3개　④ 4개

19
「행정기본법」에 관한 설명으로 가장 적절하지 않은 것은?

① 법령등으로 정하는 바에 따라 행정청에 일정한 사항을 통지하여야 하는 신고로써 법률에 신고의 수리가 필요하다고 명시되어 있는 경우(행정기관의 내부 업무 처리 절차로서 수리를 규정한 경우는 제외한다)에는 행정청에 신고를 제출함으로써 효력이 발생한다.
② 행정청의 처분(「행정심판법」 제3조에 따라 같은 법에 따른 행정심판의 대상이 되는 처분을 말한다)에 이의가 있는 당사자는 처분을 받은 날부터 30일 이내에 해당 행정청에 이의신청을 할 수 있다.
③ 행정청은 이의신청을 받으면 그 신청을 받은 날부터 14일 이내에 그 이의신청에 대한 결과를 신청인에게 통지하여야 한다. 다만, 부득이한 사유로 14일 이내에 통지할 수 없는 경우에는 그 기간을 만료일 다음 날부터 기산하여 10일의 범위에서 한 차례 연장할 수 있으며, 연장 사유를 신청인에게 통지하여야 한다.
④ 이의신청을 한 경우에도 그 이의신청과 관계없이 「행정심판법」에 따른 행정심판 또는 「행정소송법」에 따른 행정소송을 제기할 수 있다.

20
경찰권 발동의 조리상 한계에 관한 설명으로 가장 적절하지 않은 것은?

① 경찰권 발동의 조리상 한계를 위반하면 그것은 위법행위로서 사법심사의 대상 및 무효·취소의 사유가 되며, 경찰권의 발동으로 손해가 발생한 경우에는 배상하여야 한다.
② 경찰권 발동의 조리상 한계는 일반조항의 전제를 근거로 법의 일반원칙에 부합하여 경찰권 발동시 일정한 한계를 인정한 원칙을 말하는 것으로 개별조항에 근거하여 경찰권을 발동하는 경우에는 적용되지 않는다.
③ 경찰비례의 원칙과 경찰평등의 원칙은 경찰재량을 통제하는 기능을 한다.
④ 경찰소극목적의 원칙은 실질적 의미의 경찰개념에서 도출된 것으로 적극적으로 공공복리의 증진을 위해서는 발동이 허용되지 않는다는 원칙이다.

21
다음 중 사실행위에 해당하지 않는 것은? (다툼이 있으면 판례에 의함)

① 수형자에 대한 서신검열
② 수도사업자가 급수공사 신청자에 대하여 급수공사비 내역과 이를 지정기일 내에 선납하라는 취지의 납부통지
③ 추첨방식에 의하여 운수사업 면허대상자를 선정하는 경우의 추첨 자체
④ 식품위생법상 대중음식점 영업허가

22
경찰허가에 관한 설명으로 옳지 않은 것은 모두 몇 개인가?

㉠ 경찰허가는 언제나 경찰처분의 형식으로만 행하여진다.
㉡ 경찰허가인 때에는 반드시 허가내용이 신청내용과 일치될 필요는 없으며, 신청 내용의 일부를 변경하거나 부관을 붙여 허가하는 것도 가능하다.
㉢ 무허가행위는 강제집행이나 행정벌의 대상은 되지만, 행위 자체는 유효하다.
㉣ 부담을 이행하지 않더라도 행정행위의 효력은 유지되며, 그 불이행의 상대방에 대해서는 행정상 강제집행이나 행정벌을 부과할 수 있게 된다.
㉤ 기속행위와 기속재량행위에는 부관을 붙일 수 없고 만일 부관을 붙인 경우에는 무효이다.

① 1개 ② 2개 ③ 3개 ④ 없다

23
다음 중 옳지 않은 것은 모두 몇 개인가?

㉠ 무효인 행정행위는 공정력을 가지지 않으므로 선결문제가 발생하지 않고, 불복제기 기간의 제한도 없어 불가쟁력을 가지지 않는다.
㉡ 하자의 승계에 대해 통설은 두 개 이상의 행정행위가 서로 독립하여 별개의 효과를 목적으로 하는 경우에 선행행위가 당연무효가 아닌 한, 하자는 승계되지 않는다고 본다.
㉢ 하자 있는 행정행위의 전환으로 인하여 생긴 새로운 행정행위는 전환이 인정되는 시점을 기준으로 장래에 향하여서만 효력을 발생한다.
㉣ 다수설은 기속행위의 재량행위로의 전환이 가능하다고 본다.
㉤ 판례에 의하면 연력을 속여 발급받은 운전면허를 가지고 운전하였다 하더라도 취소되지 않는 한 무면허 운전행위는 아니다.

① 1개 ② 2개 ③ 3개 ④ 4개

24
부관에 관한 설명으로 옳지 않은 것은 모두 몇 개인가?

> ㉠ 명문의 규정이 없더라도 행정관청에 일정한 재량이 인정되는 경우에는 재량으로 부관 있는 행정처분이 가능하다.
> ㉡ 부관은 부종성을 특징으로 하므로 비례의 원칙의 적용을 받지 않는다.
> ㉢ 무효인 부관은 원칙적으로 부관이 없는 행정행위로서 효력을 발생하나, 그 부관이 중대하여 그 부관이 없었더라면 행정행위를 하지 않았다고 인정되면 전체가 무효로 된다.
> ㉣ 원칙적으로 부관은 행정행위의 주된 의사표시에 부가된 종된 의사표시로서 양자가 합하여 하나의 행정행위가 되는 것이므로 부관만을 독립시켜 쟁송의 대상으로 삼을 수 없다.
> ㉤ 부관 중 '수정부담'만은 주된 의사표시와 독립된 그 자체로서 하나의 행정행위이므로 독립하여 쟁송의 대상이 될 수 있다고 한다.

① 1개　② 2개　③ 3개　④ 4개

25
「개인정보 보호법」의 내용으로 가장 적절하지 않은 것은?

① 개인정보처리자는 개인정보 처리방침 등 개인정보의 처리에 관한 사항을 비공개할 수 있으며, 정보주체의 열람청구권 등을 제한할 수 있다.
② 개인정보처리자는 개인정보를 익명 또는 가명으로 처리하여도 개인정보 수집목적을 달성할 수 있는 경우 익명처리가 가능한 경우에는 익명에 의하여, 익명처리로 목적을 달성할 수 없는 경우에는 가명에 의하여 처리될 수 있도록 하여야 한다.
③ 개인정보 보호위원회는 개인정보의 보호와 정보주체의 권익 보장을 위하여 3년마다 개인정보 보호 기본계획을 관계 중앙행정기관의 장과 협의하여 수립한다.
④ 중앙행정기관의 장은 기본계획에 따라 매년 개인정보 보호를 위한 시행계획을 작성하여 보호위원회에 제출하고, 보호위원회의 심의·의결을 거쳐 시행하여야 한다.

26
「위해성 경찰장비의 사용기준 등에 관한 규정」의 내용으로 가장 적절하지 않은 것은?

① 국가경찰관서의 장은 폐기대상인 위해성 경찰장비 또는 성능이 저하된 위해성 경찰장비를 개조할 수 있으며, 소속경찰관으로 하여금 이를 본래의 용법에 준하여 사용하게 할 수 있다.
② 위해성 경찰장비(제4호의 경우에는 살수차만 해당한다)를 사용하는 경우 그 현장책임자 또는 사용자는 별지 서식의 사용보고서를 작성하여 직근상급 감독자에게 보고하고, 직근상급 감독자는 이를 3년간 보관하여야 한다.
③ 무기 사용보고를 받은 직근상급 감독자는 14일 이내에 지휘계통을 거쳐 경찰청장 또는 해양경찰청장에게 보고하여야 한다.
④ 경찰관이 위해성 경찰장비를 사용하여 부상자가 발생한 경우에는 즉시 구호, 그 밖에 필요한 긴급조치를 하여야 한다.

27
조직편성의 일반원리와 이에 관한 설명으로 가장 적절한 것은?

① 계층제의 원리 - 조직의 목적 수행을 위해 구성원의 임무를 책임과 난이도에 따라 상하로 나누어 배치하는 원리로서, 지휘계통을 확립하고 조직의 업무수행 활동에 질서와 통일을 기할 수 있는 장점이 있으며, 계층이 많아질수록 의사소통과 업무처리시간에 효율을 기할 수 있다.
② 통솔범위의 원리 - 한 사람의 관리자가 조직 구성원을 몇 명 정도나 관리할 수 있는지에 관한 원리로서, 부하의 능력과 의욕, 경험 등의 수준이 높아질수록 관리자의 통솔범위는 축소된다고 할 수 있다.
③ 명령통일의 원리 - 조직의 구성원 간에 지시나 보고를 주고받는 과정에서 지시는 한 사람만이 할 수 있고 보고도 한 사람에게만 하여야 하는 원리이다. 한편 형식적으로 명령통일의 원리를 적용할 경우 생길 수 있는 한계를 보완할 수 있는 제도는 없다.
④ 조정과 통합의 원리 - 조직의 목표달성 과정에서 여러 단위 간의 충돌과 갈등을 방지하기 위해 질서 정연한 행동통일을 기하는 원리로서, 관리자의 리더십을 강화하거나 위원회제도 등을 활용하여 조직단위의 권한과 책임의 한계를 명확히 함으로써 제고될 수 있다.

28
예산의 집행에 관한 설명으로 옳지 <u>않은</u> 것은 모두 몇 개인가?

> ㉠ 각 중앙관서의 장은 예산이 확정된 후 사업운영계획 및 이에 따른 세입세출예산·계속비·명시이월비와 국고채무부담행위를 포함한 예산배정요구서를 기획재정부장관에게 제출하여야 한다.
> ㉡ 예산회계제도에 의하면 각종 정부예산사업의 수행과 경비지출을 위한 지출원인행위는 배정된 예산의 범위 내에서 하도록 되어 있다.
> ㉢ 국회를 통과하여 예산이 확정되었더라도 해당 예산이 배정되지 않은 상태에서는 지출원인행위를 할 수 없다.
> ㉣ 기획재정부장관은 각 중앙관서의 장에게 예산을 배정한 때에는 예산결산특별위원회에 통지하여야 한다.
> ㉤ 기획재정부장관은 예산집행의 효율성을 높이기 위하여 매년 예산집행에 관한 지침을 작성하여 감사원에 통보하여야 한다.

① 1개　② 2개　③ 3개　④ 4개

29
「보안업무규정」상 비밀에 관한 설명으로 가장 적절한 것은?

① 국가정보원장은 비밀 소통용 암호자재를 제작하여 필요한 기관에 공급한다. 다만 국가정보원장이 필요하다고 인정하는 암호자재의 경우 그 암호자재를 사용하는 기관은 국가정보원장이 인가하는 암호체계의 범위에서 암호자재를 제작할 수 있다.
② 누설될 경우 국가안전보장에 해를 끼칠 우려가 있는 경우 Ⅱ급 비밀로 분류한다.
③ 외국 정부나 국제기구로부터 접수한 비밀은 그 접수기관이 필요로 하는 정도로 보호할 수 있도록 분류하여야 한다.
④ 암호자재를 사용하는 기관의 장은 사용기간이 끝난 암호자재를 지체 없이 국가정보원장에게 반납해야 한다.

30
「경찰 감찰 규칙」에 관한 설명으로 가장 적절하지 않은 것은?

① 감찰관은 소속 경찰기관의 관할구역 안에서 활동하여야 한다. 다만, 상급 경찰기관의 장의 지시가 있는 경우에는 관할구역 밖에서도 활동할 수 있다.
② 감찰관은 소속공무원의 의무위반행위에 관한 단서(현장인지, 진정·탄원 등을 포함한다)를 수집·접수한 경우 소속 경찰기관에게 보고하여야 한다.
③ 감찰관은 감찰활동에 착수할 때에는 감찰기간과 대상, 중점감찰사항 등을 포함한 감찰계획을 소속 경찰기관의 감찰부서장에게 보고하여 승인을 받아야 하고, 감찰기간은 6개월의 범위 내에서 감찰부서장이 정한다.
④ 감찰관은 직무수행 중 알게 된 정보나 제출받은 자료를 감찰 목적 외의 용도로 이용할 수 없다.

31
「공공기관의 정보공개에 관한 법률」상 공개청구된 정보가 제3자와 관련 있는 경우에 관한 설명으로 가장 적절하지 <u>않은</u> 것은?

① 공공기관은 공개 청구된 공개 대상 정보의 전부 또는 일부가 제3자와 관련이 있다고 인정할 때에는 그 사실을 제3자에게 지체 없이 통지하여야 하며, 필요한 경우에는 그의 의견을 들을 수 있다.
② 공개 청구된 사실을 통지받은 제3자는 그 통지를 받은 날부터 3일 이내에 해당 공공기관에 대하여 자신과 관련된 정보를 공개하지 아니할 것을 요청할 수 있다.
③ 제3자의 비공개 요청에도 불구하고 공공기관이 공개 결정을 할 때에는 공개 결정 이유와 공개 실시일을 분명히 밝혀 7일 이내에 문서로 통지하여야 한다.
④ 공개 결정 통지를 받은 제3자는 해당 공공기관에 통지를 받은 날부터 7일 이내에 문서로 이의신청을 할 수 있다.

32
범죄원인론과 범죄예방론에 대한 설명으로 틀린 것은?

① 실증주의 범죄학 – 페리(E. Ferri)는 범죄의 원인이 존재하는 사회에서는 이에 상응하는 일정한 양의 범죄가 반드시 발생한다고 주장하였다.
② 치료 및 갱생이론 – 결정론적 인간관에 기초하여 범죄자에 대한 치료 내지 갱생으로 범죄를 예방하고자 한다.
③ 문화적 전파이론 – 범죄란 특정 개인이 범죄문화에 참가 동조함에 의해 정상적으로 학습된 행위로 본다.
④ 생태학적 이론 – 범죄발생을 용이하게 하는 환경적 요소를 개선하거나 제거함으로써 기회성 범죄를 줄이려는 범죄예방론으로 대표적인 예로 환경설계를 통한 범죄예방기법(CPTED)이 있다.

33
「지역경찰의 조직 및 운영에 관한 규칙」에 관한 설명으로 가장 적절하지 않은 것은?

① 직주일체형 치안센터에는 배우자와 함께 거주함을 원칙으로 하며, 배우자는 근무자 부재시 방문 민원 접수·처리 등 보조 역할을 수행한다.
② 직주일체형 치안센터에 배치된 근무자는 근무 종료 후에도 관할구역 내에 위치하며 지역경찰관서와 연락체계를 유지하여야 한다. 다만, 휴무일은 제외한다.
③ 관리팀은 일근근무를 원칙으로 한다. 다만, 지역경찰관서장은 필요하다고 인정되는 경우에는 근무시간을 조정하거나, 시간외·휴일 근무 등을 명할 수 있다.
④ 순찰팀장 및 순찰팀원은 상시·교대근무를 원칙으로 하며, 근무교대 시간 및 휴게시간, 휴무횟수 등 구체적인 사항은 경찰서장이 정한다.

34
다음 내용 중 옳지 않은 것은 모두 몇 개인가?

> ㉠ 풍속영업의 규제에 관한 법률에 규정된 풍속영업자의 범위는 허가 또는 인가를 받지 아니하거나, 등록 또는 신고를 하지 아니하고 풍속영업을 영위하는 자는 포함하지 않는다.
> ㉡ 도검·분사기의 수·출입, 화약류 2급 저장소의 설치, 화약류 발파, 전자충격기, 석궁 제조업자의 허가권자는 시·도경찰청장이다.
> ㉢ 사행행위영업의 대상범위가 2 이상의 특별시·광역시 또는 도에 걸치는 경우에는 경찰청장에게 허가를 받아야 한다.
> ㉣ 유흥주점, 비디오물감상실, 무도학원은 청소년출입·고용 금지업소이다.

① 1개　　② 2개　　③ 3개　　④ 4개

35
「가정폭력범죄의 처벌 등에 관한 특례법」에 관한 설명으로 가장 적절하지 않은 것은?

① 사법경찰관은 가정폭력범죄를 신속하게 수사하여 사건을 검사에게 송치하여야 한다. 이 경우 사법경찰관은 해당 사건을 가정보호사건으로 처리하는 것이 적절한지에 관한 의견을 제시할 수 있다.
② 검사는 가정폭력범죄가 재발될 우려가 있다고 인정하는 경우에는 직권으로 또는 사법경찰관의 신청에 의하여 법원에 피해자 또는 가정구성원이나 그 주거 또는 점유하는 방실로부터의 퇴거 등 격리, 피해자 또는 가정구성원이나 그 주거·직장 등에서 100미터 이내의 접근 금지, 의료기관이나 그 밖의 요양소에 위탁의 임시조치를 청구할 수 있다.
③ 임시조치의 청구는 긴급임시조치를 한 때부터 48시간 이내에 청구하여야 하며, 긴급임시조치결정서를 첨부하여야 한다.
④ 사법경찰관은 응급조치에도 불구하고 가정폭력범죄가 재발될 우려가 있고, 긴급을 요하여 법원의 임시조치 결정을 받을 수 없을 때에는 직권 또는 피해자나 그 법정대리인의 신청에 의하여 긴급임시조치를 할 수 있다.

36
청원경찰에 관한 설명으로 옳지 않은 것은 모두 몇 개인가?

> ㉠ 청원경찰에 대한 징계는 파면, 해임, 강등, 정직, 감봉, 견책이 있다.
> ㉡ 청원경찰의 임용자격은 18세 이상 50세 미만의 자이다.
> ㉢ 청원경찰은 그 경비구역 안에 한하여 경비목적을 위하여 필요한 범위 안에서 청원경찰법에 의한 경찰관의 직무를 행한다.
> ㉣ 시·도경찰청장은 청원경찰이 직무수행을 위하여 필요하다고 인정할 때는 청원주의 신청에 의하여 관할경찰서장으로 하여금 무기를 대여하여 휴대하게 할 수 있다.
> ㉤ 청원경찰은 근무 중 제복을 착용하여야 한다.
> ㉥ 청원경찰이 직무를 수행할 때 직권을 남용하여 국민에게 해를 끼친 경우에는 1년 이하의 징역이나 금고에 처한다.

① 2개 ② 3개 ③ 4개 ④ 5개

37
「도로교통법」상 운전면허에 관한 설명으로 가장 적절하지 않은 것은?

① 자동차등을 운전하려는 사람은 지방경찰청장으로부터 운전면허를 받아야 한다. 다만, 교통약자가 최고속도 시속 20킬로미터 이하로만 운행될 수 있는 차를 운전하는 경우에는 그러하지 아니하다.
② 연습운전면허는 그 면허를 받은 날부터 1년 동안 효력을 가진다. 다만, 연습운전면허를 받은 날부터 1년 이전이라도 연습운전면허를 받은 사람이 제1종 보통면허 또는 제2종 보통면허를 받은 경우 연습운전면허는 그 효력을 잃는다.
③ 듣지 못하는 사람(제1종 운전면허 중 대형면허·특수면허만 해당한다), 앞을 보지 못하는 사람(한쪽 눈만 보지 못하는 사람의 경우에는 제1종 운전면허 중 대형면허·특수면허만 해당한다)이나 그 밖에 대통령령으로 정하는 신체장애인은 운전면허를 받을 수 없다.
④ 제1종 대형면허 또는 제1종 특수면허를 받으려는 경우로서 19세 미만이거나 자동차(이륜자동차 포함)의 운전경험이 1년 미만인 사람은 운전면허를 받을 수 없다.

38
「집회 및 시위에 관한 법률」에 관한 설명으로 옳지 않은 것은 모두 몇 개인가?

> ㉠ 주최자는 신고한 옥외집회 또는 시위를 하지 아니하게 된 경우에는 신고서에 적힌 집회 일시 24시간 전에 그 철회사유 등을 적은 철회신고서를 관할경찰관서장에게 제출하여야 한다.
> ㉡ 관할경찰관서장은 집회 또는 시위의 시간과 장소가 중복되는 2개 이상의 신고가 있는 경우 그 목적으로 보아 서로 상반되거나 방해가 된다고 인정되면 각 옥외집회 또는 시위 간에 시간을 나누거나 장소를 분할하여 개최하도록 권유하는 등 각 옥외집회 또는 시위가 서로 방해되지 아니하고 평화적으로 개최·진행될 수 있도록 노력하여야 한다.
> ㉢ 관할경찰관서장은 ㉡에 따른 권유가 받아들여지지 아니하면 뒤에 접수된 옥외집회 또는 시위에 대하여 그 집회 또는 시위의 금지를 통고할 수 있다.
> ㉣ ㉢에 따라 뒤에 접수된 옥외집회 또는 시위가 금지 통고된 경우 먼저 신고를 접수하여 옥외집회 또는 시위를 개최할 수 있는 자는 집회 시작 24시간 전에 관할경찰관서장에게 집회 개최 사실을 통지하여야 한다.
> ㉤ 선신고자가 집회시위를 철회하는 경우에 관할경찰관서장은 ㉢에 따라 금지 통고를 받은 주최자에게 그 사실을 12시간 이내에 알려야 한다.

① 1개 ② 2개 ③ 3개 ④ 4개

39
「출입국관리법」상 범죄를 범한 내국인에 대해 수사목적상 출국금지 조치를 할 경우에 관한 설명 중 가장 적절한 것은? (단, 출국금지기간의 연장은 고려하지 않음)

① 소재를 알 수 없어 기소중지결정이 된 사람 또는 도주 등 특별한 사유가 있어 수사 진행이 어려운 사람에 대하여는 6개월 이내의 기간 동안 출국을 금지할 수 있다.
② 지방출입국 외국인관서장은 범죄 수사를 위하여 출국이 적당하지 아니하다고 인정되는 사람은 원칙적으로 1개월 이내의 기간을 정하여 출국을 금지할 수 있다.
③ 징역형이나 금고형의 집행이 끝나지 아니한 사람에 대하여는 6개월 이내의 기간을 정하여 출국을 금지할 수 있다.
④ 기소중지결정이 된 경우로서 체포영장 또는 구속영장이 발부된 사람에 대하여는 3개월간 출국을 금지할 수 있다.

40

「언론중재 및 피해구제 등에 관한 법률」에 관한 설명으로 가장 적절하지 않은 것은?

① 「언론중재 및 피해구제 등에 관한 법률」 제16조 제1항, 제2항에 따르면, 사실적 주장에 관한 언론보도등으로 인하여 피해를 입은 자는 그 보도 내용에 관한 반론보도를 언론사등에 청구할 수 있고, 이러한 청구에는 언론사등의 고의 과실이나 위법성을 필요로 하지 아니하며, 보도 내용의 진실 여부와 상관없이 그 청구를 할 수 있다.

② 「언론중재 및 피해구제 등에 관한 법률」 제19조 제3항에 따르면, 제2항의 출석요구를 받은 신청인이 2회에 걸쳐 출석하지 아니한 경우에는 조정신청을 취하한 것으로 보며, 피신청 언론사등이 2회에 걸쳐 출석하지 아니한 경우에는 조정신청 취지에 따라 정정보도등을 이행하기로 합의한 것으로 본다.

③ 조정은 신청 접수일부터 14일 이내에 하여야 하며, 중재부의 장은 조정신청을 접수하였을 때에는 지체 없이 조정기일을 정하여 당사자에게 출석을 요구하여야 한다.

④ 언론중재위원회는 40명 이상 90명 이내의 중재위원으로 구성하며, 위원장 1명과 2명 이내의 부위원장 및 2명 이내의 감사를 두는데, 위원장 부위원장 감사 및 중재위원의 임기는 각각 3년으로 하며, 연임할 수 없다.

제12회 동형모의고사

제한시간 / 40분   점수 / 100점

01
다음 사례와 관련된 경찰개념에 관한 설명으로 가장 적절하지 <u>않은</u> 것은?

> 크로이츠베르크(Kreuzberg)에 있는 전승기념비 주위의 건축구역에서는 기념비 하단에서 도시와 그 주위를 조망하는 것이 방해받지 않고, 또 도시에서 기념비를 전망하는 것이 침해받지 않는 정도의 고도 내에서만 건축이 허용된다고 한 베를린 경찰국장의 경찰명령에 근거하여서 그 지역 내에서의 건축허가의 발급을 거절한 것이 문제가 되었었다.

① 프로이센 일반란트법 제2장 제17절 제10조에 따를 때 경찰은 위험방지의 권한만을 가지며, 미적인 이익을 추구할 권한은 없기 때문에 크로이츠베르크에 있는 전승기념비에 대한 조망을 해치지 않게 하기 위하여 도로상의 건축물의 고도를 제한하는 경찰명령은 무효이다.
② 경찰권은 절대주의적 국가권력의 기초가 되었으며, 세속적인 공권력으로 사회질서를 유지함을 의미했다.
③ 경찰 분야에 있어서도 적극적인 복지경찰 분야가 제외되면서, 경찰권의 발동은 소극적인 위험방지분야에 한정되게 되었다.
④ 경찰관청이 일반수권규정에 근거하여 법규명령을 발할 수 있는 분야는 위험방지 분야에 한정된다고 판결하였다.

02
형식적 의미의 경찰개념과 실질적 의미의 경찰개념에 관한 설명으로 가장 적절하지 <u>않은</u> 것은?

① 경찰기관이 실질적 의미의 경찰작용을 하는 경우가 있듯이 일반행정기관에서도 실질적 의미의 경찰작용을 하는 경우가 있다.
② 형식적 의미의 경찰개념은 각국의 전통이나 현실적 환경에 따라 다른 것으로 현재의 법규정상 경찰이 담당하도록 규정된 사항은 그것이 소극적 질서유지에 관한 사항이던, 적극적 성격을 띠었던 모두 형식적 의미의 경찰업무에 해당한다.
③ 실질적 의미의 경찰은 사회공공의 안녕, 질서유지와 같은 소극적 목적을 위한 작용이고, 안보경찰활동과 같은 경찰의 임무는 형식적 의미의 경찰개념에서 형성된 것이다.
④ 형식적 의미의 경찰은 제도적·역사적으로 발전해 온 개념으로, 이른바 경찰권 발동의 한계론도 형식적 의미의 경찰개념의 배경하에서 형성되었다.

03
다음 설명 중 옳지 <u>않은</u> 것은 모두 몇 개인가?

> ㉠ 경찰의 활동에 있어 수권규정이 있더라도 경찰의 개입여부에 대한 결정은 임무의 성질에 따라 다르다.
> ㉡ 공공의 안녕은 집단이라는 개념을 내포하는바, 각 개인에게는 경찰권 개입을 청구할 수 없다.
> ㉢ 개인적 법익에 대한 침해가 동시에 공법규범 위반에 해당하는 경우에 경찰은 그러한 행위에 대해서 직접 개입해야 한다.
> ㉣ 개개 사안에서 공공의 질서라는 개념과 관련하여 경찰이 개입할 것인가의 여부는 경찰권의 재량적 결정에 해당한다.
> ㉤ 위험의 개념은 일종의 예측, 즉 사실에 기인하여 향후 발생할 사건의 진행에 관한 주관적 추정을 포함하지만, 일종의 객관화를 이루는 사전판단을 요한다.

① 1개　② 2개　③ 3개　④ 4개

04

경찰의 관할에 관한 설명으로 가장 적절하지 않은 것은?

① 「국가경찰과 자치경찰의 조직 및 운영에 관한 법률」과 「경찰관 직무집행법」의 임무는 궁극적으로 공공의 안녕과 질서유지에 귀결되며 여기에는 범죄의 수사, 소극적인 위험방지뿐만 아니라 서비스 영역도 포함된다.
② 「국가경찰과 자치경찰의 조직 및 운영에 관한 법률」과 「경찰관 직무집행법」에 경찰의 임무(직무)로서 열거되어 있지 아니한 것은 경찰의 사물관할에 해당하지 않는다.
③ 경찰권은 원칙적으로 모든 사람에게 적용되나 국내법적으로는 대통령과 국회의원에 대해서, 그리고 국제법적으로는 외교사절과 주한미군에 대해서 일정한 제한이 따른다.
④ 미군 당국이 동의한 경우와 중대한 죄를 범하고 도주하는 현행범인을 추적하는 때에는 대한민국 경찰도 미군 시설 및 구역 내에서 범인체포가 가능하다.

05

전문직업의 윤리적 문제점에 관한 설명으로 가장 적절하지 않은 것은?

① 학자들이 제시하는 전문직업의 윤리적 문제점으로는 차별, 부권주의, 소외 등이 있다.
② 소외의 예 - 사회복지정책 전문직 공무원 甲은 복지정책을 결정하면서 정부정책의 기본방침을 고려하지 않고 자신이 속한 보건복지부 입장만 고려한 채 정책결정을 하였다.
③ 부권주의의 예 - 심장전문의 乙은 환자의 치료법에 대하여 환자의 입장을 고려하지 않고 자신의 우월적 의학적 지식만 고려하여 일방적으로 치료방법을 결정하였다.
④ 차별은 나무는 보고 숲은 보지 못하듯 자신의 국지적 분야만 보고 전체적인 맥락을 보지 못하는 것을 말한다.

06

미군정기의 경찰에 관한 설명으로 옳은 것은 모두 몇 개인가?

> ㉠ 미군정 초창기에는 '군정의 실시'와 '구직관리의 현직 유지'가 이루어져 인력의 개혁이 제대로 시행될 수 없었다.
> ㉡ 1947년 6인의 위원으로 구성된 중앙경찰위원회가 설치되어 경찰정책의 수립 및 경찰관리의 임면 등에 대한 사항을 심의하는 등 경찰통제가 이루어졌다.
> ㉢ 1945년 12월 29일 '법무국 검사에 대한 훈령 제3호'가 발령되어 '수사는 경찰, 기소는 검사' 체제가 도입되어 경찰의 독자적 수사권이 인정되었다.
> ㉣ 1945년 정치범처벌법, 치안유지법, 예비검속법이 폐지되고 1948년에 보안법이 가장 마지막으로 폐지되었다.
> ㉤ 미군정은 신규경찰을 대거 채용하는 과정에서 전체 20% 가량은 일제경찰 출신들이 재임용되기도 했지만 상당히 많은 독립운동가 출신들이 채용되었다.

① 2개 ② 3개 ③ 4개 ④ 5개

07

일본경찰의 역사에 관한 설명으로 가장 적절하지 않은 것은?

① 명치유신 이후 내무성 시대에 번인제도(番人制度)를 폐지함으로써 자치경찰제적인 요소를 강화하였다.
② 미군정기에 경찰이 관리해 오던 각종의 경찰사무 중, 위생사무와 같은 협의의 행정경찰 사무는 다른 행정기관에 이관하는 등 비경찰화 작업이 전개되었다.
③ 신경찰법에서는 능률화의 요청으로 경찰운영의 단위를 도·도부현으로 하고 경찰조직을 도·도부현경찰로 일원화하였다.
④ 신경찰법에서는 민주화의 요청으로 경찰업무의 범위를 종래와 같이 경찰 본래의 임무에 한정하고, 도·도부현경찰에 원칙적으로 자치적 성격을 부여하였다.

08

다음 설명 중 가장 적절한 것은?

① 경찰관은 업무처리시 법규명령에는 반드시 따라야 하지만, 일반적으로 행정규칙에는 따라야 할 의무가 없다.
② 경찰행정관청은 경찰행정상의 의무를 국민이 이행하지 아니하는 경우에 강제집행을 하거나, 위법한 상황을 배제하기 위하여 긴급의 필요가 있는 경우에 즉시강제를 행하는 등의 기관이다.
③ 관청행위가 법적 행위일 때에는 국가행위로서의 효력을 발생함은 물론이나 사실적 행위일지라도 그것에 결부된 법적 효과는 국가에 귀속된다.
④ 법정대리의 복대리는 허용되며, 이 경우 복대리의 성격은 임의대리에 해당하며, 복대리는 대리기관의 대리에 해당한다.

09

「국가경찰과 자치경찰의 조직 및 운영에 관한 법률」상 시·도자치경찰위원회에 대한 설명으로 가장 적절하지 않은 것은?

① 자치경찰사무를 관장하게 하기 위하여 시·도지사 소속으로 시·도자치경찰위원회를 둔다.
② 시·도자치경찰위원회는 위원장 1명을 포함한 7명의 위원으로 구성하되, 위원장과 1명의 위원은 상임으로 하고, 5명의 위원은 비상임으로 한다.
③ 시·도자치경찰위원회 위원장은 위원 중에서 호선하고, 상임위원은 시·도자치경찰위원회의 의결을 거쳐 위원 중에서 위원장의 제청으로 시·도지사가 임명한다. 이 경우 위원장과 상임위원은 지방자치단체의 공무원으로 한다.
④ 시·도자치경찰위원회 위원장과 위원의 임기는 3년으로 하며, 연임할 수 없다.

10

「국가경찰과 자치경찰의 조직 및 운영에 관한 법률」에 관한 설명으로 가장 적절하지 않은 것은?

① 자치경찰사무 중 관할 지역의 일정한 수사사무에 관한 구체적인 사항 및 범위 등은 대통령령으로 정하는 기준에 따라 시·도조례로 정한다.
② 경찰은 그 직무를 수행할 때 「헌법」과 법률에 따라 국민의 자유와 권리 및 모든 개인이 가지는 불가침의 기본적 인권을 보호하고, 국민 전체에 대한 봉사자로서 공정·중립을 지켜야 하며, 부여된 권한을 남용하여서는 아니 된다.
③ 경찰공무원은 상관의 지휘·감독을 받아 직무를 수행하고, 그 직무수행에 관하여 서로 협력하여야 한다.
④ 경찰공무원은 구체적 사건수사와 관련된 제1항의 지휘·감독의 적법성 또는 정당성에 대하여 이견이 있을 때에는 이의를 제기할 수 있다.

11

대통령령인 「국가경찰위원회 규정」에 관한 설명으로 가장 적절하지 않은 것은?

① 위원이 중대한 심신상의 장애로 직무를 수행할 수 없게 되어 면직하는 경우에는 위원회의 의결이 있어야 하며, 의결요구는 위원장 또는 행정안전부장관이 한다.
② 행정안전부장관이 재의를 요구하는 경우에는 의결한 날부터 10일 이내에 재의요구서를 위원회에 제출하여야 한다.
③ 위원회의 회의는 정기회의와 임시회의로 구분하며, 정기회의는 특별한 사유가 있는 경우를 제외하고는 매월 2회 위원장이 소집한다.
④ 이 영에 규정된 사항 외에 위원회의 운영을 위하여 필요한 사항은 위원회의 의결을 거쳐 행정안전부장관이 정한다.

12
「경찰 인권보호 규칙」에 관한 설명으로 가장 적절하지 않은 것은?

① 인권침해 진정은 문서(우편·팩스 및 컴퓨터 통신에 의한 것을 포함한다)나 전화 또는 구두로 접수받으며, 담당 부서는 경찰청 인권보호담당관실로 한다.
② 경찰청 인권보호담당관실은 진정이 제기되지 아니하였더라도 경찰청장이 직접 조사를 명하거나 중대하고 긴급한 조치가 필요하다고 판단한 사안 또는 인권침해의 단서가 되는 사실을 알게 되었을 경우에는 직접 조사할 수 있다.
③ 조사담당자는 사건을 조사하는 과정에서 동일한 사건에 대하여 경찰·검찰 등의 수사가 시작된 경우에는 사건 조사를 즉시 중단하고 종결하거나 해당 기관에 이첩할 수 있다. 다만, 확인된 인권침해 사실에 대한 구제 절차는 계속하여 이행할 수 있다.
④ 조사담당자는 필요하다고 인정하는 경우에는 진행 중인 사건들을 분리하거나 병합하여 처리할 수 없다.

13
경찰공무원 인사위원회에 관한 설명으로 가장 적절한 것은?

① 경찰공무원인사위원회는 비상설의 자문기관으로 행정안전부에 둔다.
② 경찰공무원인사위원회 위원은 경찰청 소속 총경 이상 중에서 경찰청장이 임명하고, 위원장은 경찰청 인사담당국장이 된다.
③ 경찰공무원인사위원회 위원장 유고시에는 위원 중 연장자 순으로 위원장의 직무를 대행한다.
④ 인사위원회의 회의 의결은 재적위원 과반수 출석과 출석위원 과반수의 찬성으로 의결하며 위원장은 심의사항을 지체 없이 경찰청장에게 보고하여야 한다.

14
「경찰공무원법」에 관한 설명으로 가장 적절하지 않은 것은?

① 경찰공무원은 그 직무의 종류에 따라 경과(警科)에 의하여 구분할 수 있다. 경과의 구분에 필요한 사항은 대통령령으로 정한다.
② 경찰공무원의 인사(人事)에 관한 중요 사항에 대하여 경찰청장 또는 해양경찰청장의 자문에 응하게 하기 위하여 경찰청과 해양경찰청에 경찰공무원인사위원회를 둔다.
③ 공무원으로 재직기간 중 직무와 관련하여 횡령·배임의 죄나 성폭력 범죄와 다른 죄의 경합범(競合犯)에 대하여 벌금형을 선고하는 경우에는 이를 분리 선고할 수 있다.
④ 경찰청장 또는 해양경찰청장은 경찰공무원의 채용시험 또는 경찰간부후보생 공개경쟁선발시험에서 부정행위를 한 응시자에 대하여는 해당 시험을 정지 또는 무효로 하고, 그 처분이 있은 날부터 5년간 시험응시자격을 정지한다.

15
「경찰공무원법」 제21조 당연퇴직에 관한 설명으로 가장 적절하지 않은 것은?

① 경찰공무원이 재직 중 자격정지 이상의 형(刑)을 선고받는 경우 당연퇴직된다.
② 파산선고를 받은 사람으로서 「채무자 회생 및 파산에 관한 법률」에 따라 신청기한 내에 면책신청을 하지 아니하였거나 면책불허가 결정 또는 면책취소가 확정된 경우만 당연퇴직된다.
③ 「성폭력범죄의 처벌 등에 관한 특례법」상 성폭력범죄, 「아동·청소년의 성보호에 관한 법률」상 성범죄를 범한 사람으로서 자격정지 이상의 형의 선고유예를 받은 경우만 당연퇴직된다.
④ 당연퇴직은 관념의 통지가 아닌 임용권자의 처분행위이다.

16

경찰공무원의 의무에 관한 설명으로 가장 적절한 것은?

① 경찰공무원은 직무를 게을리하거나 유기(遺棄)해서는 아니 된다는 것은 「국가공무원법」 성실의 의무에 규정되어 있다.
② 공무원은 공무 외에 영리를 목적으로 하는 업무에 종사하지 못하며, 소속 상관의 허가 없이 다른 직무를 겸할 수 없다.
③ 공무원이 외국정부로부터 영예나 증여를 받을 경우에는 대통령의 허가를 받아야 한다.
④ 직무상의 관계 여하를 불문하고 그 소속 상관에게 증여하거나 소속 경찰공무원으로부터 증여를 받을 수 없다.

17

「경찰청 공무원행동강령」에 관한 설명으로 가장 적절하지 않은 것은?

① 공무원은 자신의 직무권한을 행사하거나 지위·직책 등에서 유래되는 사실상 영향력을 행사하여 직무관련자 또는 직무관련공무원으로부터 사적 노무를 제공받거나 요구 또는 약속해서는 아니 된다. 다만, 다른 법령 또는 사회상규에 따라 허용되는 경우에는 그러하지 아니하다.
② 공무원은 직무관련자와 마작, 화투, 카드 등 우연의 결과나 불확실한 승패에 의하여 금품 등 경제적 이익을 취할 목적으로 하는 사행성 오락을 같이 하여서는 아니 된다.
③ 공무원은 사례금을 받는 외부강의등을 할 때에는 외부강의등의 요청 명세 등을 신고서에 따라 소속기관의 장에게 그 외부강의등을 마친 날부터 10일 이내에 신고하여야 한다. 다만, 외부강의등을 요청한 자가 국가나 지방자치단체인 경우에는 그러하지 아니하다.
④ 공무원은 직무관련자와는 비용 부담 여부와 관계없이 골프를 같이 하여서는 아니 된다. 다만, 부득이한 사정에 따라 골프를 같이 하는 경우에는 소속기관의 장에게 사전에 신고하여야 하며 사전에 신고하기 어려운 특별한 사유가 있는 경우에는 사후에 즉시 신고하여야 한다.

18

징계에 관한 설명으로 가장 적절하지 않은 것은?

① 징계위원회가 징계등 심의 대상자의 출석을 요구할 때에는 출석통지서로 하되, 징계위원회 개최일 5일 전까지 그 징계등 심의 대상자에게 도달되도록 하여야 한다.
② 징계등 심의 대상자의 소재가 분명하지 아니한 때에는 출석통지를 관보에 게재하고, 그 게재일부터 10일이 지나면 출석통지가 송달된 것으로 보며, 징계등 의결을 할 때에는 관보게재의 사유와 그 사실을 기록에 분명히 적어야 한다.
③ 징계위원회는 징계등 사건을 의결할 때에는 징계등 심의 대상자의 비위행위 당시 계급 및 직위, 비위행위가 공직 내외에 미치는 영향, 평소 행실, 공적(功績), 뉘우치는 정도나 그 밖의 정상과 징계등 의결을 요구한 자의 의견을 고려해야 하며, 의결내용은 공개로 한다.
④ 징계위원회의 의결은 위원장을 포함한 위원 과반수의 출석과 출석위원 과반수의 찬성으로 의결하되, 의견이 나뉘어 출석위원 과반수의 찬성을 얻지 못한 경우에는 출석위원 과반수가 될 때까지 징계등 심의 대상자에게 가장 불리한 의견을 제시한 위원의 수를 그 다음으로 불리한 의견을 제시한 위원의 수에 차례로 더하여 그 의견을 합의된 의견으로 본다.

19

「국가공무원법」에 규정된 소청심사위원회에 관한 설명으로 가장 적절하지 않은 것은?

① 인사혁신처에 설치된 소청심사위원회는 다른 법률로 정하는 바에 따라 특정직공무원의 소청을 심사·결정할 수 있다.
② 인사혁신처에 설치된 소청심사위원회는 위원장 1명을 포함한 5명 이상 7명 이하의 상임위원과 상임위원 수의 2분의 1 이상인 비상임위원으로 구성하되, 위원장은 정무직으로 보한다.
③ 소청심사위원회 위원은 금고 이상의 형벌이나 장기의 심신쇠약으로 직무를 수행할 수 없게 된 경우를 제외하고는 본인의 의사에 반하여 면직되지 않는다.
④ 소청심사위원회의 취소명령 또는 변경명령 결정으로 종전에 행한 징계처분 또는 징계부과금 부과처분은 효력을 상실한다.

20
「행정기본법」에 관한 설명으로 옳지 않은 것은 모두 몇 개인가?

> ㉠ 행정작용은 법률에 위반되어서는 아니 되며, 국민의 권리를 제한하거나 의무를 부과하는 경우와 그 밖에 국민생활에 중요한 영향을 미치는 경우에는 법률에 근거하여야 한다.
> ㉡ 법령등(훈령·예규·고시·지침 등을 포함한다)의 시행일을 정하거나 계산할 때에는 법령등을 공포한 날부터 시행하는 경우에는 공포한 다음 날을 시행일로 한다.
> ㉢ 새로운 법령등은 법령등에 특별한 규정이 있는 경우를 제외하고는 그 법령등의 효력 발생 전에 완성되거나 종결된 사실관계 또는 법률관계에 대해서는 적용되지 아니한다.
> ㉣ 행정청은 처분에 재량이 없는 경우에는 법률에 근거가 있는 경우에 부관을 붙일 수 없다.
> ㉤ 당사자의 동의가 있는 경우에는 그 처분을 한 후에도 부관을 새로 붙이거나 종전의 부관을 변경할 수 있다.
> ㉥ 행정청은 적법한 처분이 법률에서 정한 철회 사유에 해당하게 된 경우, 법령등의 변경이나 사정변경으로 처분을 더 이상 존속시킬 필요가 없게 된 경우, 중대한 공익을 위하여 필요한 경우에는 그 처분의 전부 또는 일부를 소급하여 철회할 수 있다.

① 1개 ② 2개 ③ 3개 ④ 4개

21
대통령령인 「적극행정 운영규정」에 관한 설명으로 옳지 않은 것은 모두 몇 개인가?

> ㉠ 중앙행정기관의 장은 소속 공무원을 대상으로 적극행정 관련 교육을 연 1회 이상 실시해야 한다.
> ㉡ 공무원이 적극행정을 추진한 결과에 대해 그의 행위에 고의 또는 경미한 과실이 없는 경우에는 「감사원법」 제34조의3 및 「공공감사에 관한 법률」 제23조의2에 따라 징계 요구 또는 문책 요구 등 책임을 묻지 않는다.
> ㉢ 공무원이 사전컨설팅 의견대로 업무를 처리한 경우에는 제1항에 따른 면책 요건을 충족한 것으로 추정한다. 다만, 공무원과 대상 업무 사이에 사적인 이해관계가 있거나 감사원이나 감사기구의 장이 사전컨설팅을 하는 데 필요한 정보를 충분히 제공하지 않은 경우에는 그렇지 않다.
> ㉣ 누구든지 공무원의 소극행정을 소속 중앙행정기관의 장이나 국가인권위원회 소극행정 신고센터에 신고할 수 있다.
> ㉤ 파견기관의 장은 파견공무원을 적극행정 우수공무원으로 선발할 수 있으며, 선발한 경우에는 파견공무원의 원 소속기관의 장에게 그 사실을 통보해야 한다.

① 1개 ② 2개 ③ 3개 ④ 4개

22
전통적 반사적 이익에 관한 설명으로 가장 적절하지 않은 것은?

① 공무원의 직무명령의 수행으로 인하여 시민이 개인적으로 누리는 이익이 반사적 이익에 해당한다.
② 법규가 임의규범이고 그것에 의한 행위가 재량행위인 경우, 법규 내지 그 집행행위가 오로지 불특정 다수인의 공익도모를 위한 경우일 뿐이라면 그 법규정 내지 집행으로 설사 어떤 이익을 얻더라도 반사적 이익에 불과하지 권리가 아니다.
③ 침해가 공익을 위한 적법한 것인 경우에 반사적 이익은 손실보상청구의 대상이 된다.
④ 공권을 침해받은 경우에는 행정심판이나 행정소송의 대상이 될 수 있고 행정상 손해배상청구의 대상이 되나 반사적 이익의 침해의 경우에는 그러하지 아니하다.

23
경찰작용의 유형에 관한 설명으로 가장 적절하지 <u>않은</u> 것은?

① 경찰허가는 특정행위를 사실상 적법하게 할 수 있도록 하는 적법요건에 불과하다.
② 판례는 공무원의 직위해제처분과 면직처분 간에 하자의 승계를 부정하였다.
③ 경찰허가의 효과의 발생 또는 소멸을 장래의 확실한 사실에 의존시키는 부관은 기한이다.
④ 경찰면제란 법령에 의하여 과하여진 작위·부작위·급부·수인의무를 특정한 경우에 해제하여 주는 경찰상의 행정행위이다.

24
경찰상 의무이행의 확보수단에 관한 판례의 내용으로 가장 적절하지 <u>않은</u> 것은? (다툼이 있는 경우 판례에 의함)

① 건물 점유자의 인도의무는 대체적 작위의무가 아니어서 대집행의 대상이 아니다.
② 즉시강제는 예외적인 강제수단으로 필요 최소한도에서만 사용되어야 한다.
③ 이행강제금과 행정벌을 함께 부과하여도 이중처벌금지원칙에 위반되지 않는다.
④ 가산세 부과는 납세의무자의 고의·과실이 없으면 부과할 수 없다.

25
행정상 즉시강제에 해당하는 것은 모두 몇 개인가?

> ㉠ 「경찰관 직무집행법」 제6조 범죄의 예방을 위한 제지
> ㉡ 「경찰관 직무집행법」 제4조 제1항 제1호에서 규정하는 술에 취한 상태로 인하여 자기 또는 타인의 생명·신체와 재산에 위해를 미칠 우려가 있는 피구호자에 대한 보호조치
> ㉢ 「경찰관 직무집행법」 제8조의 사실확인을 위한 출석요구
> ㉣ 「행정대집행법」 제2조 대집행
> ㉤ 「국세징수법」 제24조 강제징수

① 1개　② 2개　③ 3개　④ 4개

26
「질서위반행위규제법」에 관한 설명으로 가장 적절하지 <u>않은</u> 것은?

① 질서위반행위 후 법률이 변경되어 그 행위가 질서위반행위에 해당하지 아니하게 되거나 과태료가 변경되기 전의 법률보다 가볍게 된 때에는 법률에 특별한 규정이 없는 한 변경된 법률을 적용한다.
② 자신의 행위가 위법하지 아니한 것으로 오인하고 행한 질서위반행위는 그 오인에 정당한 이유가 있는 때에 한하여 과태료를 부과하지 아니한다.
③ 신분에 의하여 성립하는 질서위반행위에 신분이 없는 자가 가담한 때에는 신분이 없는 자에 대하여는 질서위반행위가 성립하지 않는다.
④ 하나의 행위가 2 이상의 질서위반행위에 해당하는 경우에는 각 질서위반행위에 대하여 정한 과태료 중 가장 중한 과태료를 부과한다.

27
「경찰관 직무집행법」 제5조의 위험 발생의 방지 등에 관한 설명으로 옳지 <u>않은</u> 것은 모두 몇 개인가?

> ㉠ 경찰관은 사람의 생명 또는 신체에 위해를 끼치거나 재산에 중대한 손해를 끼칠 우려가 있는 천재(天災), 사변(事變), 인공구조물의 파손이나 붕괴, 교통사고, 위험물의 폭발, 위험한 동물 등의 출현, 극도의 혼잡, 그 밖의 위험한 사태가 있을 때에는 그 장소에 모인 사람, 사물(事物)의 관리자, 그 밖의 관계인을 필요한 한도에서 억류하거나 피난시키는 조치를 할 수 있다.
> ㉡ 경찰관서의 장은 대간첩 작전의 수행이나 소요(騷擾) 사태의 진압을 위하여 필요하다고 인정되는 상당한 이유가 있을 때에는 대간첩 작전지역이나 경찰관서·무기고 등 국가중요시설에 대한 접근 또는 통행을 제한하거나 금지할 수 있다.
> ㉢ 경찰관은 위험 발생의 방지 조치를 하였을 때에는 지체 없이 그 사실을 소속 경찰관서의 장에게 보고하여야 한다.
> ㉣ 위험 발생의 방지 조치를 하거나 ㉢의 보고를 받은 경찰관서의 장은 관계 기관의 협조를 구하는 등 적절한 조치를 할 수 있다.
> ㉤ 위험 발생의 방지는 경찰강제 중 경찰상 즉시강제 수단의 일종이며, 동법상의 대인적·대물적·대가택적 강제의 수단으로 적용요건이 가장 포괄적인 수단이다.

① 1개　② 2개　③ 3개　④ 4개

28

경찰조직 편성의 원리에 관한 설명으로 가장 적절하지 <u>않은</u> 것은?

① 계층제의 원리는 조직구성을 각자가 맡은 임무의 기능 및 성질상의 차이로 구분하여 보수를 달리하는 통제체계의 수립을 위한 것이다.
② 일반적으로 조직의 규모가 클수록 통솔의 범위는 좁아지는 데 반하여 조직의 규모가 작을수록 통솔의 범위는 넓어진다.
③ 분업의 원리는 다수가 일을 함에 있어서 각자의 임무를 나누어서 분명하게 부과하고 협력을 하도록 하는 것으로, 인간능력의 한계를 극복하고 업무를 효율적으로 수행하기 위한 것이다.
④ 둘 이상의 사람으로부터 지시나 명령을 받는 경우 서로 모순되는 지시가 나오고, 이로 인해 집행하는 사람은 혼란을 겪게 되기 때문에 업무수행의 혼선과 그로 인한 비능률을 막기 위해서 명령통일의 원칙이 요구된다.

29

예산을 품목별로 분류하는 방식인 '품목별 예산제도'의 단점이 <u>아닌</u> 것은?

① 기능의 중복을 피하기 곤란
② 인건비 등 경직성 경비 적용 곤란
③ 계획과 지출의 불일치
④ 의사결정을 위한 충분한 자료제시 부족

30

「경찰장비관리규칙」상 무기·탄약의 보관에 관한 설명으로 가장 적절하지 <u>않은</u> 것은?

① 무기·탄약은 종류별, 제조연도별로 구분 관리하며, 그 품명과 수량이 표시된 현황판과 격납배치도, 무기 출입 및 점검확인부를 비치하여야 한다.
② 간이무기고에 권총과 소총을 함께 보관할 경우에는 견고한 분리보관 장치를 하고, 소총은 별도 잠금장치를 설치하여야 한다.
③ 무기고에는 가스발사총(분사기)을 보관할 수 없고, 최루탄은 보관함에 넣어 탄약고에 함께 보관할 수 없으며, 무기·탄약고에 인화물질 및 기타 장비를 보관하여서는 아니 된다.
④ 간이무기고에 탄약을 함께 보관할 경우에는 반드시 튼튼한 상자에 넣어 잠금장치를 하고 분리보관하여야 한다.

31

「경찰 감찰 규칙」에 관한 설명으로 가장 적절하지 <u>않은</u> 것은?

① 감찰조사 결과 통지를 받은 조사대상자는 그 통지를 받은 날부터 10일 이내에 감찰부서장에게 이의신청을 할 수 있다.
② 감찰결과는 원칙적으로 공개하지 아니한다. 다만, 유사한 비위의 재발을 방지하기 위한 경우에는 감찰결과 요지를 공개할 수 있다.
③ 감찰관의 의무위반행위에 대해서는 「경찰공무원 징계령 세부시행규칙」의 징계양정에 정한 기준보다 가중하여 징계조치한다.
④ 경찰기관의 장은 조사대상자가 정당한 이유 없이 출석 거부, 현지조사 불응, 협박 등의 방법으로 감찰조사를 방해하는 경우에는 징계요구 등의 조치를 할 수 있다.

32

「공공기관의 정보공개에 관한 법률」에 관한 설명으로 옳지 <u>않은</u> 것은 모두 몇 개인가?

㉠ 정보의 공개 및 우송 등에 드는 비용은 실비(實費)의 범위에서 청구인이 부담한다.
㉡ 청구인이 정보공개와 관련한 공공기관의 비공개 결정 또는 부분 공개 결정에 대하여 불복이 있을 때에는 공공기관으로부터 정보공개 여부의 결정 통지를 받은 날부터 30일 이내에 해당 공공기관에 문서 또는 말로 이의신청을 할 수 있다.
㉢ 청구인이 정보공개 청구 후 20일이 경과하도록 정보공개 결정이 없는 때에는 정보공개 청구 후 20일이 경과한 날부터 30일 이내에 해당 공공기관의 상급기관에 문서로 이의신청을 할 수 있다.
㉣ 공공기관은 이의신청을 받은 날부터 7일 이내에 그 이의신청에 대하여 결정하고 그 결과를 청구인에게 7일 이내에 문서로 통지하여야 한다. 다만, 부득이한 사유로 정하여진 기간 이내에 결정할 수 없을 때에는 그 기간이 끝나는 날의 다음 날부터 기산하여 7일의 범위에서 연장할 수 있으며, 연장 사유를 청구인에게 통지하여야 한다.
㉤ 청구인은 이의신청 절차를 거치지 아니하고 행정심판을 청구할 수 있다.

① 1개　② 2개　③ 3개　④ 4개

33

전통적 경찰활동과 지역사회 경찰활동에 관한 설명으로 가장 적절하지 않은 것은?

① 전통적 경찰활동의 관점에서는 법집행을 주로 책임지는 정부기관이고, 지역사회 경찰활동의 관점에서는 경찰이 시민이고 시민이 경찰이다.
② 전통적 경찰활동의 언론 접촉 부서는 현장경찰관들에 대한 비판적 여론을 차단하는 것이고, 지역사회 경찰활동의 언론 접촉 부서는 지역사회와의 원활한 소통창구이다.
③ 전통적 경찰활동은 시민의 협조도로 경찰의 효과성을 결정하고, 지역사회 경찰활동은 신고에 대한 대응시간으로 경찰의 효과성을 결정한다.
④ 전통적 경찰활동은 범인검거율로 경찰업무를 평가하고, 지역사회 경찰활동은 범죄와 무질서가 얼마나 적은가에 의해 경찰업무를 평가한다.

34

「지역경찰의 조직 및 운영에 관한 규칙」에 관한 설명으로 가장 적절하지 않은 것은?

① 대기근무의 장소는 지역경찰관서 및 치안센터 내로 한다. 단, 식사시간을 대기 근무로 지정한 경우에는 식사장소를 대기 근무 장소로 지정할 수 있다.
② 순찰팀장은 관리팀원에게 행정근무를 지정하고, 순찰팀원에게 상황 또는 순찰근무 지정하는 것을 원칙으로 하되, 필요한 경우에는 다른 근무를 지정하거나 병행하여 수행하도록 지정할 수 있다.
③ 관리팀원 및 순찰팀원이 물품구입, 등서 등 기타 사유로 지정된 근무종류 및 근무구역 등을 변경하고자 할 때에는 지역경찰관서장에게 보고하여야 한다.
④ 지역경찰은 근무 중 주요사항을 별지 제2호 서식의 근무일지(을지)에 기재하여야 하며, 근무일지는 3년간 보관한다.

35

「스토킹범죄의 처벌 등에 관한 법률」에 관한 설명으로 옳지 않은 것은 모두 몇 개인가?

> ㉠ 사법경찰관은 긴급응급조치를 하였을 때에는 지체 없이 검사에게 해당 긴급응급조치에 대한 사후승인을 지방법원 판사에게 청구하여 줄 것을 신청하여야 한다.
> ㉡ ㉠의 신청을 받은 검사는 긴급응급조치가 있었던 때부터 48시간 이내에 지방법원 판사에게 해당 긴급응급조치에 대한 사후승인을 청구한다. 긴급응급조치기간은 1개월을 초과할 수 없다.
> ㉢ 피해자나 그 주거등으로부터 100미터 이내의 접근금지, 피해자에 대한 「전기통신기본법」 제2조 제1호의 전기통신을 이용한 접근 금지, 「전자장치 부착 등에 관한 법률」 제2조 제4호의 위치추적 전자장치의 부착에 따른 잠정조치기간은 1개월을 초과할 수 없다.
> ㉣ 국가경찰관서의 유치장 또는 구치소에의 유치에 따른 잠정조치기간은 3개월을 초과할 수 없다.
> ㉤ 법원은 피해자의 보호를 위하여 그 기간을 연장할 필요가 있다고 인정하는 경우에는 결정으로 국가경찰관서의 유치장 또는 구치소에의 유치에 따른 잠정조치에 대하여 두 차례에 한정하여 각 3개월의 범위에서 연장할 수 있다.

① 1개 ② 2개 ③ 3개 ④ 4개

36

청원경찰에 관한 설명으로 가장 적절한 것은?

① 청원경찰을 배치받으려는 자는 대통령령으로 정하는 바에 따라 관할 경찰서장에게 청원경찰 배치를 신청하여야 한다.
② 청원경찰은 청원주의 신청에 따라 시·도경찰청장이 임용한다.
③ 청원경찰에 대한 징계의 종류는 파면, 해임, 정직, 감봉 및 견책으로 구분한다.
④ 청원경찰의 '근무 중 제복 착용 의무'가 법률에 명시적으로 규정되어 있지는 않다.

37
교통사고에 관한 설명으로 가장 적절하지 <u>않은</u> 것은? (다툼이 있는 경우 판례에 의함)

① 음주로 인한 「특정범죄 가중처벌 등에 관한 법률」 위반(위험운전치사상)죄와 「도로교통법」 위반(음주운전)죄가 모두 성립하는 경우 두 죄는 실체적 경합관계에 있다.
② 「특정범죄 가중처벌 등에 관한 법률」 제5조의3 도주차량 운전자의 가중처벌 규정과 관련하여, 차의 교통으로 인한 업무상과실치사상의 사고는 「도로교통법」이 정하는 도로에서의 교통사고로 한정된다.
③ 신호위반으로 교통사고를 일으킨 사람이 통고처분을 받아 신호위반의 범칙금을 납부하였다고 하더라도, 「교통사고처리 특례법」상 신호위반으로 인한 업무상과실치상죄로 처벌하는 것이 이중처벌에 해당한다고 볼 수 없다.
④ 교통사고 피해자가 2주간의 치료를 요하는 경미한 상해를 입었다는 사정만으로 사고 당시 피해자를 구호할 필요가 없었다고 단정 지을 수 없다.

38
집회 및 시위의 금지 통고에 대한 이의 신청 및 재결에 관한 설명으로 가장 적절하지 <u>않은</u> 것은?

① 집회 또는 시위의 주최자는 집회 및 시위의 금지 통고를 받은 날부터 10일 이내에 해당 경찰관서의 장에게 이의를 신청할 수 있다.
② 이의 신청을 받은 경찰관서의 장은 접수 일시를 적은 접수증을 이의 신청인에게 즉시 내주고 접수한 때부터 24시간 이내에 재결(裁決)을 하여야 한다.
③ 이의 신청을 접수한 때부터 24시간 이내에 재결서를 발송하지 아니하면 관할경찰관서장의 금지 통고는 소급하여 그 효력을 상실한다.
④ 이의 신청인은 제2항에 따라 금지 통고가 위법하거나 부당한 것으로 재결되거나 그 효력을 잃게 된 경우 처음 신고한 대로 집회 또는 시위를 개최할 수 있다. 다만, 금지 통고 등으로 시기를 놓친 경우에는 일시를 새로 정하여 집회 또는 시위를 시작하기 24시간 전에 관할경찰관서장에게 신고함으로써 집회 또는 시위를 개최할 수 있다.

39
「국가보안법」상 범죄 중 고의 외에 목적이나 의도를 필요로 하는 것은?

① 금품수수죄
② 불고지죄
③ 무고날조죄
④ 찬양고무죄

40
「국적법」상 국적에 대한 설명이다. 다음 (　　) 안에 들어갈 숫자로 알맞은 것은?

> ㉠ 만 (가)세가 되기 전에 복수국적자가 된 자는 만 (나)세가 되기 전까지, 만 (다)세가 된 후에 복수국적자가 된 자는 그때부터 (라)년 내에 하나의 국적을 선택하여야 한다.
> ㉡ 배우자가 대한민국 국민인 외국인으로서 그 배우자와 혼인한 후 (마)년이 지나고, 혼인한 상태로 대한민국에 1년 이상 계속하여 주소가 있는 자는 귀화허가를 받을 수 있다.
> ㉢ 대한민국 국적을 취득한 외국인으로서 외국 국적을 가지고 있는 자는 대한민국 국적을 취득한 날부터 (바)년 내에 그 외국 국적을 포기하여야 한다.

	(가)	(나)	(다)	(라)	(마)	(바)
①	20	22	20	2	3	1
②	20	22	20	2	2	2
③	19	20	22	3	2	2
④	19	20	22	3	3	1

제13회 동형모의고사

01
대륙법계 국가의 경찰개념과 영·미법계 국가의 경찰개념에 관한 설명으로 가장 적절하지 않은 것은?

① 대륙법계 국가의 경찰개념은 경찰권이라고 하는 일반통치권적 개념을 기초로 하여 성립되었고, 영·미법계 국가의 경찰력은 시민에 의한 자치권의 일종으로 형성되었다.
② 대륙법계 국가는 경찰권의 발동범위와 성질을 기준으로 형성되었고, 영·미법계 국가는 경찰이 주권자인 시민을 위해서 수행하는 기능 또는 역할을 중심으로 경찰개념이 형성되었다.
③ 대륙법계 국가의 경찰개념은 경찰을 규범적 강제작용 측면에 한정하여 본 견해이고, 영·미법계 국가의 경찰개념은 경찰을 사회공동체의 구성원이자 문제해결사로 간주하여 기능과 봉사를 강조하는 견해에 해당한다.
④ 18세기 법치사상의 등장과 시민권의 신장으로 경찰권의 발동범위가 축소되었다는 점에서 대륙법계 국가의 경찰개념과 영·미법계 국가의 경찰개념은 공통점을 갖는다.

02
경찰의 분류에 관한 설명으로 가장 적절하지 않은 것은?

① 예방경찰은 경찰상의 위해가 발생하기에 앞서 발생할 우려가 있는 위해의 발생을 미리 방지하기 위한 경찰작용으로 행정경찰과 일치하나, 이보다 다소 좁은 개념으로 정신착란자·음주자의 보호조치, 총포·도검·화약류의 취급제한 및 가축 등의 도살처분 등이 그 예이다.
② 평시경찰과 비상경찰은 공공의 안녕과 질서에 대한 위해의 정도와, 그에 따른 적용법규 그리고 그러한 위해를 제거할 담당 기관에 따른 분류이다.
③ 질서경찰은 정부조직법 및 경찰법상에서 경찰조직의 직무범위로 확정한 것 중, 주로 강제력을 1차 수단으로 사회공공의 안녕과 질서유지를 위한 법집행을 하는 경찰을 말하는 것으로 범죄수사, 다중범죄진압, 교통위반자에 대한 통고처분, 경범죄처벌, 즉시강제 등이 있다.
④ 봉사경찰은 목적면에서 질서경찰과 차이가 있는 비권력적 수단으로 계몽·지도·서비스를 통하여 법집행을 하는 경찰을 말하는 것으로 청소년선도, 방범지도, 교통정보제공, 방범순찰, 수난구호 등이 있다.

03
경찰의 기본적 임무에 관한 설명으로 가장 적절하지 않은 것은?

① 공법규범에 의해 보호받는 법익의 위태 또는 침해가 객관적으로 존재하느냐 하는 것이 문제이지만, 주관적 구성요건의 실현, 유책성 및 구체적 가벌성은 요하지 않는다.
② 경찰은 국가 존립에 대한 침해를 미리 방지하기 위한 경우라도 예비·음모의 단계에서 개입하는 것은 과잉금지의 원칙을 위반한 위법이다.
③ 오늘날에는 규범의 성문화의 요청으로 인하여 공공질서 개념의 사용 가능 분야는 점점 축소되는 경향이 있다.
④ 개개의 사안에서 공공의 질서라는 개념과 관련하여 경찰이 개입할 것인가의 여부는 경찰권의 재량적 결정에 해당한다.

04
경찰 전문직업화에 관한 설명으로 가장 적절하지 않은 것은?

① 경찰의 전문직업화는 경찰의 높은 사회적 지위를 위해 오거스트 볼머 등에 의해 추진되었다.
② 전문직업화에 따른 윤리적 문제로는 전문직업적 부권주의, 공적인 이익을 위한 이용, 소외, 차별 등이 해당한다.
③ 관료제의 엄격한 규칙적용은 전문직업화를 저해한다.
④ 소외는 나무는 보고 숲은 보지 못하듯 자신의 국지적인 분야만 보고 전체적인 맥락을 보지 못하는 것을 말한다.

05

사회계약설과 이로부터 도출되는 경찰활동의 기준에 관한 설명으로 가장 적절한 것은?

① 로크의 사회계약설에 의하면 사회계약을 통하여 개인의 권리 보호를 위해 힘을 사용할 권한을 정부에 부여하였다.
② 사회계약론에 의하면 경찰활동의 궁극적 목적은 공공의 신뢰확보이다.
③ 목욕탕에서 금반지를 잃어버린 손님 甲은 다른 손님 乙이 매우 의심스러웠으나 직접 추궁하지 않고 경찰에 신고하여 체포하도록 하였다. 이는 공정한 접근의 보장에 해당한다.
④ 부친의 가정폭력 경험자인 A경찰관이 사건을 처리하며 남편의 잘못이라고 단정 짓는 경우는 공공의 신뢰확보에 위배되었다고 볼 수 있다.

06

한국경찰사에 길이 빛날 경찰의 표상에 관한 설명으로 가장 적절하지 않은 것은?

① 정종수 경사는 청와대로 침투하는 무장공비를 막아낸 호국경찰의 표상이다.
② 안맥결 총경은 1957년 국립경찰전문학교 교수로 발령받아 후배 경찰교육에 힘쓰다 1961년 5·16군사정변이 일어나자 군사정권에 협력할 수 없다며 사표를 제출하였다.
③ 문형순 경감은 1950년 7월 24일 전쟁발발로 예비검속된 보도연맹원들에 대한 총살 명령이 내려오자 480명의 예비검속자 앞에서 "내가 죽더라도 방면하겠으니 국가를 위해 충성해 달라."라고 연설한 후 전원을 방면하여 구명하였다.
④ 백범 김구 선생은 1919년 상하이에 수립된 대한민국임시정부의 초대 경무국장으로 취임 후 임시정부 경찰을 지휘하며 임시정부의 성공적 정착에 이바지하였다.

07

법치행정의 원리(행정의 법률적합성의 원칙)에 관한 설명으로 옳은 것은 모두 몇 개인가?

> ㉠ 법률의 수권(위임)이 없는 한 경찰권은 스스로 법규를 만들지 못한다는 원칙은 법률의 법규창조력과 관련이 있다.
> ㉡ 법률우위의 원칙은 행정의 전 영역(모든 국가작용)에서 적용되며 특별권력관계에서도 법률우위의 원칙은 적용된다. 즉 어떠한 형태의 국가작용도 법률에 위반되어서는 아니 된다는 원칙이다.
> ㉢ 비권력적 수단이나 순수한 서비스활동은 직무범위 내에서라면 구체적 수권규정이 없더라도 일반조항(조직법적 규정)만 있으면 경찰활동이 가능하다.
> ㉣ 근거규범(법률유보의 원칙)은 행정의 일부영역(권력적 영역)에서만 적용된다.
> ㉤ 경찰관이 조직법상의 직무범위 외의 행위를 하였을 경우 그것은 직무행위로 볼 수 없으며, 따라서 그 효과는 국가에 귀속되지 않는다.

① 2개 ② 3개 ③ 4개 ④ 5개

08

행정법의 일반원칙에 관한 설명으로 가장 적절하지 않은 것은? (다툼이 있는 경우 판례에 의함)

① 임용 당시 공무원임용의 결격사유가 있었다면 비록 국가의 과실에 의하여 임용의 결격자임을 밝히지 못하였다 하더라도 그 임용행위는 당연무효로 보아야 하고 이를 이유로 공무원 임용을 취소하는 것은 신뢰의 원칙에 반하지 않는다.
② 폐기물처리업 사업계획에 대하여 적정통보를 한 것은 그 사업부지 토지에 대한 국토이용계획변경신청을 승인하여 주겠다는 취지의 공적인 견해표명을 한 것으로 볼 수 있다.
③ 공무원으로 재직하면서 다른 징계를 받은 바 없고, 2회에 거쳐 장관급 표창을 받은 것과 가정형편을 감안하더라도, 직무와 관련한 청탁을 받거나 스스로 사례를 요구하여 5차례에 걸쳐 금품을 수수하여 행하여진 해임처분은 징계권의 범위를 일탈한 것으로 볼 수 없다.
④ 원고가 다른 차들의 통행을 원활히 하기 위하여 승용차를 주차목적으로 자신의 집 앞에서 약 6미터를 운행하였다 하더라도「도로교통법」상 음주운전에 해당하고, 이미 음주운전으로 면허정지처분을 받은 적이 있는데도 혈중 알콜농도 0.18%의 만취상태에서 운전한 것이라면 교통사고가 발생하지 않았다고 운전승용차로 서적을 판매하여 가족의 생계를 책임져야 한다는 사정을 고려하더라도 운전면허취소처분은 적법하다.

09

「행정권한의 위임 및 위탁에 관한 규정」의 내용으로 옳지 않은 것은 모두 몇 개인가?

> ㉠ 행정기관의 장은 행정권한을 위임 및 위탁할 때에는 위임 및 위탁하기 전에 수임기관의 수임능력 여부를 점검하고, 필요한 인력 및 예산을 이관하여야 한다.
> ㉡ 행정기관의 장은 행정권한을 위임 및 위탁할 때에는 위임 및 위탁하기 전에 단순한 사무인 경우를 제외하고는 수임 및 수탁기관에 대하여 수임 및 수탁사무 처리에 필요한 교육을 하여야 하며, 수임 및 수탁사무의 처리지침을 통보하여야 한다.
> ㉢ 위임 및 위탁기관은 수임 및 수탁기관의 수임 및 수탁사무 처리에 대하여 지휘·감독하고, 그 처리가 위법하거나 부당하다고 인정될 때에는 이를 취소하거나 정지시킬 수 있다.
> ㉣ 수임 및 수탁사무의 처리에 관하여 위임 및 위탁기관은 수임 및 수탁기관에 대하여 사전승인을 받거나 협의를 할 것을 요구할 수 있다.
> ㉤ 위임 및 위탁기관은 위임 및 위탁사무 처리의 적정성을 확보하기 위하여 필요한 경우에는 수임 및 수탁기관의 수임 및 수탁사무 처리 상황을 수시로 감사할 수 있다.

① 1개   ② 2개   ③ 3개   ④ 4개

10

「국가경찰과 자치경찰의 조직 및 운영에 관한 법률」 제4조의 자치경찰사무에 관한 설명으로 가장 적절하지 않은 것은?

① 지역 내 다중범죄에 대한 해산 및 진압·검거활동
② 학교폭력 등 소년범죄, 가정폭력, 아동학대 범죄, 「형법」 제245조에 따른 공연음란 및 「성폭력범죄의 처벌 등에 관한 특례법」 제12조에 따른 성적 목적을 위한 다중이용장소 침입행위에 관한 범죄는 자치경찰사무에 포함된다.
③ 교통법규 위반에 대한 지도·단속, 교통안전시설 및 무인 교통 단속용 장비의 심의·설치·관리 등 지역 내 교통활동에 관한 사무는 자치경찰사무에 포함된다.
④ ②의 자치경찰사무에 관한 구체적인 사항 및 범위 등은 대통령령으로 정한다.

11

「국가경찰과 자치경찰의 조직 및 운영에 관한 법률」상 국가수사본부장에 관한 설명으로 가장 적절하지 않은 것은?

① 국가수사본부장을 경찰청 외부를 대상으로 모집하여 임용할 필요가 있는 때에는 대학이나 공인된 연구기관에서 법률학·경찰학 분야에서 조교수 이상의 직이나 이에 상당하는 직에 10년 이상 있었던 사람 중에서 임용한다.
② 국가수사본부장을 경찰청 외부를 대상으로 모집하여 임용하는 경우 판사·검사의 직에서 퇴직한 날로부터 1년이 지나지 아니한 사람은 국가수사본부장이 될 수 없다.
③ 국가수사본부장이 직무를 집행하면서 「헌법」이나 법률을 위배하였을 때에는 국회는 탄핵소추를 의결할 수 있다.
④ 국가수사본부장은 임기가 끝나면 임명권자인 대통령에게 사직서를 제출하여야 하고 대통령이 수리하는 경우에 효력이 발생한다.

12

「국가경찰과 자치경찰의 조직 및 운영에 관한 법률」상 시·도자치경찰위원회에 관한 설명으로 가장 적절하지 않은 것은?

① 시·도자치경찰위원회 위원은 시·도의회가 추천하는 2명, 국가경찰위원회가 추천하는 1명, 해당 시·도 교육감이 추천하는 1명, 시·도자치경찰위원회 위원추천위원회가 추천하는 2명, 시·도지사가 지명하는 1명의 사람을 시·도지사가 임명한다.
② 시·도자치경찰위원회 위원장은 위원 중에서 시·도지사가 임명하고, 상임위원은 시·도자치경찰위원회의 의결을 거쳐 위원 중에서 위원장의 제청으로 시·도지사가 임명한다. 이 경우 위원장과 상임위원은 지방자치단체의 공무원으로 한다.
③ 국가 및 지방자치단체의 공무원(국립 또는 공립대학의 조교수 이상의 직에 있는 사람은 제외)이거나 공무원이었던 사람으로서 퇴직한 날부터 3년이 지나지 아니한 사람은 위원이 될 수 없다.
④ 시·도자치경찰위원회 위원장이 부득이한 사유로 직무를 수행할 수 없을 때에는 위원장이 미리 지명한 사람이 그 직무를 대행한다.

13

「경찰 인권보호 규칙」에 관한 설명으로 가장 적절하지 않은 것은?

① 경찰청 및 그 소속기관의 장은 진정 내용이 명백히 사실이 아니거나 이유가 없다고 인정되는 경우에 해당할 경우에는 그 진정을 각하할 수 있다.
② 조사담당자는 인권침해 사건을 조사하는 과정에서 감사원의 조사, 경찰·검찰 등 수사기관에서 조사 또는 수사가 개시된 경우에는 조사를 중지하여야 한다. 다만, 확인된 인권침해 사실에 대한 구제 절차는 계속하여 이행할 수 있다.
③ 경찰청 및 그 소속기관의 장은 진정 내용을 조사한 결과 진정 내용이 사실이 아니거나 사실 여부를 확인하는 것이 불가능한 경우에 해당하는 경우에는 그 진정을 기각할 수 있다.
④ 조사담당자는 인권침해 사건을 조사하는 과정에서 진정인이나 피해자의 소재를 알 수 없는 경우에 해당하는 사유로 사건 조사를 진행할 수 없는 경우에는 조사를 중지할 수 있다.

14

경찰공무원 임용의 결격사유에 관한 설명으로 가장 적절한 것은?

① 피성년후견인 또는 피한정후견인은 경찰공무원 임용의 결격사유이며, 국가공무원 임용의 결격사유에 해당한다.
② 자격정지 이상의 형의 선고유예를 선고받고 그 유예기간 중에 있는 사람은 경찰공무원 임용의 결격사유에는 해당하나 당연퇴직사유에는 해당하지 않는다.
③ 공무원으로 재직기간 중 음주운전의 죄를 범한 사람으로서 300만 원 이상의 벌금형을 선고받고 그 형이 확정된 후 2년이 지나지 아니한 사람은 경찰공무원 임용의 결격사유에 해당한다.
④ 미성년자에 대한 성폭력 범죄를 저질러 100만 원 이상의 벌금형을 선고받고 그 형이 확정된 후 3년이 지나지 아니한 사람은 경찰공무원 임용의 결격사유에만 해당한다.

15

「경찰공무원 승진임용 규정」 제26조(근속승진)에 관한 설명으로 가장 적절하지 않은 것은?

① 인사교류 기간 중에 있거나 인사교류 경력이 있는 경찰공무원은 인사교류 기간의 2분의 1에 해당하는 기간을, 국정과제 등 주요 업무의 추진실적이 우수한 경찰공무원이나 적극행정 수행 태도가 돋보인 경찰공무원은 1년의 기간을 근속승진 기간에서 단축할 수 있다.
② 임용권자는 경감으로의 근속승진임용을 위한 심사를 연 1회 실시할 수 있다. 이 경우 경감으로의 근속승진임용을 할 수 있는 인원수는 연도별로 합산하여 해당 기관의 근속승진 대상자의 100분의 40에 해당하는 인원수를 초과할 수 없다.
③ 임용권자는 경감으로의 근속승진임용을 위한 심사를 실시하려는 경우 근속승진임용일 20일 전까지 해당 기관의 근속승진 대상자 및 근속승진임용 예정 인원을 경찰청장에게 보고해야 한다.
④ 임용권자는 인사의 원활한 운영을 위하여 필요하다고 인정되는 경우에는 경위 재직기간별로 승진대상자 명부를 구분하여 작성할 수 있다.

16

직위해제에 관한 설명으로 가장 적절하지 않은 것은?

① 임용권자 또는 임용제청권자는 직무수행 능력이 부족하거나 근무성적이 극히 나빠 직위해제되어 대기명령을 받은 자에게 능력 회복이나 근무성적의 향상을 위한 교육훈련 또는 특별한 연구과제의 부여 등 필요한 조치를 하여야 한다.
② 「국가공무원법」 제73조의3 제1항 제3호 제4호 또는 제6호에 따라 직위해제된 사람에게는 봉급의 50퍼센트를 지급하고, 다만 직위해제일로부터 3개월이 지나도 직위를 부여받지 못한 경우에는 그 3개월이 지난 후의 기간 중에는 봉급의 40퍼센트를 지급한다.
③ 직위해제의 사유가 소멸하면 임용권자는 지체 없이 직위를 부여하여야 한다.
④ 임용권자는 형사 사건으로 기소된 자(약식명령이 청구된 자는 제외한다)에게 직위를 부여하지 아니할 수 있다.

17

경찰공무원의 권리에 관한 설명으로 가장 적절하지 않은 것은?

① 보수청구권의 소멸시효는 5년으로 본다. 단 보수청구권을 사권(私權)으로 이해하는 판례는 소멸시효를 3년으로 본다.
② 연금급여를 받을 권리는 급여의 사유가 발생한 날부터 5년간 행사하지 아니하면 시효로 인하여 소멸되며, 연금청구권은 양도·포기·압류할 수 없다.
③ 실비변상청구권의 소멸시효는 5년이며, 양도·포기·압류할 수 있다.
④ 「공무원 재해보상법」에 따른 급여를 받을 권리는 그 급여의 사유가 발생한 날부터 요양급여·재활급여·간병급여·부조급여는 5년간, 그 밖의 급여는 3년간 행사하지 아니하면 시효로 인하여 소멸한다.

18

「경찰청공무원 행동강령」에 관한 설명으로 가장 적절하지 않은 것은?

① 공무원은 상급자가 자기 또는 타인의 부당한 이익을 위하여 공정한 직무수행을 현저하게 해치는 지시를 하였을 때에는 그 사유를 행동강령책임관에게 소명하고 지시에 따르지 아니할 수 있다.
② 공무원은 「범죄수사규칙」 제15조에 따른 경찰관서 내 수사 지휘에 대한 이의제기와 관련하여 행동강령책임관에게 상담을 요청할 수 있다.
③ 경찰청장은 임용 또는 임기 개시 3년 전의 민간 분야 업무활동 내역이 있을 경우 그 직위에 임용된 날 또는 임기를 개시한 날부터 30일 이내에 활동 내역을 행동강령책임관에게 제출하여야 한다.
④ 공무원은 직무관련자나 직무관련공무원에게 경조사를 알려서는 아니 된다. 다만, 신문, 방송 또는 직원에게만 열람이 허용되는 내부통신망 등을 통하여 알리는 경우에는 경조사를 알릴 수 있다.

19

징계에 관한 설명으로 가장 적절하지 않은 것은?

① 징계등 의결을 요구한 자는 경징계의 징계등 의결을 통지받았을 때에는 통지받은 날부터 15일 이내에 징계등을 집행하여야 한다.
② 징계등 의결을 요구한 자는 중징계의 징계등 의결을 통지받았을 때에는 지체 없이 징계등 처분 대상자의 임용권자에게 의결서 정본을 보내어 해당 징계등 처분을 제청하여야 한다. 다만, 경무관 이상의 강등 및 정직, 경정 이상의 파면 및 해임 처분의 제청, 총경 및 경정의 강등 및 정직의 집행은 경찰청장이 한다.
③ 중징계 처분의 제청을 받은 임용권자는 15일 이내에 의결서 사본에 징계등 처분사유설명서를 첨부하여 징계등 처분 대상자에게 보내야 한다.
④ 징계등 의결을 요구한 기관장은 징계위원회의 의견이 '무겁다'고 인정할 때에는 그 처분을 하기 전에 직근 상급기관에 설치된 징계위원회에 재심사청구가 가능하다.

20

행정심판의 재결에 관한 설명으로 가장 적절하지 않은 것은?

① 재결이란 행정법상 법률관계에 관한 분쟁에 대하여 행정심판위원회가 행하는 판단의 표시를 하는 것으로 확인의 성질을 가지므로 불가변력이 발생하고, 준사법적 행위에 해당한다.
② 재결은 피청구인 또는 위원회가 심판청구서를 받은 날부터 60일 이내에 하여야 한다. 다만, 부득이한 사정이 있는 경우에는 위원장이 직권으로 30일을 연장할 수 있다.
③ 위원회는 심판청구의 대상이 되는 처분보다 청구인에게 불리한 재결을 하지 못한다.
④ 사정재결의 경우 행정심판위원회는 재결의 주문(主文)에서 그 처분 또는 부작위가 위법하거나 부당하다는 것을 구체적으로 밝혀야 하며, 사정재결이 있음으로 해서 처분의 하자가 치유된다.

21
다음 설명 중 옳지 않은 것은 모두 몇 개인가?

> ㉠ 법규가 행정청의 행위에 대하여 재량을 부여한 경우에는 그 범위 안에서 부관을 붙일 수 있으나, 기속행위는 특별한 규정이 없는 한 부관을 붙일 수 없다.
> ㉡ 대법원은 재량의 일탈과 남용을 명확히 구분하고 재량권의 행사에 재량의 일탈이나 남용이 없는지 여부를 함께 판단한다.
> ㉢ 「도로교통법」상 교통단속임무를 수행하는 경찰공무원을 폭행한 사람의 운전면허를 취소하는 것은 행정청이 재량여지가 없으므로 재량권의 일탈·남용과는 관련이 없다.
> ㉣ 경찰책임자를 결정하는 생활범위는 객관적인 사실상의 질서에 의하는 것이므로, 어떠한 지배범위 또는 지배권이 정당한 권한에 의하지 아니하는 경우에도 사회상의 위해가 그의 사실상의 지배권 내에서 발생된 이상 그 지배자에게 경찰책임이 인정된다.
> ㉤ 경찰책임의 주체는 모든 자연인(외국인·어린이·무능력자)이 될 수 있으며, 법인(사법인)도 경찰책임자가 될 수 있다.

① 1개 ② 2개 ③ 3개 ④ 4개

22
경찰상 의무이행 확보수단에 관한 설명으로 가장 적절하지 않은 것은?

① 경찰상 강제집행은 경찰하명에 따른 경찰의무의 불이행이 있는 경우에 상대방의 신체 또는 재산이나 주거 등에 실력을 행사하여 경찰상 필요한 상태를 실현하는 작용으로 대집행, 직접강제, 강제징수는 직접적 의무이행의 확보수단이고, 집행벌은 간접적 의무이행 확보수단이다.
② 강제징수란 국민이 국가 또는 공공단체에 대해 부담하고 있는 공법상의 금전급부의무를 이행하지 않는 경우에 행정청이 강제적으로 의무가 이행된 것과 동일한 상태를 실현하는 작용으로 전통적 의무이행 확보수단이다.
③ 집행벌은 의무이행을 위한 강제집행이라는 점에서 의무위반에 대한 제재인 경찰벌과 구별되며, 경찰벌과 병과해서 행할 수 있고, 의무이행될 때까지 반복적으로 부과하는 것도 가능하다.
④ 해산명령 불이행에 따른 해산조치, 불법영업소의 폐쇄조치는 즉시강제에 해당하고, 감염병 환자의 강제격리는 직접강제에 해당한다.

23
경찰상 즉시강제에 관한 설명으로 가장 적절하지 않은 것은?

① 경미한 위해를 제거하기 위하여 개인의 권리에 대한 중대한 영향을 미치는 경찰상 즉시강제는 할 수 없다.
② 경찰상 강제집행과 즉시강제의 가장 큰 차이점은 의무의 전제 여부이다.
③ 즉시강제의 성질에 대해 통설은 권력적 사실행위로 본다.
④ 즉시강제와 관련한 영장주의에서 우리나라는 영장불요설이 다수설에 해당한다.

24
통고처분에 관한 설명으로 가장 적절하지 않은 것은?

① 통고처분은 정식형사재판에 갈음하여 절차의 간이·신속에 주안점을 두고 행정청이 일정한 벌금 또는 과료에 상당하는 금액의 납부를 명하는 준사법적 행정행위이다.
② 통고처분을 할 것인지 여부는 행정청의 재량에 속하는 부분으로 「관세법」, 「경범죄 처벌법」, 「도로교통법」 모두 통고처분할 수 있다고 규정되어 있다.
③ 통고처분에 불복이 있는 경우에는 행정소송을 통해 구제받을 수 있다.
④ 범칙자가 통고처분의 내용을 이행하면 통고처분은 확정판결과 동일한 효력이 발생되고, 따라서 일사부재리의 원칙이 적용된다.

25
「경찰관 직무집행법」 제6조(범죄의 예방과 제지)에 관한 설명으로 가장 적절하지 않은 것은?

① 경찰관은 범죄행위가 목전(目前)에 행하여지려고 하고 있다고 인정될 때에는 이를 예방하기 위하여 관계인의 행위를 제지할 수 있고, 그 행위로 인하여 사람의 생명·신체에 위해를 끼치거나 재산에 중대한 손해를 끼칠 우려가 있는 긴급한 경우에는 필요한 경고를 할 수 있다.
② 목전(目前)이란 범죄행위가 실행의 착수가 있기 직전 또는 실행가능성이 아주 높은 경우를 뜻한다.
③ 「경찰관 직무집행법」 제6조에 따른 제지는 행정상 즉시강제에 해당하며, 필요한 최소한도 내에서 행해져야 한다.
④ 시간적·장소적으로 근접하지 않은 다른 지역에서 제지하는 행위는 제지의 범위를 명백히 넘어 허용될 수 없다.

26

「경찰 물리력 행사의 기준과 방법에 관한 규칙」 제2장에 따른 대상자 행위에 따른 경찰관의 대응 수준에 대한 설명이다. 각 단계와 종류의 연결이 가장 적절한 것은?

① 접촉통제 - 현장 임장, 언어적 통제, 체포 등을 위한 수갑 사용, 안내·체포 등에 수반한 신체적 물리력
② 저위험 물리력 - 경찰봉 양 끝 또는 방패를 잡고 대상자의 신체에 안전하게 밀착한 상태에서 대상자를 특정 방향으로 밀거나 잡아당기기
③ 중위험 물리력 - 목을 압박하여 제압하거나 관절을 꺾는 방법, 팔·다리를 이용해 움직이지 못하도록 조르는 방법, 다리를 걸거나 들쳐 메는 등 균형을 무너뜨려 넘어뜨리는 방법
④ 고위험 물리력 - 권총 등 총기류 사용, 경찰봉, 방패, 신체적 물리력으로 대상자의 신체 중요 부위 또는 급소 부위 가격, 대상자의 목을 강하게 조르거나 신체를 강한 힘으로 압박하는 행위

27

동기부여이론에 관한 설명으로 가장 적절하지 않은 것은?

① 매슬로우는 대부분의 사람은 다섯 가지의 기본적 욕구를 가지고 있으며 하위욕구로부터 상위욕구로 발전한다고 보았다.
② 매슬로우에 의할 때 생리적 욕구의 충족 없이 자아실현 욕구의 충족이란 있을 수 없다고 한다.
③ 허즈버그는 만족을 느끼게 하는 요인을 높은 업적향상을 위한 동기부여의 유효차원에서 동기유발요인이라 불렀으며, 불만을 느끼게 하는 요인을 불만의 제거 및 예방차원에서 위생요인이라 하였다.
④ 맥클랜드는 권력동기, 친화동기, 성취동기로 인간동기가 발전한다고 보았고 이 중 조직에서 훌륭한 직무수행을 가져올 수 있는 동기유발요인을 친화동기로 보고 있다.

28

예산제도의 종류 중 성과주의 예산제도(PBS)에 관한 설명으로 가장 적절한 것은?

① 통제지향적 예산제도로 관계공무원의 회계기술이 필요하며, 차기 회계연도의 예산증가 또는 감소를 산출하기 위한 평가기준으로서 전년도의 예산을 활용한다.
② 사업이나 기능을 수행하기 위하여 어느 정도의 예산이 소요되는지를 명백하게 나타내기 위한 예산제도로서 사업계획별로 예산을 편성한다.
③ 예산편성에 있어서 관리중심의 예산기능을 지양하고 계획기능을 중시하는 예산제도이다.
④ 전년도 예산대비 개념을 탈피하기 위하여 전년도와 유사한 사업이라도 그 사업의 수행목적, 수행방법, 수행효과, 소요경비 등을 새로 사업을 시작하는 수준에서 판단하여 우선순위를 새롭게 결정하고 그에 따라 예산을 책정하는 방법이다.

29

「보안업무규정」에 관한 설명으로 가장 적절하지 않은 것은?

① 비밀은 보관하고 있는 시설 밖으로 반출해서는 아니 된다. 다만, 공무상 반출이 필요할 때에는 국가정보원장의 승인을 받아야 한다.
② 각급기관의 장은 연 2회 비밀 소유 현황을 조사하여 국가정보원장에게 통보하여야 한다.
③ ②에 따라 조사 및 통보된 비밀 소유 현황은 공개하지 않는다.
④ 각급기관의 장과 관리기관 등의 장은 국가안전보장에 관련되는 인원·문서·자재·시설의 보호를 위하여 필요한 장소에 일정한 범위의 보호지역을 설정할 수 있고, 보호지역은 그 중요도에 따라 제한지역, 제한구역 및 통제구역으로 나눈다.

30
「경찰청 감사 규칙」 제10조상 감사결과와 처리기준의 연결이 가장 적절하지 않은 것은?

① 시정 요구 - 감사결과 위법 또는 부당하다고 인정되는 사실이 있어 추징·회수·환급·추급 또는 원상복구 등이 필요하다고 인정되는 경우
② 경고·주의 요구 - 감사결과 위법 또는 부당하다고 인정되는 사실이 있으나 그 정도가 징계 또는 문책사유에 이르지 아니할 정도로 경미하거나, 감사대상기관 또는 부서에 대한 제재가 필요한 경우
③ 개선요구 - 감사결과 문제점이 인정되는 사실이 있어 그 대안을 제시하고 감사대상기관의 장 등으로 하여금 개선방안을 마련하도록 할 필요가 있는 경우
④ 현지조치 - 감사결과 경미한 지적사항으로서 현지에서 즉시 시정·개선조치가 필요한 경우

31
「공공기관의 정보공개에 관한 법률」에 관한 설명으로 가장 적절하지 않은 것은?

① 공공기관은 비공개에 해당하는 정보가 기간의 경과 등으로 인하여 비공개의 필요성이 없어진 경우에는 그 정보를 공개 대상으로 하여야 한다.
② 정보의 공개를 청구하는 자는 해당 정보를 보유하거나 관리하고 있는 공공기관에 대하여 정보공개 청구서를 제출하거나 말로써 정보의 공개를 청구할 수 있다.
③ 공공기관은 정보공개의 청구를 받으면 그 청구를 받은 날부터 10일 이내에 공개 여부를 결정하여야 한다.
④ 공공기관은 부득이한 사유로 10일 이내에 공개 여부를 결정할 수 없을 때에는 그 기간이 끝나는 날부터 기산(起算)하여 10일의 범위에서 공개 여부 결정기간을 연장할 수 있다. 이 경우 공공기관은 연장된 사실과 연장 사유를 청구인에게 지체 없이 문서로 통지하여야 한다.

32
다음 설명은 범죄원인론 중 무엇과 관련이 있는가?

> A는 전당포에 몰래 침입하여 물건을 훔치면서 이 전당포 주인은 악덕고리대금 업자로 이러한 전당포에 대한 절도는 오히려 이 사회에 정의를 실현하는 행동이라고 생각하였다.

① 사회해체론
② 아노미이론
③ 중화기술이론
④ 차별적 강화이론

33
「지역경찰의 조직 및 운영에 관한 규칙」상 치안센터에 관한 설명으로 가장 적절하지 않은 것은?

① 치안센터는 지역경찰관서장의 소속하에 두며, 치안센터의 인원, 장비, 예산 등은 지역경찰관서에서 통합 관리한다.
② 치안센터 관할구역의 크기는 설치목적, 배치 인원 및 장비, 교통·지리적 요건 등을 고려하여 경찰서장이 정한다.
③ 검문소형 치안센터는 지리적 여건·치안수요 등을 고려하여 필요한 경우 직주일체형으로 운영할 수 있다.
④ 치안센터는 24시간 상시 운영을 원칙으로 하되, 경찰서장은 지역 치안여건 및 인원여건을 고려, 운영시간을 탄력적으로 조정할 수 있다.

34

「실종아동등 및 가출인 업무처리 규칙」의 내용에 관한 설명으로 적절하지 <u>않은</u> 것은 모두 몇 개인가?

> ㉠ 아동 등이란 실종신고 당시 18세 미만 아동, 지적·자폐성·정신장애인, 치매환자를 말한다.
> ㉡ 장기실종아동이란 보호자로부터 신고를 접수한 지 48시간이 경과한 후에도 발견되지 않은 찾는실종아동등을 말한다.
> ㉢ 경찰서의 장은 실종아동등에 대하여 현장 탐문 및 수색 후 그 결과를 즉시 보호자에게 통보하여야 한다. 이후에는 실종아동등 프로파일링시스템에 등록한 날로부터 1개월까지는 15일에 1회, 1개월이 경과한 후부터는 분기별 1회 보호자에게 추적 진행사항을 통보한다.
> ㉣ 발견된 18세 미만 아동 및 가출인의 데이터베이스는 수배 해제 후로부터 5년간 보관한다.
> ㉤ 경찰관서의 장은 본인 또는 보호자의 동의를 받아 실종아동등 프로파일링시스템에서 데이터베이스로 관리하는 실종아동·가출인 및 보호시설 무연고자 자료를 인터넷 안전드림에 공개할 수 있다.

① 1개　② 2개　③ 3개　④ 4개

35

다중범죄에 대한 설명으로 옳지 <u>않은</u> 것은 모두 몇 개인가?

> ㉠ 다중범죄의 특징으로 다중행태의 예측불가능성, 확신적 행동성, 조직적 연계성, 부화뇌동적 파급성, 이성적 행동성 등을 들 수 있다.
> ㉡ 다중범죄의 참여자는 자신의 주장 등이 옳다는 확신을 가지고 사회정의를 위하여 투쟁한다는 생각으로 투신이나 분신자살을 하는 등 과감하고 전투적인 행동을 하는 경우가 많다는 설명은 확신적 행동성에 대한 설명이다.
> ㉢ 다중범죄의 정책적 치료법 중 경쟁행위법은 특정사안의 불만집단에 대한 정보활동을 강화하여 사전에 불만 및 분쟁요인을 해소하는 것을 말한다.
> ㉣ 다중범죄 진압의 기본 원칙 중 봉쇄·방어는 시위대가 집단을 형성한 이후에 부대가 대형으로 진입하거나 장비를 사용하여 시위집단의 지휘·통제력을 차단하며 수개의 소집단으로 분할시켜 시위의사를 약화시킴으로써 그 세력을 분산시키는 방법이다.

① 1개　② 2개　③ 3개　④ 4개

36

재난경비에 대한 설명으로 가장 적절하지 <u>않은</u> 것은?

① 「경찰 재난관리 규칙」상 시·도경찰청등의 장은 관할 지역 내에서 재난이 발생하였거나 발생할 우려가 있는 경우 재난상황실을 설치·운영할 수 있다. 다만, 시·도경찰청등에 재난대책본부가 설치되었거나, '심각' 단계의 위기경보가 발령된 경우에는 재난상황실을 설치·운영하여야 한다.
② 「경찰 재난관리 규칙」상 경찰청장은 인명 또는 재산의 피해정도가 매우 큰 재난 또는 사회적, 경제적으로 광범위한 영향이 있는 재난이 발생하였거나 발생할 우려가 있어 이에 대한 전국적인 관리가 필요하다고 인정하는 경우 경찰청에 재난대책본부를 설치할 수 있다.
③ 「재난 및 안전관리 기본법」상 '재난'이란 국민의 생명·신체·재산과 국가의 피해를 주거나 줄 수 있는 것으로서 자연재난, 인적재난으로 구분된다.
④ 「재난 및 안전관리 기본법」상 대통령령으로 정하는 대규모 재난의 대응·복구 등에 관한 사항을 총괄·조정하고 필요한 조치를 하기 위하여 행정안전부에 중앙재난안전대책본부를 둔다.

37

음주운전 관련한 판례의 내용으로 가장 적절하지 <u>않은</u> 것은?

① 「도로교통법」에 규정된 음주측정은 성질상 강제될 수 있는 것이 아니며 궁극적으로 당사자의 자발적인 협조가 필수적인 것이므로 이를 두고 법관의 영장을 필요로 하는 강제처분이라 할 수 없다. 따라서 주취운전의 혐의자에게 영장 없는 음주측정에 응할 의무를 지우고 이에 불응한 사람을 처벌한다고 하더라도 영장주의에 위배되지 아니한다.
② 경찰관이 술에 취한 상태에서 자동차를 운전한 것으로 보이는 피고인을 「경찰관 직무집행법」에 따른 보호조치 대상자로 보아 경찰관서로 데려온 직후 음주측정을 요구하였는데 피고인이 불응하여 음주측정불응죄로 기소한 사안에서 위법한 보호조치 상태를 이용하여 음주측정 요구가 이루어졌다는 등의 특별한 사정이 없는 한 피고인의 행위는 음주측정불응죄에 해당하지 않는다.
③ 피고인의 음주와 음주운전을 목격한 참고인이 있는 상황에서 경찰관이 음주 및 음주운전 종료로부터 약 5시간 후 집에서 자고 있는 피고인을 연행하여 음주측정을 요구한 데에 대하여 피고인이 불응한 경우, 도로교통법상의 음주측정 불응죄가 성립한다.
④ 호흡측정기에 의한 음주측정치와 혈액검사에 의한 음주측정치가 불일치할 경우 혈액검사에 의한 음주측정치가 우선한다.

38

「집회 및 시위에 관한 법률」상 집회 및 시위가 금지되는 경우는?

① 국회의 활동을 방해할 우려가 없는 경우 국회의사당으로부터 100미터 이내의 장소에서의 옥외집회 또는 시위
② 법관이나 재판관의 직무상 독립이나 구체적 사건의 재판에 영향을 미칠 우려가 없는 경우 법원, 헌법재판소로부터 100미터 이내의 장소에서의 옥외집회 또는 시위
③ 대규모 집회 또는 시위로 확산될 우려가 없는 경우 대통령 관저(官邸), 국회의장 공관, 대법원장 공관, 헌법재판소장 공관부터 100미터 이내의 장소에서의 옥외집회 또는 시위
④ 대규모 집회 또는 시위로 확산될 우려가 없는 경우 국무총리 공관으로부터 100미터 이내의 장소에서의 옥외집회 또는 시위

39

다음 중 「북한이탈주민의 보호 및 정착지원에 관한 법률」에 대한 설명으로 가장 적절한 것은?

① 보호대상자 중 북한의 군인이었던 자가 국군에 편입되기를 희망하더라도 국군으로 특별임용할 수 없다.
② 북한이탈주민으로서 「북한이탈주민의 보호 및 정착지원에 관한 법률」에 따른 보호를 받으려는 사람은 재외공관이나 그 밖의 행정기관의 장(각급 군부대의 장은 제외한다)에게 보호를 직접 신청하여야 한다.
③ 북한이탈주민으로서 보호신청을 한 사람 중 국내 입국 후 1년이 지나서 보호신청한 사람은 보호대상자로 결정될 수 없다.
④ 통일부장관은 북한이탈주민대책협의회의 심의를 거쳐 보호대상자의 보호 및 정착지원에 관한 기본계획을 3년마다 수립·시행하여야 한다.

40

「출입국관리법」에 규정된 상륙의 종류에 관한 설명 중 가장 적절하지 않은 것은?

① 승무원 상륙은 외국인승무원이 다른 선박에 옮겨 타거나 휴양 등의 목적으로 상륙하고자 할 때 상륙을 허가하는 것으로, 상륙허가기간은 15일이다.
② 관광상륙은 대한민국과 외국 해상을 국제적으로 순회(巡廻)하여 운항하는 여객운송선박에 승선한 외국인승객이 관광을 목적으로 상륙하는 것으로 상륙허가기간은 3일이다.
③ 재난상륙은 조난한 선박 등에 타고 있는 외국인을 긴급히 구조할 필요가 있다고 인정할 때 상륙을 허가하는 것으로, 상륙허가기간은 30일이다.
④ 난민임시상륙은 선박 등에 타고 있던 외국인이 생명·신체 또는 신체의 자유를 침해받은 공포가 있는 영역으로부터 도피하여 곧바로 한국에 비호를 신청하는 경우 상륙을 허가하는 것으로, 상륙허가기간은 90일로 외교부장관의 승인이 필요하다.

MEMO

동형모의고사 정답

제1회 동형모의고사

01 ②	02 ④	03 ②	04 ①	05 ③
06 ②	07 ②	08 ②	09 ④	10 ②
11 ③	12 ④	13 ②	14 ①	15 ③
16 ②	17 ④	18 ④	19 ②	20 ②
21 ②	22 ②	23 ④	24 ②	25 ④
26 ④	27 ④	28 ②	29 ③	30 ③
31 ③	32 ④	33 ②	34 ①	35 ③
36 ①	37 ④	38 ③	39 ④	40 ④

제2회 동형모의고사

01 ④	02 ②	03 ③	04 ④	05 ③
06 ①	07 ②	08 ②	09 ②	10 ③
11 ③	12 ①	13 ④	14 ②	15 ③
16 ③	17 ④	18 ③	19 ②	20 ④
21 ③	22 ①	23 ③	24 ③	25 ①
26 ④	27 ③	28 ②	29 ③	30 ①
31 ④	32 ②	33 ②	34 ①	35 ①
36 ①	37 ②	38 ②	39 ②	40 ④

제3회 동형모의고사

01 ②	02 ③	03 ③	04 ①	05 ②
06 ③	07 ①	08 ③	09 ②	10 ①
11 ④	12 ③	13 ①	14 ①	15 ④
16 ②	17 ①	18 ③	19 ①	20 ④
21 ①	22 ④	23 ③	24 ②	25 ③
26 ②	27 ②	28 ①	29 ③	30 ④
31 ③	32 ①	33 ②	34 ③	35 ③
36 ④	37 ③	38 ①	39 ④	40 ②

제4회 동형모의고사

01 ②	02 ②	03 ④	04 ①	05 ③
06 ③	07 ①	08 ②	09 ④	10 ②
11 ④	12 ③	13 ④	14 ④	15 ②
16 ④	17 ②	18 ①	19 ③	20 ④
21 ②	22 ②	23 ②	24 ④	25 ④
26 ②	27 ②	28 ①	29 ①	30 ③
31 ①	32 ②	33 ②	34 ②	35 ①
36 ④	37 ③	38 ③	39 ③	40 ④

제5회 동형모의고사

01 ③	02 ①	03 ②	04 ①	05 ①
06 ④	07 ①	08 ②	09 ③	10 ②
11 ④	12 ②	13 ①	14 ①	15 ②
16 ③	17 ①	18 ①	19 ①	20 ③
21 ④	22 ③	23 ①	24 ②	25 ①
26 ④	27 ④	28 ④	29 ①	30 ④
31 ①	32 ②	33 ③	34 ②	35 ③
36 ③	37 ④	38 ②	39 ①	40 ④

제6회 동형모의고사

01 ②	02 ②	03 ④	04 ④	05 ①
06 ③	07 ①	08 ③	09 ②	10 ①
11 ②	12 ①	13 ②	14 ④	15 ④
16 ②	17 ②	18 ④	19 ③	20 ③
21 ④	22 ②	23 ③	24 ②	25 ④
26 ③	27 ②	28 ③	29 ③	30 ③
31 ①	32 ④	33 ②	34 ③	35 ③
36 ①	37 ④	38 ②	39 ③	40 ①

제7회 동형모의고사

01 ③	02 ①	03 ③	04 ④	05 ③
06 ②	07 ②	08 ③	09 ②	10 ①
11 ②	12 ②	13 ④	14 ①	15 ①
16 ①	17 ②	18 ④	19 ③	20 ③
21 ③	22 ①	23 ①	24 ②	25 ④
26 ③	27 ④	28 ③	29 ①	30 ④
31 ①	32 ①	33 ②	34 ③	35 ③
36 ④	37 ④	38 ④	39 ③	40 ②

제8회 동형모의고사

01 ④	02 ③	03 ②	04 ①	05 ②
06 ①	07 ③	08 ②	09 ①	10 ②
11 ②	12 ③	13 ③	14 ④	15 ①
16 ②	17 ②	18 ④	19 ②	20 ①
21 ①	22 ②	23 ④	24 ③	25 ②
26 ③	27 ③	28 ③	29 ①	30 ④
31 ①	32 ④	33 ④	34 ④	35 ④
36 ④	37 ②	38 ①	39 ②	40 ③

제9회 동형모의고사

01 ④	02 ①	03 ④	04 ①	05 ①
06 ②	07 ②	08 ③	09 ④	10 ①
11 ③	12 ①	13 ①	14 ③	15 ①
16 ③	17 ④	18 ②	19 ②	20 ④
21 ④	22 ③	23 ③	24 ①	25 ④
26 ③	27 ④	28 ②	29 ②	30 ④
31 ④	32 ④	33 ②	34 ②	35 ④
36 ③	37 ②	38 ①	39 ①	40 ②

제10회 동형모의고사

01 ②	02 ②	03 ④	04 ②	05 ④
06 ②	07 ①	08 ①	09 ③	10 ①
11 ④	12 ②	13 ①	14 ④	15 ③
16 ④	17 ②	18 ③	19 ②	20 ②
21 ③	22 ④	23 ②	24 ①	25 ②
26 ②	27 ①	28 ①	29 ②	30 ②
31 ④	32 ②	33 ①	34 ④	35 ④
36 ③	37 ③	38 ①	39 ④	40 ②

제11회 동형모의고사

01 ②	02 ②	03 ④	04 ②	05 ③
06 ①	07 ④	08 ③	09 ②	10 ①
11 ②	12 ②	13 ④	14 ④	15 ④
16 ②	17 ③	18 ④	19 ①	20 ②
21 ④	22 ④	23 ②	24 ②	25 ①
26 ③	27 ④	28 ③	29 ①	30 ②
31 ②	32 ④	33 ④	34 ②	35 ②
36 ③	37 ④	38 ②	39 ③	40 ④

제12회 동형모의고사

01 ②	02 ④	03 ①	04 ②	05 ④
06 ④	07 ①	08 ③	09 ③	10 ①
11 ④	12 ④	13 ③	14 ③	15 ④
16 ③	17 ④	18 ③	19 ④	20 ③
21 ②	22 ③	23 ④	24 ④	25 ②
26 ④	27 ②	28 ①	29 ②	30 ②
31 ①	32 ③	33 ③	34 ③	35 ③
36 ③	37 ②	38 ①	39 ③	40 ①

제13회 동형모의고사

01 ④	02 ④	03 ②	04 ②	05 ①
06 ③	07 ④	08 ②	09 ①	10 ①
11 ④	12 ④	13 ②	14 ②	15 ②
16 ②	17 ④	18 ①	19 ④	20 ④
21 ①	22 ④	23 ④	24 ③	25 ①
26 ④	27 ④	28 ①	29 ①	30 ③
31 ④	32 ③	33 ③	34 ②	35 ③
36 ③	37 ②	38 ③	39 ④	40 ④

MEMO

MEMO

MEMO

MEMO